Programmierung mit PASCAL

Thomas Ottmann · Peter Widmayer

Programmierung mit PASCAL

Eine Einführung für Programmieranfänger

9., durchgesehene Auflage

 Springer Vieweg

Thomas Ottmann
Albert-Ludwigs-Universität Freiburg
Freiburg
Deutschland

Peter Widmayer
ETH Zürich
Zürich
Schweiz

ISBN 978-3-658-18120-8   ISBN 978-3-658-18121-5 (eBook)
https://doi.org/10.1007/978-3-658-18121-5

Die Deutsche Nationalbibliothek verzeichnet diese Publikation in der Deutschen Nationalbibliografie; detaillierte bibliografische Daten sind im Internet über http://dnb.d-nb.de abrufbar.

Springer Vieweg

Gedruckt auf säurefreiem und chlorfrei gebleichtem Papier

Springer Vieweg ist ein Imprint der eingetragenen Gesellschaft Springer Fachmedien Wiesbaden GmbH und ist ein Teil von Springer Nature.
Die Anschrift der Gesellschaft ist: Abraham-Lincoln-Str. 46, 65189 Wiesbaden, Germany

Vorwort zur 9. Auflage

Weil das Programmieren überall Einzug hält und wir nach wie vor glauben, dass man algorithmische Konzepte Hand in Hand mit dem Programmieren lernen kann, indem man von einfachen zu komplexen Ideen voranschreitet, haben wir unser Buch inhaltlich nicht verändert. Andere Zugänge zum Programmieren gibt es zuhauf, und auch sie haben ihre Berechtigung. Der Geschmack des Lernenden möge entscheiden. Optisch wurde unser Buch neu aufbereitet: Durch den Verlag wurde der Text neu erfasst und gesetzt, rasch und effizient dank der kompetenten Betreuung durch Frau Sybille Thelen, und alle Figuren wurden neu gezeichnet von Kevin De Keyser, Joël Mathys und Matteo Signer. Ihnen sowie den Dozierenden und Lernenden, die Pascal schätzen, gilt unser Dank.

Freiburg und Zürich, Juni 2017 Thomas Ottmann
Peter Widmayer

Vorwort zur 7. Auflage

Seit dem ersten Erscheinen dieses Buches hat sich die Welt verändert, auch die der Informatik. Heute weiß jedes Kind, was ein PC ist und wie man damit Texte herstellt. Schüler und Studierende haben meist nicht nur Zugriff auf einen Rechner, sondern besitzen selbst einen. Das Internet steht fast überall zur Verfügung, und mit ihm eine Fülle von Informationen zu nahezu allen Themen, auch zum Programmieren. Es ist nicht schwer, einen Gratis-Compiler für die eine oder andere Programmiersprache „herunterzuladen" und auf dem eigenen Rechner zu installieren (das gilt auch für Pascal-Compiler, sogar für alle der „üblichen" Betriebssysteme). Dennoch, so einfach der Umgang mit Rechnern auch geworden ist: Programmieren ist für die meisten Anwender von Rechnern ein Geheimnis.

Dieses Buch soll Anfängern beim Einstieg ins Programmieren helfen. Im Kern geht es uns um das klare und genaue Formulieren elementarer Algorithmen. Hierfür ist noch immer Pascal eine ideale Grundlage. So einfach wie möglich, so komplex wie nötig – diesen Gedanken hat Niklaus Wirth gerne zitiert und beim Entwurf von Pascal befolgt. Ein gut geschriebenes Pascal-Programm ist angenehm lesbar, praktisch frei von syntaktischen Tücken. Für andere, populäre Programmiersprachen wie C, C++ oder Java gilt dies hingegen keineswegs. Aber warum Pascal lernen, wo es doch Nachfolgesprachen [17] von Pascal wie Modula-2, Oberon, Delphi gibt, die neuere Programmier- und Entwurfskonzepte wie Modularität und Objektorientierung unterstützen und außerdem umfangreiche Möglichkeiten der grafischen Interaktion mit Fenstern, Menüs zum Aufziehen und dergleichen anbieten und schließlich eine Anbindung an Datenbanken sowie „Web-Programming" und vieles mehr komfortabel erlauben? Wir ziehen für Programmieranfänger Pascal wegen der Beschränkung auf das Wichtigste und Nötigste allen anderen vor – weniger ist mehr. Es genügt für's Erste, die Entwurfsmethode des strukturierten Programmierens durch schrittweise Verfeinerung [16] zu verstehen und zu praktizieren; Objektorientierung kann später folgen, wie auch viele andere Themen der Softwaretechnik im Informatikstudium, und muss es auch.

Nicht nur die Welt der Informatik hat sich verändert, auch die der Wirtschaft und der Wissenschaft: Die DM wurde durch den Euro abgelöst, die Fermat'sche Vermutung wurde bewiesen, und beides fand seinen Niederschlag auch in diesem Buch. Wir danken Dr. Konrad Schlude für seinen Beitrag zur Durchsicht und Überarbeitung dieses Buchs, und den Studenten und Kollegen an der FernUniversität Hagen für ihre Kommentare und Anregungen, die wir fortlaufend in neue Auflagen eingearbeitet haben.

Freiburg und Zürich, im April 2004   Th. Ottmann
                                                                             P. Widmayer

Vorwort zur 3. Auflage

Bei Büchern wie diesem werden in der Regel die Druckvorlagen von den Autoren angefertigt, oft nur mit herkömmlichen Schreibmaschinen oder gar einfachen Matrixdruckern. Daraus ergibt sich eine typografische Armut, die sich gerade bei Lehrbüchern besonders unangenehm bemerkbar macht. Das Resultat unserer stetigen Bemühungen, diesen Mangel an optischer Struktur zu beheben, liegt jetzt vor Ihnen. Es ist nicht nur ein Buch über Pascal, sondern auch eines, das mithilfe eines Pascal-Programms gestaltet wurde.

Dieses Programm, TEX, unterstützt die typografisch anspruchsvolle Gestaltung von Dokumenten, insbesondere technisch-naturwissenschaftlichen Inhalts. TEX ist unter Federführung von D. Knuth entwickelt worden und hat sich im akademischen Bereich schnell verbreitet. Es ist bereits auf Mikrorechnern verfügbar und damit hoffentlich bald vielen Autoren zugänglich. TEX erzeugt eine druckerunabhängige Beschreibung des Dokuments; diese wird dann von einem hochauflösenden grafikfähigen Drucker ausgegeben. Wir haben die Druckvorlage für dieses Buch mittels TEX angefertigt. Das Buch ist durch fotografische Reproduktion unserer Druckvorlage hergestellt worden. Wir hoffen, dass Setzereien bald mit TEX angefertigte Beschreibungen von Dokumenten direkt zur Steuerung ihrer Druckmaschinen akzeptieren werden; damit ließe sich die Qualität der Druckausgabe sicherlich noch beträchtlich steigern.

Mit der Verwendung von TEX haben wir die in früheren Auflagen zur Beschreibung der Syntax gewählte erweiterte BNF-Notation durch die optisch suggestiveren Syntaxdiagramme ablösen können.

Seit der letzten Auflage hat sich ein Standard für Pascal etabliert (ISO 7185), und Mikrorechner mit Pascal-Übersetzern sind inzwischen weit verbreitet. Entsprechend übertrifft die Bedeutung des interaktiven Betriebs von Rechnern die der Stapelverarbeitung bei weitem, gerade im Ausbildungsbereich.

Wir haben beiden Punkten Rechnung getragen, indem wir den ISO-Standard in dieses Buch eingearbeitet und alle Programme auf Dialogbetrieb umgestellt haben. Die Möglichkeit der Stapelverarbeitung wird dennoch exemplarisch diskutiert. Wir haben nicht versucht, die verschiedenen auf Mikrorechnern verfügbaren Pascal-Dialekte darzustellen, oder Spezialitäten von Compilern zu erläutern. Das Ziel dieses Buchs bleibt es, die Grundsätze des Schreibens guter Pascal-Programme zu illustrieren.

Die Hörer und die Tutoren der Pascal-Vorlesungen für Wirtschaftsingenieurstudenten an der Universität Karlsruhe und unsere Kollegen am Institut für Angewandte Informatik und Formale Beschreibungsverfahren haben durch Kommentare und Diskussionen zum gegenwärtigen Inhalt dieses Buches beigetragen. Herr H. Kleine Büning und Herr W. Stucky haben uns auf kritische Punkte und Alternativen hingewiesen. Frau B. Beck hat den Text auf einem Rechner komplett neu erfasst und mit TEX-Kommandos ausgestattet. Frau M. Stanzel hat das Rohmanuskript dann mit äußerster Sorgfalt in seine endgültige Form gebracht. Frau A. Brüggemann-Klein hat dabei nicht nur ihr Expertenwissen in TEX zur Verfügung gestellt, sondern auch die Kommandos (Makros) für die Definition von Syntaxdiagrammen beigesteuert. Als Vorlage dazu hat ein Makropaket für Syntaxdiagramme gedient, das uns Herr M. Plass, XEROX PARC, überlassen hat. Den Hinweis auf die Existenz dieses Makropakets gab uns Herr M. Schrapp. Ihnen allen gebührt unser Dank. Ohne ihre tatkräftige Mitarbeit könnte dieses Buch nicht in seiner gegenwärtigen Form vor Ihnen liegen.

Karlsruhe, im August 1986   Th. Ottmann
                                                                                             P. Widmayer

Vorwort zur 1. Auflage

Die Programmiersprache Pascal ist inzwischen zur bevorzugten Sprache für die Einführung in das Programmieren an Universitäten geworden. Das ist natürlich kein Zufall, sondern eine Folge der Überzeugung, dass diese Sprache durch ihre klare und verhältnismäßig einfache Struktur das Programmieren als systematische Disziplin sehr gut unterstützt und damit eine positiv prägende Auswirkung auf das für die gesamte Informatik wichtige algorithmische Denken besitzt.

Dieses Skript ist hervorgegangen aus Kursen an der Universität Karlsruhe für künftige Diplom-Wirtschaftsingenieure. Die dabei gesammelten Erfahrungen haben ihren Niederschlag in diesem Buch gefunden. Es hat sich gezeigt, dass eine der Struktur der Sprache entsprechende systematische Darstellung der syntaktischen und semantischen „Features" zwar für einen erfahrenen Programmierer, der bereits andere Programmiersprachen kennt, die beste Einführung, für einen Anfänger aber unverdaulich ist. Wir haben daher versucht, eine Einführung in das Programmieren mit Pascal zu geben, die auch für Anfänger ohne Informatikkenntnisse verständlich ist. Das Programmieren in jeder Sprache verlangt ein dem Anfänger völlig ungewohntes Maß an Abstraktion und formaler Präzision. Es genügt aber unserer Erfahrung nach keineswegs, nur den mit dem Programmieren verbundenen Normalisierungsprozess zu erklären. Eine genaue Formulierung und weitgehend programmiersprachenunabhängige algorithmische Lösung von Problemen gehören unbedingt dazu.

Neben der eher praktischen Schwierigkeit, die unsere Studenten mit der Ein- und Ausgabe von Daten hatten, konnten wir eine Reihe begrifflicher Verständnisschwierigkeiten beobachten. Die wichtigsten sind mit den Stichworten Blockstruktur, lokale und globale Namen, Rekursion, verschiedene Arten von Parametern in Prozeduren und Funktionen, und schließlich Zeigertypen genannt.

Wir haben die Syntax der Sprache Pascal nicht nur rein verbal, sondern auch formal präzise beschrieben. Dass wir dazu nicht – wie heute vielfach üblich – Syntaxdiagramme, sondern eine erweiterte BNF-Notation genommen haben, hat keine inhaltlichen, sondern rein schreibtechnische Gründe.

Die Anregung zu diesem Buch verdanken wir Herrn W. Stucky, der auch viele wertvolle Hinweise gab. Unser Dank gilt vor allem Herrn L. Wegner für eine kritische Durchsicht des Rohmanuskripts, Herrn H.W. Six für zahlreiche Diskussionen, Frl. S. Reiniger für das Testen der Programmbeispiele und insbesondere Frau G. Hartlieb für das Schreiben des Rohmanuskripts und die sorgfältige Anfertigung der Druckvorlage.

Karlsruhe, im August 1980   Th. Ottmann

                                                                      P. Widmayer

Inhaltsverzeichnis

Allgemeine Eigenschaften von Algorithmen und Programmen

1.1 Intuitives zu Algorithmen und Programmen

Programmiersprachen sind künstlich geschaffene Sprachen zur Formulierung von Algorithmen. Das wird auch ausgedrückt durch den Namen der Programmiersprache ALGOL, die als Vorläufer der in diesem Buch behandelten Programmiersprache Pascal angesehen werden kann. ALGOL ist eine Abkürzung für Algorithmic Language. (Pascal dagegen ist kein Kunstwort, sondern erinnert an den französischen Philosophen, Mathematiker und Physiker **Blaise Pascal**, der von **1623** bis **1662** lebte.)

Die Notwendigkeit zur Formulierung von Algorithmen in künstlich geschaffenen Sprachen wie ALGOL oder Pascal ergab sich erst aus dem Wunsch, Algorithmen durch Computer ausführen zu lassen. Eine Programmiersprache ist damit eine Sprache, in der man einem Computer einen Algorithmus mitteilt. Algorithmen haben allerdings vor allem in der Mathematik schon immer eine wichtige Rolle gespielt, lange bevor die ersten elektronischen Rechenanlagen gebaut wurden.

Eine intuitive **Definition des Algorithmenbegriffs** könnte etwa so lauten:

▶ Ein Algorithmus ist ein Verfahren zur systematischen, schrittweisen Lösung eines Problems.

Allgemein bekannt sind Verfahren zur Addition und Multiplikation zweier Dezimalzahlen. Mancher Leser erinnert sich vielleicht auch noch an den Euklidischen Algorithmus zur Bestimmung des größten gemeinsamen Teilers zweier Zahlen, an ein Näherungsverfahren zur Bestimmung der Quadratwurzel einer Zahl oder an ein Verfahren zum Lösen quadratischer Gleichungen. Diese und andere Verfahren sind in vielen Schulbüchern in deutscher Sprache unter zusätzlicher Verwendung einiger mathematischer Sonderzeichen beschrieben. Manchmal wird ein Algorithmus auch nur mündlich durch den Lehrer

© Springer Fachmedien Wiesbaden GmbH, ein Teil von Springer Nature 2018
T. Ottmann, P. Widmayer, *Programmierung mit PASCAL*,
https://doi.org/10.1007/978-3-658-18121-5_1

erläutert und so lange an Beispielen erklärt, bis die Schüler wissen, wie sie einen bisher nicht behandelten Spezialfall eines Problems mithilfe des Algorithmus lösen können.

Außer in der Mathematik begegnen wir auch in anderen Bereichen des Lebens Algorithmen ganz unterschiedlicher Art, ohne dass wir uns dessen bewusst sind. Diese Algorithmen sind i. a. in der deutschen Umgangssprache formuliert. Wir geben einige Beispiele:

- Ärztliche Verordnung: Nimm dreimal täglich 15 Tropfen Asperix vor den Mahlzeiten.
- Waschanleitung: Bei 60° waschen; Waschmittelzugabe in Abhängigkeit von der Wasserhärte nach Angaben des Waschmittelherstellers.
- Einfahrvorschrift für Autos: Im zweiten Gang nicht über 50 km/h, im dritten Gang nicht über 80 km/h, im vierten Gang nicht über 120 km/h, nach 1000 gefahrenen Kilometern Motor- und Getriebeöl wechseln.
- Spielregel: … (siehe z. B. die Anleitung zu „Mensch ärgere dich nicht", o. ä.)
- Koch- oder Backrezept: Jedes Kochbuch kann als Sammlung von Koch- und Back-„Algorithmen" angesehen werden. Wir wählen willkürlich ein **Backrezept** zur Herstellung von Lebkuchenbrot:
  Zutaten: 150 g Mandeln, 250 g zerriebenes Schwarzbrot, 125 g Mehl, 100 g Zucker, 1 Ei, 1 Esslöffel Honig, 1 Packung Lebkuchengewürz, 1/2 Teelöffel Hirschhornsalz, etwas Milch.
  Zubereitung: 75 g Mandeln feinmahlen.
  Mandeln, Brösel, Mehl, Zucker, Ei, Honig, Lebkuchengewürz, Hirschhornsalz und etwas Milch zu einem festen Teig verkneten.
  Zuletzt ganze Mandeln untermischen.
  Lebkuchenteig auf bemehltem Backbrett 3 cm dick auswellen.
  Teigplatte in 4 cm breite Streifen schneiden und auf gefettetes Backblech legen.
  Im auf 180° (Gas Stufe 2) vorgeheizten Backofen ca. 25 Minuten backen.
  Lebkuchen nach dem Erkalten in Scheiben schneiden.
  Das ergibt etwa 50 Stück zu je 230 kj (55 kcal).

Am Beispiel des Backrezepts lassen sich einige Wesenszüge von Algorithmen erläutern, die sinngemäß auch für Programme, das sind in Programmiersprachen formulierte Algorithmen, gelten:

Man muss zwischen dem einen Algorithmus beschreibenden **Text** und der **Ausführung** des Algorithmus entsprechend den im Text niedergelegten Anweisungen unterscheiden. Die Ausführung des Rezeptes zur Herstellung von Lebkuchenbrot erfolgt durch den Bäcker. Einfahrvorschriften werden durch Autofahrer, Spielregeln durch Spieler ausgeführt. Die Ausführung eines Programms erfolgt durch einen Computer.

Algorithmen bestehen aus einzelnen **Anweisungen**, die in einer bestimmten Reihenfolge (manchmal auch gleichzeitig), evtl. mehrmals, auszuführen sind. Dabei wird unterstellt, dass der jeweils Ausführende, z. B. der Bäcker, die Bedeutung aller Einzelanweisungen versteht, sie also auch tatsächlich ausführen kann. Das ist nicht in jedem Fall offensichtlich. So muss ein Bäckermeister sicherlich seinem Lehrling wenigstens einmal einen „Algorithmus" zum Auswellen eines Teigs mitteilen, bevor der Lehrling eine Einzelanweisung der Art „Lebkuchenteig … auswellen" ausführen kann. Ganz ähnlich ist es auch bei Computern: Es gibt gewisse, sehr einfache Anweisungen (sogenannte Maschineninstruktionen), die ein Computer unmittelbar ausführen kann. Die in einer höheren Programmiersprache wie Pascal formulierten Programme sind jedoch nicht unmittelbar ausführbar. Sie verlangen eine aufwendige und mühsame Transformation (Übersetzung) in eine Folge von unmittelbar ausführbaren Maschineninstruktionen. Diese Transformation erfolgt übrigens ebenfalls durch einen speziellen vom Computer ausgeführten Algorithmus, einen sogenannten **Compiler**. Wir werden im Folgenden die Notwendigkeit der Übersetzung eines Pascal-Programms in die Maschinensprache der jeweils zur Verfügung stehenden Rechenanlage soweit wie eben möglich außer Betracht lassen und uns vielmehr auf den Standpunkt stellen, dass die Anweisungen eines in Pascal formulierten Algorithmus vom Computer in völlig eindeutiger Weise ausführbar sind. Pascal-Programmen kommt damit eine vom jeweils verwendeten Computer unabhängige Bedeutung zu, die wir verbal und – soweit möglich – vom jeweils verwendeten Computer unabhängig (man sagt auch: implementationsunabhängig) beschreiben.

Wir weisen jedoch bereits jetzt darauf hin, dass dies eine nicht immer zulässige Annahme ist, weil die Ausführung eines Pascal-Programms und damit seine Bedeutung sehr wohl vom jeweiligen Compiler wie auch von der jeweils verwendeten Rechenanlage abhängen können.

Wir nennen noch einige weitere Eigenschaften von Algorithmen, die sich am Beispiel des Backrezepts ablesen lassen:

Die Ausführung eines Algorithmus verlangt i. a. eine sogenannte **Eingabe**. Im Fall des Backrezepts sind das die Zutaten zur Herstellung von Lebkuchenbrot. Im Falle von Computerprogrammen spricht man von Daten. Man darf die Eingabe, also die physikalisch erforderlichen Zutaten, nicht mit ihrer Beschreibung im Text des Algorithmus (im Programm) verwechseln: Die Beschreibung der Eingabe (zusammen mit der Beschreibung evtl. verwendeter Hilfsmittel) bezeichnet man üblicherweise als **Deklaration**.

Die ersten drei Zeilen des Backrezepts zur Herstellung von Lebkuchenbrot können also als Deklaration der benötigten Zutaten bezeichnet werden.

Die Ausführung eines Algorithmus hat ferner ein **Ergebnis** (einen Effekt, ein Resultat oder eine **Ausgabe**): Im Falle des Backrezepts sind dies ca. 50 Stück Lebkuchenbrot, im Falle eines Computerprogramms ist es z. B. ein Stoß bedruckten Papiers.

Die **Reihenfolge,** in der die Einzelanweisungen im (Programm-)Text aufgeschrieben sind, legt i. a. auch die Reihenfolge fest, in der sie nacheinander auszuführen sind: Bei der Ausführung des o. a. Backrezeptes sollen zuerst 75 g Mandeln feingemahlen werden, dann sollen Mandeln, Brösel, etc. zu einem Teig verknetet werden; schließlich (als letzte Aktion der Ausführung) sind die Lebkuchen in Scheiben zu schneiden.

Es gibt jedoch auch im täglichen Leben Algorithmen, bei denen die Folge der ausgeführten Aktionen nicht mit der Reihenfolge des Aufschreibens im Text zusammenfällt. Dies ist insbesondere dann der Fall, wenn Anweisungen mehrfach oder in Abhängigkeit von bestimmten Bedingungen auszuführen sind. So finden sich in Spielregeln häufig Anweisungen etwa folgender Art: **Solange** aussetzen, **bis** nächster Spieler vorbeigezogen ist. Um die gewürfelte Augenzahl vorrücken; **wenn** eine 6 gewürfelt wurde, darf nochmals gewürfelt werden.

Ein Beispiel dieser Art wird ausführlich im nächsten Abschnitt behandelt.

1.2   Schritte zur algorithmischen Lösung von Problemen

Die algorithmische Lösung eines Problems besteht nicht in einem einzigen Schritt, dem Schreiben eines Pascal-Programms. Vielmehr lassen sich eine Reihe von Teilaufgaben, die beim Entwurf von Programmen auftreten, unterscheiden:

1. Die Formulierung des Problems.
2. Die Anhebung des Problems auf eine abstrakte Ebene.
3. Der Entwurf eines Lösungsalgorithmus.
4. Der Nachweis der Korrektheit des Lösungsalgorithmus.
5. Die Übertragung des Lösungsalgorithmus in eine Programmiersprache (die sogenannte **Kodierung**).
6. Die Fehlerbeseitigung und das Testen.
7. Die Effizienzuntersuchung.
8. Die Dokumentation.

Wir wollen diese Schritte an einem einfachen Beispiel erläutern. Zunächst die **Formulierung des Problems:**

▶   In einer Stadt S ist ein **Ballonflugwettbewerb** durchgeführt worden: An
     mehrere Tausend Ballone wurden mit Absendern versehene Postkarten gebun-
     den und von S aus in die Luft geschickt. Bis zu einem Stichtag sind mehrere
     Tausend Postkarten mit der Angabe der Fundorte an das Preisgericht zurück-
     geschickt worden. Die Preisrichter stehen nun vor der Aufgabe, den Sieger des
     Wettbewerbs, d. h. den Absender des Ballons mit dem am weitesten von S ent-
     fernten Fundort zu ermitteln.

Diese Formulierung des Problems scheint auf den ersten Blick völlig klar zu sein. Dennoch wird man sich unschwer vorstellen können, dass das Preisgericht in große Schwierigkeiten bei der Entscheidung von Streitfällen kommen kann: Sind mehrere „Sieger" möglich? Wie soll man die Entfernung zwischen S und dem Fundort bestimmen? Soll man die Luftlinie unter Verwendung einer bestimmten Landkarte nehmen, als eine reine „Horizontalentfernung", ohne Berücksichtigung etwa vertikal (einen Berg hinauf oder in ein Tal hinab) zurückgelegter Entfernungen?

Wir können uns vorstellen, dass das Preisgericht sich entschieden hat, die aus einer bestimmten Landkarte ermittelte Entfernung in ganzen Kilometern als Entfernungsmaß zu nehmen und dass mehrere erste Sieger möglich sein sollen. Nachdem die so bestimmte

Entfernung für jede gefundene Postkarte ermittelt ist, läuft die Aufgabe des Preisgerichts also darauf hinaus, alle Postkarten mit der maximalen Entfernung herauszufinden. Das ist schon beinahe eine einer algorithmischen Lösung direkt zugängliche **abstrakte Formulierung des Problems:**

▶   Gegeben ist eine Menge M von Teilnehmern. Die Elemente von M sind Paare (e, A), wobei e eine (die Entfernung repräsentierende) ganze Zahl und A der Name einer Person, bestehend aus Vor- und Nachname, ist. Es sind alle Elemente von M zu bestimmen, für die die Entfernungskomponente den maximalen Wert hat.

Diese Version reicht zum **Entwurf eines Algorithmus** aus, nach dem das Preisgericht die Sieger ermitteln kann: Das Verfahren besteht darin, alle Elemente von M der Reihe nach anzusehen und zugleich eine Siegerliste anzulegen, in der die bis zu einem bestimmten Zeitpunkt betrachteten Elemente mit bis dahin maximaler Entfernungskomponente aufgeführt sind. Genauer:

1.   Anfangs sei M die (nichtleere) Menge von Teilnehmern, also von Elementen der Form (e, A), wie oben beschrieben.
2.   Die Siegerliste enthalte anfangs ein „unechtes" Element mit Entfernungskomponente $e = 0$.
3.   Wiederhole die folgenden Anweisungen 4.–6. solange, wie M noch wenigstens ein Element enthält:
4.   Wähle ein Element (e, A) aus M aus und vergleiche e mit der Entfernungskomponente e' eines Elementes (e', A') der Siegerliste.
5.   Führe, abhängig vom Ausgang dieses Vergleichs, genau eine der Anweisungen 5.1 bis 5.3 aus:
5.1 Fall 1: $\{e = e'\}$
     Füge (e, A) zur Siegerliste hinzu.
5.2 Fall 2: $\{e > e'\}$
     Streiche alle bisher auf der Siegerliste aufgeführten Elemente und schreibe stattdessen (e, A) als einziges Element auf die Siegerliste.
5.3 Fall 3: $\{e < e'\}$ {Tue nichts}.
6.   Entferne das Element (e, A) aus M.
7.   Erkläre alle in der Siegerliste auftretenden Namen zu Wettbewerbssiegern.

Dieses Beispiel lässt ganz deutlich die bereits am Ende des letzten Abschnitts bemerkte Möglichkeit erkennen, dass die Reihenfolge der Anweisungen im Text eines Algorithmus nicht mit der Reihenfolge der Ausführung dieser Anweisungen zusammenfallen muss: Die Anweisungen 1. und 7. werden genau einmal, und zwar ganz am Anfang und ganz am Ende des Algorithmus ausgeführt. Die Anweisungen 4., 5. und 6. werden so oft (in dieser Reihenfolge) ausgeführt, wie die Menge M Elemente enthält. Von den drei verschiedenen Anweisungen aus der Gruppe 5.1–5.3 wird jeweils genau eine ausgeführt.

Da nach jeder Ausführung der Anweisungsfolge 4.–6. die Menge M um ein Element verkleinert wird und M zu Anfang nur endlich viele Elemente enthält, kann die Anweisungsfolge 4.–6. nur endlich oft wiederholt werden, und zwar gerade m Mal, wenn m die Anzahl der Elemente von M zu Beginn des Algorithmus ist. Der Algorithmus wird also mit Sicherheit (nach endlich vielen „Schritten") eine Liste von Namen als Ergebnis liefern. Diese Überlegung ist bereits ein Teil des Arguments zum **Nachweis der Korrektheit des Algorithmus:**

Um zu zeigen, dass am Ende des Algorithmus die Siegerliste wirklich die Namen aller Wettbewerbssieger enthält, genügt es doch, folgende zwei Aussagen zu beweisen:

(1) Wenn die Siegerliste **vor** Beginn der nächsten Ausführung der Anweisungsfolge 4.–6. alle Elemente (e, A) enthält, für die die Entfernungskomponente e den bislang maximalen Wert (unter allen bereits betrachteten und aus M entfernten Elementen) hat, so gilt dasselbe auch **nach** Ausführung der Anweisungsfolgen 4.–6. Kurz: Einmaliges Ausführen der Anweisungsfolge 4.–6. macht aus einer korrekten Siegerliste wieder eine korrekte Siegerliste.

(2) Die Siegerliste enthält vor der erstmaligen Ausführung der Anweisungsfolge 4.–6. korrekte „Anfangswerte", d. h. (in einer auf (1) abgestimmten und daher künstlich erscheinenden Formulierung): Die Siegerliste enthält vor der erstmaligen Ausführung der Anweisungsfolge 4.–6. genau ein Element (e, A) mit Entfernungskomponente e, die das Maximum unter allen bisher betrachteten Elementen von M ist.

Weil **vor** der ersten Ausführung von 4.–6. noch kein Element von M betrachtet (und aus M entfernt wurde), ist die Aussage (2) trivialerweise richtig. Es ist leicht, sich davon zu überzeugen, dass auch die Aussage (1) richtig ist. Dabei ist es zweckmäßig, den Fall getrennt zu betrachten, dass die Siegerliste nur das „unechte" Element $(e, \dots)$ mit $e = 0$ enthält. Aus (1) und (2) kann man nun durch einen üblichen Induktionsschluss (über die Anzahl der Ausführungen der Folge der Anweisungen 4.–6.) folgern, dass nach der letztmaligen Ausführung der Folge 4.–6. die Siegerliste korrekt ist. Damit ist also oben angegebener Algorithmus ein korrektes Verfahren zur Ermittlung aller Sieger im Ballonflugwettbewerb.

Wenn das Preisgericht zur Unterstützung seiner Arbeit einen Computer einsetzen will, steht es vor der Aufgabe, obigen Algorithmus in eine Programmiersprache zu übertragen, also etwa in der Sprache Pascal zu **kodieren.** Man bemerkt sofort, dass sowohl die abstrakte Formulierung des Problems als auch der angegebene Algorithmus in einigen Punkten zu ungenau formuliert sind. Vor einer Kodierung in Pascal sind insbesondere folgende Fragen zu klären:

Wie sieht die Eingabe aus? Postkarten sind für einen Computer nicht unmittelbar lesbar. Man muss die zur Entscheidung notwendige Information in eine computerlesbare Form bringen.

Das kann beispielsweise geschehen, indem unmittelbar im Dialog mit dem Rechner die Daten eingegeben werden, entweder im Programm für den Ballonwettbewerb selbst, oder in einem separaten Erfassungsprogramm. Natürlich könnte man die Daten auch auf Lochkarten ablochen und anschließend vom Rechner über einen Lochkartenleser einlesen lassen. Wir wollen annehmen, dass die Teilnehmerdaten mithilfe eines separaten Erfassungsprogramms gespeichert worden sind und als Texte folgender Gestalt zur Verfügung stehen: Für jeden Teilnehmer gibt es eine ganze Zahl für die Entfernung, dann Name und Vorname als jeweils 10 Zeichen lange Worte. (Dazu müssen evtl. zu lange Namen abgeschnitten bzw. zu kurze Namen mit Leerzeichen aufgefüllt werden.)

Ist die Anzahl der Wettbewerbsteilnehmer bekannt? Wir nehmen an, dass die Teilnehmerzahl nicht genau bekannt ist, wohl aber, dass nicht mehr als 10.000 Personen am Wettbewerb teilgenommen haben.

Wie soll die Ausgabe aussehen? Wir wollen uns damit begnügen, eine (nicht notwendig alphabetisch sortierte) Liste von Namen der Sieger zu erstellen.

Nun können wir die Menge M von Teilnehmern als extern (auf Diskette oder auf Lochkarten) vorhandene Datenmenge ansehen, auf die der Computer über ein Lesegerät zugreifen kann: Dem Auswählen und Entfernen eines Elementes aus M (Anweisungen 3. und 6. in unserer verbalen Formulierung des Algorithmus) entspricht das Lesen der Daten des nächsten Teilnehmers durch den Computer. Diese Daten werden in eine für das Programm intern zugängliche Form übertragen und gegebenenfalls in einer Siegerliste (intern) gespeichert, die am Ende ausgedruckt wird.

Wir geben jetzt eine **Pascal-Kodierung** des vorher verbal formulierten Algorithmus an. Wir möchten dadurch nicht mehr als eine gewisse äußerlich erkennbare Ähnlichkeit eines Programms mit dem zuvor verbal formulierten Algorithmus andeuten. Denn das folgende Pascal-Programm benutzt sprachliche Hilfsmittel, die erst am Ende vom Kap. 6 bereitstehen. Daher sollte der Leser später noch einmal zurückblättern, wenn die zur Kodierung benutzten Hilfsmittel bereitstehen. Im Augenblick genügt es, einen optischen Eindruck eines Pascal-Programms zu erhalten. Allein daraus lässt sich bereits ablesen, dass das Schreiben eines Programms nicht der einzige Schritt zur Lösung eines Problems sein kann.

```pascal
PROGRAM ballonwettbewerb (input, output);
CONST
  wortlaenge = 10;
  maxteilnehmer = 10000;
TYPE
  wort = PACKED ARRAY [1 .. wortlaenge] OF char;
  teilnehmer = RECORD
                    entfernung: integer;
                    name, vorname: wort
               END;
  index = 1 .. maxteilnehmer;
  siegerliste = ARRAY [index] OF teilnehmer;
```

```
VAR
  m: teilnehmer;
  sliste: siegerliste;
  s, j: index; {siegerzahl}
BEGIN {ballonwettbewerb}
  {lfd. nr. des unechten elements in der siegerliste}
  s := 1;
  {entfernung des unechten elements}
  sliste[1].entfernung := 0;
  {die teilnehmerdaten kommen von: input}
  WHILE NOT eof (input) DO {lies naechste teilnehmerdaten}
    BEGIN
      readln(m.entfernung, m.name, m.vorname);
      IF m.entfernung = sliste[s].entfernung
        THEN {fuege m zu sliste hinzu}
          BEGIN
            s := s + 1;
            sliste[s] := m
          END
        ELSE
          IF m.entfernung > sliste[s].entfernung
            THEN
              {loesche s und setze m als einziges neues element auf
              sliste}
              BEGIN
                s := 1;
                sliste[s] := m
              END
    END {of while loop};
  FOR j := 1 TO s DO
    BEGIN
      writeln(sliste[j].name, sliste[j].vorname);
    END
END {ballonwettbewerb}.
```

Wir haben dies Programm in übersichtlicher Weise durch Einrücken so geschrieben, dass zusammengehörige Teile leicht als solche erkennbar sind. Ferner haben wir in Klammern { und } eingeschlossene Kommentare in das Programm aufgenommen, die für die Ausführung des Programms ohne Bedeutung, aber für eine gute **Dokumentation** unerlässlich sind. Programme sollten stets so geschrieben und dokumentiert sein, dass nicht nur derjenige, der sie verfasst hat, in der Lage ist, sie (jederzeit!) zu verstehen. Die von uns zuvor angegebenen verbalen Erläuterungen einschließlich des verbal formulierten Algorithmus können daher als Bestandteil der Programm-Dokumentation aufgefasst werden.

Schließlich wird man spätestens nach der Kodierung des Algorithmus in Pascal, eigentlich auch schon nach dem Entwurf des Lösungsalgorithmus, die Frage nach der **Effizienz** der gefundenen Lösung zu stellen haben. Das von uns vorgeschlagene (und in Pascal kodierte) Lösungsverfahren prüft die einen Teilnehmer betreffenden Daten genau einmal daraufhin, ob der jeweilige Teilnehmer ein (potenzieller) Sieger ist. Weniger Aufwand scheint für die Lösung nicht ausreichend zu sein. Die Laufzeit unseres Verfahrens, d. h. die Anzahl der einzelnen Schritte, die das Verfahren benötigt, wächst daher linear mit der Anzahl der Teilnehmer. Nur eine genaue Analyse des Problems kann zeigen, ob die vorgeschlagene Lösung die bestmögliche ist.

Wir haben die einzelnen Phasen der Erstellung eines korrekten und (hoffentlich!) effizienten Pascal-Programms zur Lösung eines Problems als zeitlich aufeinanderfolgende und klar voneinander abgrenzbare Einzelschritte dargestellt. Das ist selbstverständlich nicht immer möglich und sinnvoll. So könnte beispielsweise eine Analyse der Effizienz eines zunächst entworfenen und noch verbal formulierten Algorithmus zeigen, dass die ins Auge gefasste Lösung nicht effizient genug ist und ein anderes Verfahren zur Problemlösung verwendet werden sollte. Ferner nützt beispielsweise ein Nachweis der Korrektheit eines verbal oder halbformal formulierten Lösungsalgorithmus vor der Kodierung nichts, wenn man anschließend eine nicht korrekte Kodierung vornimmt.

Die in diesem Buch als Beispiele behandelten Probleme und die zu ihrer Lösung verwendeten Algorithmen sind meistens so einfach, dass eine ausführliche Behandlung entsprechend dem hier behandelten Beispiel in 8 verschiedenen Phasen nicht notwendig ist. Wir legen jedoch Wert auf eine genaue Problemformulierung (auf der abstrakten Ebene) und achten auch darauf, ein Programm schrittweise durch immer genauere Spezifikation einzelner Teile zu entwickeln. Wir werden sehen, dass die Programmiersprache Pascal dies Vorgehen gut unterstützt.

Wir wollen zum Abschluss unserer intuitiven Vorüberlegungen ein Lösungsprinzip erläutern, dessen Verständnis Anfängern erfahrungsgemäß erhebliche Schwierigkeiten macht: Die **rekursive Lösung** eines Problems.

Wir erläutern dies Prinzip am gleichen Beispiel. Um jedoch die für eine rekursive Lösung typische Struktur nicht durch die Notwendigkeit zur Berücksichtigung unnötiger Sonderfälle zu belasten, machen wir die vereinfachende (und sicherlich nicht realistische) Annahme, dass keine zwei Wettbewerbsteilnehmer mit gleicher Entfernungskomponente auftreten, dass es also genau einen Wettbewerbssieger gibt.

Nun stelle man sich etwa vor, dass das Preisgericht (oder spezielle Helfer) zunächst Teil- oder „Gruppensieger" ermittelt und aus diesen dann den Gesamtsieger. Das kann z. B. so geschehen:

Die Menge M von Teilnehmern wird in zwei Teilmengen („Gruppen") M_1 und M_2 zerlegt. Dann wird jeweils der Gruppensieger aus M_1 und M_2 ermittelt, das sind die Teilnehmer (e_1, A_1) und (e_2, A_2) mit jeweils maximaler Entfernungskomponente in M_1 bzw. M_2. Von diesen beiden Teilnehmern ist der mit der größeren Entfernungskomponente Gesamtsieger. Die „Gruppensieger" (e_1, A_1) und (e_2, A_2) kann man **nach demselben Verfahren** durch (weitere) Aufteilung von M_1 und M_2 ermitteln. Diese Aufteilung kann man solange fortsetzen, bis man bei einer Menge mit nur einem einzigen Teilnehmer angekommen ist, der dann natürlich „Sieger" in dieser Menge ist.

Eine halbformale, präzisere Formulierung dieses Lösungsverfahrens sieht wie folgt aus:

Verfahren V zur Bestimmung des Siegers der Menge M von Wettbewerbsteilnehmern:

1. Wenn M nur ein Element enthält, wenn also M = $\{(e, A)\}$ ist,
2. dann ist (e, A) Sieger von M,
3. sonst führe folgende Anweisungen 4.–7. zur Ermittlung des Siegers von M aus:
4. Teile M in zwei elementfremde, nichtleere Teilmengen M_1 und M_2 auf.
5. Bestimme den Sieger (e_1, A_1) von M_1 nach dem Verfahren V.
6. Bestimme den Sieger (e_2, A_2) von M_2 nach dem Verfahren V.
7. Wenn $e_1 > e_2$ ist, dann ist (e_1, A_1) Sieger von M, sonst (d. h., wenn $e_2 > e_1$ ist), ist (e_2, A_2) Sieger von M.

Das Verfahren V ist rekursiv („auf sich selbst zurückgreifend"), weil die Anwendung des Verfahrens V auf die Menge M zurückgeführt wird auf die Anwendung desselben Verfahrens V auf kleinere Mengen M_1 und M_2 und auf die Lösung eines trivialen Anfangsproblems. Das ist die für eine rekursive Lösung typische Struktur: Löse ein Problem durch Lösen mehrerer Teilprobleme kleinerer Größe, eines trivialen Anfangsproblems und Zusammensetzen der gefundenen Teillösungen zur Lösung des Gesamtproblems.

Zum Nachweis der **Korrektheit** einer rekursiven Lösung muss man streng genommen ein der jeweils benutzten Lösungsstruktur angepasstes Induktionsprinzip verwenden. Die Abschätzung der **Effizienz** einer rekursiven Lösung läuft oft auf die Lösung von Differenzengleichungen hinaus. Beides überschreitet den Rahmen dieses Buches. In obigem und den meisten übrigen von uns behandelten Beispielen ist die Korrektheit offensichtlich. Wo das nicht der Fall ist, geben wir zusätzliche Begründungen, jedoch keine formal präzisen Beweise an.

1.3   Historisches zur Sprache Pascal

Die Programmiersprache Pascal wurde an der ETH Zürich unter der Leitung von **Niklaus Wirth** um das Jahr 1970 entwickelt. Die Entwicklung verfolgte zwei Hauptziele (vgl. [12]):

Das erste war, eine Sprache bereitzustellen, in der das Programmieren als systematische Disziplin gelehrt werden kann, gestützt auf wenige fundamentale Konzepte, die sich in natürlicher Weise in der Sprache wiederfinden. Das zweite Ziel war, zugleich zuverlässige und effiziente Implementationen der Sprache zu ermöglichen. Gegenüber den für kommerzielle Anwendungen damals weit verbreiteten Sprachen FORTRAN und COBOL besitzt Pascal den Vorteil einer stärkeren Strukturierungsmöglichkeit für Anweisungen, der ansatzweise auch bereits in ALGOL 60 enthalten war. Über ALGOL 60 hinaus stellt Pascal aber zugleich auch eine reichhaltigere Möglichkeit zur Strukturierung von Daten bereit. Neben einer klaren Kontrollstruktur und einem reichhaltigen Datenkonzept besitzt Pascal auch andere für das Verständnis von Programmiersprachen grundsätzlich wichtige Konzepte wie Prozeduren und Funktionen einschließlich Rekursion, verschiedene Arten von Parametern, eine (wenn auch eingeschränkte) Blockstruktur und dynamische Datentypen. Dennoch wurde bewusst versucht, den Sprachumfang klein und überschaubar zu halten im Unterschied zu „Mammutgebilden" wie PL/1 und ALGOL 68. Ob die von Wirth mit der Entwicklung von Pascal verfolgten Ziele erreicht worden sind, ist durchaus umstritten, vgl. hierzu [3] und. [8]

Praktisch jedoch hat sich Pascal vor allem im Universitätsbereich rasch durchgesetzt. Ein wesentlicher Grund dafür war sicherlich die relativ einfache Implementierbarkeit der Sprache auf verschiedenen Computersystemen. Der erste lauffähige Compiler war bereits 1970 an der ETH Zürich auf einer Anlage CDC 6000 verfügbar. Es handelt sich um einen von Urs **Ammann** geschriebenen one-pass-Compiler (vgl. hierzu [2]). Um das Jahr 1974 wurde ein Compiler geschrieben, der Pascal-Programme in einen Zwischencode (den sogenannten P-Code) für eine hypothetische Stack-Maschine transformiert und der selbst im P-Code geschrieben ist (siehe [2] und [11]). Damit genügt es, in P-Code geschriebene Programme auf verschiedenen Maschinen zu interpretieren. Auf diese Weise wurde Pascal bald auch auf PCs verfügbar. Das Prinzip des Verwendens eines relativ maschinenunabhängigen Zwischencodes hat sich so gut bewährt, dass es auch heute noch bei neuen Entwicklungen eingesetzt wird, so etwa bei Java.

Das erste die Sprache Pascal definierende Dokument erschien im Jahre 1971 (vgl. [12]). Eine axiomatische Definition der Semantik folgte im Jahre 1973 (vgl. [4]). Die Sprachdefinition war jedoch an vielen Stellen ungenau, widersprüchlich und unvollständig. Ein wachsendes Interesse an Pascal, die bekanntgewordenen Inkorrektheiten und die gegen Pascal vorgebrachte Kritik haben über die Jahre zu zahlreichen Bemühungen um eine Standardisierung der Sprache geführt. Diese mündeten schließlich 1982 in einen internationalen Standard für Pascal, ISO 7185 (vgl. [5]). Dieser Standard wird im „Pascal User Manual and Report" (Third Edition) von Jensen/Wirth, das 1985 erschien, dargestellt und erläutert (vgl. [6]). Die dort angegebene Sprachdefinition werden wir im Folgenden kurz als **Standard-Pascal** bezeichnen. Der erste Teil davon, den wir künftig kurz als **Manual** bezeichnen, ist eine Einführung in die Sprache Pascal und stützt sich auf eine konkrete Implementation an der ETH Zürich. Der zweite Teil, künftig als **Report** bezeichnet, ist das die Sprache definierende Dokument.

Hand in Hand mit den Standardisierungsbestrebungen ist Pascal inzwischen auf praktisch allen modernen Rechenanlagen implementiert worden. Weil die verschiedenen Implementationen von Pascal historisch gewachsen sind, und weil Pascal leicht erweitert und geändert werden kann, wurden viele „Dialekte" von Pascal definiert und implementiert. Daher können der Sprachumfang und die Verfügbarkeit von Bibliotheken für die verschiedensten Zwecke von Pascal von Ort zu Ort beträchtlich variieren; es gibt inzwischen sogar mehrere objektorientierte Erweiterungen der Sprache. Wir haben uns in diesem Buch stets auf Standard-Pascal beschränkt, weil es uns darauf ankommt, die Konzepte der Sprache grundlegend und allgemeingültig zu formulieren.

Weil Pascal die systematische Programmentwicklung und das strukturierte Programmieren, vor allem aber die klare und präzise Formulierung von Algorithmen gut unterstützt, wird diese Sprache (oder etwas lockere Versionen davon) sehr gern als Publikationssprache für Algorithmen verwendet. Hier sind besonders die Bücher von N. Wirth, [13], [14] und [15] zu nennen, die eine Fülle von in Pascal formulierten, teilweise sehr komplexen Algorithmen enthalten. Aber durchaus auch Bücher zur Methodik des Programmierens haben die Sprache Pascal erfolgreich zur Illustration der Prinzipien guten Programmierens „im Kleinen" (vgl. [7], [9]) eingesetzt.

Grundlagen und Struktur von Pascal-Programmen

2

2.1 Zur Beschreibung der Syntax

Im vorangegangenen Kapitel ist deutlich geworden, dass zur vollständigen Formalisierung von Algorithmen, etwa in der Programmiersprache Pascal, eine genaue Definition der Regeln der Sprache (Syntax), also der zulässigen, korrekten Pascal-Programme, erforderlich ist. Die rein verbale Erklärung solcher Regeln ist äußerst umständlich und häufig nicht hinreichend präzise. Wir werden daher in möglichst vielen Fällen neben der verbalen eine formale Beschreibung der Syntax von Pascal angeben. Als Darstellungsform hierfür wählen wir die sogenannten **Syntaxdiagramme**, die wir im Folgenden vorstellen und erläutern werden.

Im fortlaufenden Text werden wir Merkmale von Pascal mit vorwiegend deutschen Begriffen erklären und beim ersten Auftreten eines deutschen Begriffs den entsprechenden englischen Begriff oder synonyme Begriffe in Klammern angeben. Bei der formalen Syntaxdefinition selbst werden wir überwiegend mit englischen Begriffen arbeiten, da diese häufig „natürlicher" scheinen als die strenge deutsche Übersetzung; sobald sie erklärt sind, werden wir deutsche und englische Begriffe synonym verwenden.

Die Definition der Syntax – auch die formale – im laufenden Text wird sich an den bis zur entsprechenden Stelle erklärten Eigenschaften von Pascal orientieren. Im Allgemeinen werden hier also lediglich die gerade interessierenden speziellen Aspekte der Pascal-Syntax betrachtet; eine vollständige Syntaxdefinition geben wir im Anhang.

Wir wollen uns Anforderungen an eine formale Notation von Syntaxregeln zunächst anhand eines einfachen Beispiels überlegen.

Üblicherweise werden ganze Zahlen dargestellt durch eine Folge von Ziffern, wahlweise angeführt von einem Vorzeichen. Die Formalisierung dieser recht einfachen Definition der Darstellung ganzer Zahlen verlangt es, folgendes zu berücksichtigen:

© Springer Fachmedien Wiesbaden GmbH, ein Teil von Springer Nature 2018
T. Ottmann, P. Widmayer, *Programmierung mit PASCAL*,
https://doi.org/10.1007/978-3-658-18121-5_2

(1) Das Vorzeichen kann auftreten, kann aber auch fehlen; es kann höchstens einmal auftreten.

(2) Es muss mindestens eine Ziffer auftreten, es können aber darüber hinaus beliebig viele Ziffern auftreten.

(3) Das Vorzeichen kann jeden der möglichen Werte + bzw. – annehmen, jede Ziffer kann jeden der möglichen Werte für Ziffern, das sind die Werte *0, 1, …, 9* annehmen.

Im Wesentlichen sind das die Forderungen nach einer formalen Darstellung der Auswahl unter **Alternativen** und der **Wiederholung** von Teilstücken. Wir werden dies stets so notieren, dass der in einem Syntaxdiagramm mithilfe anderer Begriffe erklärte syntaktische Begriff (**syntaktische Variable**) die Überschrift des Syntaxdiagramms bildet. Das Syntaxdiagramm selbst ist ein gerichteter Graph mit einem Eingang und einem Ausgang. Jeder Pfad durch diesen Graphen beschreibt eine zulässige Folge von Zeichen (**Terminalsymbole**) und syntaktischen Variablen. Terminalsymbole werden so dargestellt, wie sie auch in Programmen erscheinen, also *kursiv* mit oder ohne ***Fettdruck***. Syntaktische Variablen in Syntaxdiagrammen werden in normaler Schrift angegeben; jede syntaktische Variable bezeichnet ein Syntaxdiagramm (dasjenige, als dessen Überschrift es auftritt). Außerdem werden zur einfacheren Unterscheidung in Syntaxdiagrammen syntaktische Variable eckig und Terminalsymbole rund eingerahmt. Man erhält eine Folge von Terminalsymbolen zu einem Syntaxdiagramm, indem man jede syntaktische Variable auf dem gewählten Pfad durch das Syntaxdiagramm ersetzt, das diese Variable bezeichnet. Genauso gut kann man in der zulässigen Folge von Zeichen und syntaktischen Variablen jede Variable durch eine aus dem betreffenden Syntaxdiagramm gewonnene Folge von Zeichen und Variablen ersetzen. Diesen Ersetzungsprozess hat man solange zu wiederholen, bis alle Variablen verschwunden sind.

Wir geben als Beispiel die formale Version der oben verbal angegebenen Definition der ganzen Zahlen an:

ganze Zahl

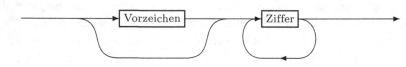

Vorzeichen

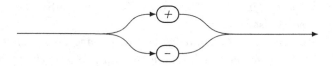

Ziffer

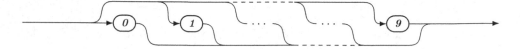

Ist die Bedeutung einer verwendeten syntaktischen Variablen (aus dem bisher Definierten oder aus dem Kontext) bereits bekannt oder offensichtlich, so verzichten wir aus Gründen der Einfachheit darauf, diese im Text explizit zu erklären (dies könnte z. B. beim Begriff Ziffer geschehen). Insbesondere sind zusammengesetzte Begriffe im Zweifel so erklärt wie die letzte Komponente (z. B. ist Variablenname wie Name erklärt, und Ergebnistyp ist erklärt wie Typ etc.).

Mithilfe von Syntaxdiagrammen wollen wir in diesem Kapitel die Struktur von Programmen in Pascal und einige wichtige Eigenschaften der Sprache formal beschreiben.

2.2   Struktur von Pascal-Programmen

Bereits im Kap. 1, insbesondere am Beispielprogramm *ballonwettbewerb*, ist die (stets gleiche) Struktur eines Pascal-Programms deutlich geworden: Es besteht aus einem Programmkopf (**program heading**) und einem Block (**block**), gefolgt von einem abschließenden Punkt. Der Programmkopf dient der Identifizierung des Programms und der Angabe der Verbindungen des Programms nach außen zum Zweck der Ein- und Ausgabe von Daten. Der Block setzt sich zusammen aus dem Deklarationsteil (**declaration part**), in dem die im Programm verwendeten Daten beschrieben und mit Namen versehen werden, und dem Anweisungsteil (**statement part**), der die auszuführenden Operationen angibt.

Im Einzelnen gelten folgende Regeln:

program

block

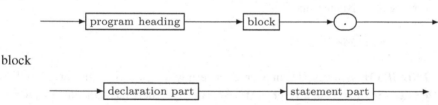

Der Programmkopf beginnt stets mit dem Schlüsselwort *PROGRAM*, gefolgt vom Programmnamen, in Klammern gefolgt von außerhalb des Programms definierten Namen (**identifier**) für Ein- und Ausgabedateien, und vom Block durch das Semikolon getrennt:

program heading

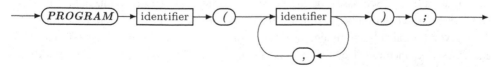

Namen sind in Pascal beliebige Folgen von Buchstaben (**letter**) und Ziffern (**digit**), die mit einem Buchstaben beginnen:

identifier

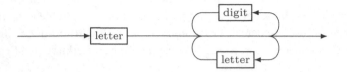

Die Länge von Namen ist somit nicht beschränkt; gemäß Standard-Pascal werden Namen in ihrer vollen Länge als signifikant angesehen. Viele Implementationen identifizieren Namen allerdings durch die ersten 8 Zeichen. Die Namen

▶   *diesisteinlangername*

und

▶   *diesisteinsehrlangername*

werden von solchen Implementationen als identisch betrachtet, obwohl sie in Standard-Pascal verschieden sind.

Beispiele für gültige Namen sind:

▶   *e605 emil h2co3 p*

Beispiele für ungültige Namen sind:

▶   *hans-peter x.13 75karlsruhe*

Das Wort *PROGRAM* ist in Pascal kein Name, sondern wird syntaktisch als ein spezielles Terminalzeichen (**Schlüsselwort, reserviertes Wort**) angesehen, das zu keinem anderen als dem vorgesehenen Zweck, also insbesondere nicht als Name, verwendet werden darf. Wir werden Pascal-Programme und -Programmteile im Folgenden stets *kursiv* schreiben; Schlüsselworte werden wir außerdem in *GROSSBUCHSTABEN* angeben, obwohl sie in „echten" Pascal-Programmen nicht besonders hervorgehoben werden.

Allerdings müssen aufeinanderfolgende Schlüsselworte, Namen, Literale (vgl. Abschn. 2.3.1) durch mindestens ein Leerzeichen (oder anderes Trennzeichen (separator)) getrennt sein; innerhalb von Schlüsselworten, Namen, Literalen sind keine Trennzeichen erlaubt. Der Übersichtlichkeit halber haben wir Trennzeichen nicht in die formale Definition der Syntax von Pascal aufgenommen; ihre Verwendung ist durch die obige Regel erklärt. Ein einzelnes und mehrere Trennzeichen haben in Pascal-Programmen dieselbe Wirkung. Genau dort, wo ein Trennzeichen auftreten darf, dürfen auch mehrere auftreten, und statt mehrerer Trennzeichen darf stets auch eines stehen.

Als Trennzeichen wirken dabei außer dem Leerzeichen (**blank**) das end-of-line-Zeichen (**eoln-character,** vgl. Abschn. 2.4.2) und der Kommentar (**comment**): er dient, wie schon in Kap. 1, zum Einfügen von Bemerkungen in den Programmtext und zum klaren Gliedern des Programms und hat die Gestalt

comment

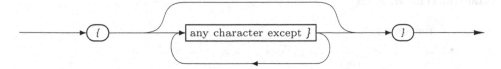

Stehen die geschweiften Klammern { bzw. } nicht als Druckzeichen (printable character) zur Verfügung, so können sie durch (* bzw. *) ersetzt werden; diese zusammengesetzten Symbole (**compound symbols**) dürfen nicht durch Separatoren getrennt werden. Die alternative Repräsentation anderer Sonderzeichen ist im Anhang beschrieben.

Neben im Programm definierbaren (selbstdefinierten) Namen gibt es in Pascal **Standardnamen** (vordefinierte Namen, predefined identifiers) für verschiedene Zwecke. Diese Namen haben eine von vornherein bestimmte Bedeutung und müssen im Programm selbst nicht erklärt werden.

Beispiele für vordefinierte Namen sind (vgl. Beispielprogramm *ballonwettbewerb* in Kap. 1) *read, write, integer* sowie die Standardein- bzw. -ausgabedateien *input* bzw. *output*, die bei jedem Rechner bestimmte Geräte bezeichnen (z. B. *input* die Tastatur und *output* den Bildschirm) und zunächst die einzigen Verbindungen unserer Programme nach außen sein sollen.

Damit lässt sich als Beispiel der Programmkopf aus Kap. 1 angeben:

```
PROGRAM ballonwettbewerb (input, output);
```

2.3 Die Beschreibung der Daten

Der Deklarationsteil eines Programms muss die Bedeutung aller Namen erklären, die im Programm (insbesondere im Anweisungsteil) verwendet werden und nicht schon vordefiniert sind. Beschränken wir uns zunächst auf den Fall, dass lediglich Namen für **Konstante** (constant identifier) und **Variable** (variable identifier) definiert werden, so gilt:

declaration part

2.3.1 Konstanten und Literale

Die Konstantendefinition legt Namen für Werte fest, die im Programm nicht veränder-
bar, also konstant, sind. Die Werte für Konstanten sind **numerische Werte** (Zahlen) oder
Zeichenketten (strings). Auch bereits definierte Konstanten dürfen, wahlweise mit Vorzeichen, den Wert neuer Konstanten definieren. Die Konstantendefinition (**constant definition part**) hat die Form

constant definition part

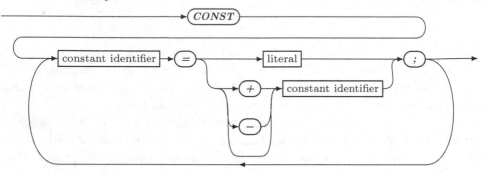

literal

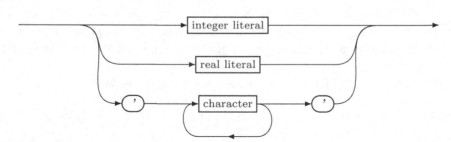

Zeichen (**character**) sind dabei alle Buchstaben, Ziffern und Sonderzeichen, die für die
benutzte Rechenanlage zur Verfügung stehen. Soll allerdings ein Apostroph innerhalb der
Zeichenkette dargestellt werden, so sind an seiner Stelle zwei Apostrophe zu schreiben
(ein Apostroph würde das Ende der Zeichenkette markieren).

   Ein **integer-Literal** (integer literal) beschreibt die üblichen ganzen Dezimalzahlen und
besteht aus einer beliebig langen Folge von Ziffern, mindestens aber aus einer Ziffer,
wahlweise angeführt von einem Vorzeichen:

integer literal

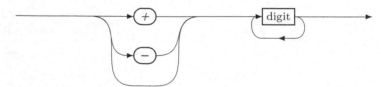

Der Zahlenwert einer durch ein integer-Literal dargestellten Zahl entspricht gerade dem üblichen Wert der ganzen Dezimalzahl.

Ein **real-Literal** (real literal) beschreibt reelle Zahlen in einer von der gewohnten Darstellung leicht abweichenden Weise:

(1) statt des üblichen Dezimalkommas wird ein Punkt verwendet;

(2) wahlweise kann ein vom Buchstaben e angeführtes integer-Literal angehängt werden, das als Exponent zur Basis 10 zu interpretieren ist und bedeutet, dass der vor dem e stehende Wert, mit $10^{\text{integer-Literal}}$ multipliziert, den Wert des real-Literals ergibt.

Formal ist ein real-Literal definiert als

real literal

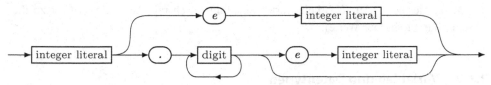

Der Dezimalpunkt muss dabei nicht notwendig auftreten; tritt er jedoch auf, so muss sowohl vor als auch hinter ihm mindestens je eine Ziffer stehen.

Korrekte real-Literale sind also

▶ *0.0 −1.0 3.14 2e3 2e−3 +2.5e+2,*

keine real-Literale sind

▶ *.7 5.6e4.2 7.5e +8,4 17 −1 0*

Grundsätzlich sind in Pascal Namen vor ihrer Verwendung eindeutig zu erklären. Dies gilt auch für Namen, die Konstanten definieren, also in der Konstantendefinition auf der rechten Seite eines Gleichheitszeichens auftreten: sie müssen an einer vorangehenden Stelle definiert worden sein, sofern sie nicht standardmäßig vordefiniert sind.

Diese Bedingung für die Reihenfolge der Erklärung von Namen (ebenso wie andere Bedingungen, die manchmal zunächst willkürlich erscheinen) ist eine Folge der Forderung, Pascal-Programme durch einen one-pass-Compiler übersetzen zu können: Wenn das einmalige Durchlesen eines Programms zum Verstehen genügen soll, müssen an jeder Stelle alle bis dahin aufgetretenen Namen bereits erklärt sein.

Die Konstantendefinition

```
CONST
  pi = 3.14;
  minuspi = -pi;
```

ist also korrekt, nicht jedoch

```
CONST
  minuspi = -pi;
  pi = 3.14;
```

Die einzige vordefinierte Konstante für einen Zahlenwert hat den Namen *maxint*; er steht für die größte auf der jeweiligen Rechenanlage darstellbare ganze Zahl; folglich ist

```
CONST
  groesste = maxint;
  kleinste = -maxint;
```

eine korrekte Konstantendefinition.

Daneben gibt es zwei vordefinierte logische (*boolean*) Konstante mit Namen *true* und *false*, die die beiden Wahrheitswerte wahr und falsch repräsentieren (vgl. dazu die Beschreibung logischer Werte).

2.3.2 Variablen und Datentypen

Variablen können (im Gegensatz zu Konstanten) ihren Wert im Laufe der Ausführung eines Programms ändern. Welches die möglichen **Werte** von Variablen (Wertebereich) und die zulässigen **Operationen** mit diesen Variablen sind, wird durch den Typ (**type**) der Variablen bestimmt; jeder Variablen muss in der Variablendeklaration ein Typ zugeordnet werden. Es gibt in Pascal 4 einfache **Standardtypen** von Variablen, die mit den Standard-namen *integer, real, boolean* und *char* bezeichnet werden.

2.3.2.1 Der Datentyp *integer*

Er umfasst eine (implementationsabhängige) Teilmenge der ganzen Zahlen, die durch inte-ger-Literale dargestellt werden. Vom Typ *integer* sind die Standard-Konstante *maxint*, alle durch integer-Literale vereinbarten Konstanten, alle integer-Literale selbst und alle als vom Typ *integer* deklarierten Variablen sowie Ausdrücke und Funktionen mit integer-Werten.

Die Variablendeklaration (**variable declaration part**) ordnet dem Namen jeder dort auf-tretenden Variablen einen Typ zu. Sie beginnt stets mit dem Schlüsselwort *VAR*, gefolgt von Listen von durch Kommata getrennten Namen, gefolgt von einem Doppelpunkt, hinter dem der Typ aller Variablen der Liste angegeben wird, vom folgenden abgetrennt durch ein Semikolon:

variable declaration part

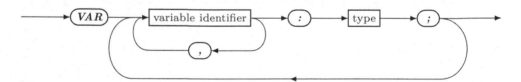

Eine korrekte Variablendeklaration ist also zum Beispiel

```
VAR
  min, max: integer;
```

aber auch

```
VAR
  min: integer;
  max: integer;
```

Durch den Typ der Daten werden, wie schon erwähnt, auch die **Operationen** festgelegt, die auf diesen Daten ausführbar sind. Wir geben zu jedem Datentyp eine genaue Beschreibung der in Pascal vorgesehenen Operatoren und Funktionen an. Beim ersten Lesen sind diese vielen Details eher verwirrend als hilfreich. Es kommt also nicht darauf an, gleich alle Einzelheiten zu verstehen und zu behalten; beim zweiten Lesen des Kapitels sollten sie allerdings einbezogen werden.

Operatoren für je zwei Operanden vom Typ *integer* (**integer-Operatoren**), die als Ergebnis einen integer-Wert liefern, sind die üblichen arithmetischen:

+	für die Addition
–	für die Subtraktion
*	für die Multiplikation
DIV	für die ganzzahlige Division (der Divisionsrest wird nicht berücksichtigt)
MOD	für den Rest bei ganzzahliger Division

Bemerkungen:

(1) *DIV* und *MOD* sind Schlüsselworte, keine Standardnamen.
(2) Es gibt in Pascal keinen Potenzoperator.

Die integer-Operatoren haben die übliche arithmetische Bedeutung. Beispielsweise gilt:

14 DIV 3	hat den Wert 4
14 MOD 3	hat den Wert 2
5 DIV 6	hat den Wert 0

Einige häufig benötigte **Funktionen** sind vordefiniert; diejenigen mit integer-Argument und -Funktionswert sind

sqr	**Quadrat** (square)
abs	**Absolutbetrag**
pred	**Vorgänger** (predecessor)
succ	**Nachfolger** (successor)

Die Bedeutung dieser Funktionen ist die übliche; einige Beispiele verdeutlichen dies:

sqr(7)	ist 49
sqr(–5)	ist 25
abs(+17)	ist 17
abs(–17)	ist 17

Die Vorgänger- bzw. Nachfolgerfunktion liefert als Ergebnis den Vorgänger bzw. Nachfolger des Arguments bezüglich der durch den Datentyp definierten Ordnung, falls dieser existiert; andernfalls ist das Ergebnis undefiniert. Für ein Argument *i* vom Typ *integer* gilt insbesondere:

$$succ(i) = \begin{cases} i+1, & \text{falls } i < maxint \\ undefiniert, & \text{falls } i = maxint \end{cases}$$

$$pred(i) = \begin{cases} i-1, & \text{falls } i > -maxint \\ undefiniert, & \text{falls } i = -maxint \end{cases}$$

Beispiele hierfür sind:

pred(7)	ist 6
pred(6)	ist 5
pred(–7)	ist –8
succ(7)	ist 8
succ(–7)	ist –6

Daneben gibt es in Pascal zwei Standardfunktionen, die aus real-Zahlen durch **Abschneiden der Stellen hinter dem Dezimalpunkt** bzw. durch **Rundung** ganze Zahlen erzeugen:

trunc	Abschneiden der Stellen hinter dem Dezimalpunkt (truncation)
round	Runden

Sie sind wie folgt definiert:

$$trunc(x) = \begin{cases} \text{größte ganze Zahl} \leq x, \text{falls } x \geq 0 \\ \text{kleinste ganze Zahl} \geq x, \text{falls } x < 0 \end{cases}$$

$$round(x) = \begin{cases} trunc(x+0.5), \text{falls } x \geq 0 \\ trunc(x-0.5), \text{falls } x < 0 \end{cases}$$

Beispiele:

$trunc(4.3)$	ist 4
$trunc(4.7)$	ist 4
$trunc(-4.3)$	ist –4
$trunc(-4.7)$	ist –4
$round(4.3)$	ist 4
$round(4.7)$	ist 5
$round(-4.3)$	ist –4
$round(-4.7)$	ist –5

Eine weitere Standardfunktion (*ord*) mit Ergebnistyp *integer* wird später betrachtet werden.

2.3.2.2   Der Datentyp *real*

Er umfasst eine (wiederum implementationsabhängige) Teilmenge der reellen Zahlen (genauer sogar eine Teilmenge der rationalen Zahlen), die durch real-Literale dargestellt werden.

Vom Typ *real* sind alle durch real-Literale vereinbarten Konstanten, alle real-Literale selbst und alle als vom Typ *real* deklarierten Variablen, sowie Ausdrücke und Funktionen mit real-Werten.

Die Variablendeklaration erfolgt, analog wie beim Typ *integer,* durch die Angabe des Namens *real* als Typ.

Beispiel:

```
VAR
  distanz: real;
```

Ein Beispiel für einen Programmkopf, eine Konstantendefinition und eine Variablendeklaration ist das folgende:

```
PROGRAM beispiel (input, output);
CONST
  maximum = 1000;
  minimum = -maximum;
```

```
VAR
   oben, mitte, unten: integer;
   element: real;
```

Operatoren für je zwei Operanden vom Typ *real* (**real-Operatoren**), die als Ergebnis einen Wert vom Typ *real* liefern, sind wieder die üblichen arithmetischen:

+	für die Addition
–	für die Subtraktion
*	für die Multiplikation
/	für die Division

Auch diese Operatoren haben die übliche arithmetische Bedeutung: Beispiele sind

```
30.0 / 8.0 ist 3.75 (man beachte: 30 DIV 8 ist 3)
2.7 + 5.4 ist 8.1
```

Standardfunktionen mit Argument und Funktionswert vom Typ *real* sind einige wichtige **arithmetische Funktionen**:

sqr	**Quadrat**
abs	**Absolutbetrag**
sqrt	**Quadratwurzel**
exp	**e-Funktion** (Exponentiation zur Basis e)
ln	**natürlicher Logarithmus**
sin	**Sinus**
cos	**Cosinus**
arctan	**Arcustangens**

Wiederum ist die Bedeutung dieser Funktionen die aus der Mathematik bekannte; man beachte, dass gewisse Operatoren bzw. Funktionen für Operanden bzw. Argumente mehrerer Typen erklärt sind.

2.3.2.3   Der Datentyp *boolean*

Er umfasst genau die beiden Wahrheitswerte wahr und falsch, dargestellt durch die **Standardkonstanten** *true* und *false*.

Vom Typ *boolean* sind die Standardkonstanten *true* und *false* selbst, alle als *boolean* deklarierten Konstanten und Variablen sowie Ausdrücke und Funktionen mit boolean-Werten.

Analog erfolgt hier eine Variablendeklaration durch die Angabe des Namens *boolean* als Typ.

Beispiel:

```
VAR
   gewonnen: boolean;
```

Operatoren für einen bzw. zwei Operanden vom Typ *boolean* (logische, **boolean-Operatoren**), die als Ergebnis einen Wert vom Typ *boolean* liefern, sind die folgenden:

NOT	**Negation**, nur 1 Operand
AND	**Konjunktion**
OR	**Disjunktion**

Die Bedeutung ist die in der Logik übliche und lässt sich etwa mithilfe von Wahrheitswerttabellen der Gestalt

Operator	2. Operand
1. Operand	Ergebnis

angeben:

NOT	
true	*false*
false	*true*

AND	*true*	*false*
true	*true*	*false*
false	*false*	*false*

OR	*true*	*false*
true	*true*	*true*
false	*true*	*false*

Daneben liefern sämtliche Vergleichsoperatoren (**relationale Operatoren**) bei Anwendung auf Operanden, für die eine Ordnung definiert ist, boolean-Werte als Ergebnis. Für die bisher bekannten Datentypen *integer, real, boolean*, aber beispielsweise auch für Daten des Typs *char*, sind dies im Einzelnen die folgenden:

=	ist gleich
<>	ist ungleich
<	ist kleiner als
>	ist größer als
< =	ist nicht größer als (ist kleiner oder gleich)
> =	ist nicht kleiner als (ist größer oder gleich)

Auch hier ist die Bedeutung die übliche; natürlich muss die Ordnung der Operanden bekannt sein, um eine Aussage über die Richtigkeit des Vergleichs machen zu können; so gilt etwa

$$
\begin{aligned}
& 17 && < 35 \\
& 2.5e7 && > 2.5e{+}6 \\
& 2500.0 && = 2.5e3 \\
& \textit{false} && <\,=\,\textit{true} \text{ (als logische Implikation interpretierbar)}
\end{aligned}
$$

Standardfunktionen, die einen logischen Wert als Ergebnis abliefern, sind die drei folgenden und noch zwei weitere (*eoln, eof*), die wir später behandeln werden:

odd	(**ungerade**);
	das Argument muss vom Typ *integer* sein; der Funktionswert ist *true,* wenn das Argument eine ungerade Zahl ist, und *false,* wenn es eine gerade Zahl ist: *odd*(*17*) hat den Wert *true,* *odd*(*–24*) hat den Wert *false*
pred	(**Vorgänger**) und
succ	(**Nachfolger**); das Argument vom Typ *boolean* definiert einen Funktionswert nur dann, wenn es einen Vorgänger bzw. Nachfolger des betreffenden Wertes gibt: *pred*(*true*) hat den Wert *false,* *succ*(*false*) hat den Wert *true,* aber *pred*(*false*) und *succ*(*true*) sind undefiniert.

2.3.2.4   Der Datentyp char

Er beschreibt die Menge der verfügbaren Druckzeichen, bislang auch als character angegeben. Ein Wert ist also genau eines der Zeichen. Das Leerzeichen (blank) ist in diesem Sinne ein Druckzeichen. Steuerzeichen wie Zeilenvorschubzeichen und andere sind dagegen keine Druckzeichen.

Ein **char-Literal** (character-Literal, char literal) ist ein in Hochkommata eingeschlossenes Zeichen; falls das Zeichen selbst ein Hochkomma ist, so muss es zweimal geschrieben werden (vgl. auch Konstantendefinition):

char literal

Vom Typ *char* sind alle durch char-Literale vereinbarten Konstanten, alle char-Literale selbst, alle als vom Typ *char* deklarierten Variablen und alle Funktionen mit
char-Werten.

Man beachte, dass es in Pascal keinen Operator gibt, der ein Ergebnis vom Typ
char liefert; demgegenüber gibt es jedoch Operatoren, die zwei Operanden vom
Typ *char* verknüpfen, nämlich gerade die beim Typ *boolean* behandelten relationalen
Operatoren.

Die Ordnung aller Zeichen ist, ebenso wie die Menge der verfügbaren Zeichen selbst,
implementationsabhängig. Allerdings fordert der Pascal-Standard, dass alle Ziffern in der
Menge der Zeichen aufsteigend und lückenlos angeordnet sind, beginnend bei *'0'*. Außerdem müssen alle Großbuchstaben (sofern sie im Typ *char* enthalten sind) aufsteigend
gemäß der üblichen alphabetischen Reihenfolge angeordnet sein, aber nicht lückenlos.
Das entsprechende gilt für Kleinbuchstaben. Eine Ordnung zwischen Groß- und Kleinbuchstaben ist aber nicht vorgeschrieben. Damit gilt:

'0' < *'1'*, *'1'* < *'2'* usw. bis *'8'* < *'9'*, und *'A'* < *'B'*, *'B'* < *'C'* usw. bis
'Y' < *'Z'*, *'a'* < *'b'*, *'b'* < *'c'* usw. bis *'y'* < *'z'*.

Es ist zu beachten, dass ein char-Literal eine spezielle Zeichenkette aus nur einem
Zeichen ist. Eine Konstante vom Typ *char* wird durch die Angabe eines solchen speziellen strings deklariert; wir betrachten als Beispiel die Deklaration zweier Konstanten
vom Typ *char:*

```
CONST
  sternzeichen = '*';
  blank = ' ';
```

Auch die Konstantenvereinbarung

```
CONST
  tag = 'montag';
```

ist korrekt, *tag* ist aber **keine** Konstante vom Typ *char.*

Die Deklaration von Variablen des Typs *char* erfolgt analog zu den bisher bekannten
Deklarationen durch Angabe des Namens *char* als Typ.

Beispiel:

```
VAR
  anfangsbuchstabe: char;
```

An dieser Stelle wollen wir die beim Typ *integer* erwähnte, einstellige **Funktion *ord***
erklären:

Das Argument von *ord* muss zu der endlichen, geordneten Menge von Werten gehören, die durch den Argumenttyp definiert ist. Die Funktion *ord* liefert als Ergebnis die **Ordnungsnummer** des Arguments innerhalb der Menge dieser Werte, wobei dem bezüglich der Ordnung ersten Wert die Nummer 0 zugeordnet wird, dem nächsten die Nummer 1 usw. Aus der oben angegebenen Minimalforderung bezüglich der Anordnung der Druckzeichen folgt:

```
ord('a') < ord('b'), ord('A') < ord('B'), ord('0') + 1 = ord('1').
```

Für Werte vom typ *boolean* lässt sich wegen *false* < *true* feststellen, dass

```
ord(false) = 0 und ord(true) = 1 gilt.
```

Für Argumente des Typs *integer* stimmt die Funktion *ord* mit der Identitätsfunktion überein.

Standardfunktionen mit Ergebnistyp *char* sind die folgenden:

chr	hat ein Argument vom Typ *integer* und liefert als Ergebnis dasjenige Zeichen, dessen Ordnungsnummer dem Argumentwert entspricht, wenn es ein solches gibt; sonst ist das Ergebnis nicht definiert. *chr* ist also die Umkehrfunktion von *ord*, eingeschränkt auf Argumente vom Typ *char*: *chr*($ord(x)$) = x für alle char-Literale x.
pred	und
succ	sind analog zu den Definitionen beim Typ *integer* oder *boolean* erklärt.

Mithilfe der Funktionen *ord* und *chr* gilt insbesondere:

```
pred(x) = chr(ord(x) - 1) und succ(x) = chr(ord(x) + 1)
```

für alle char-Werte x, für die ein Vorgänger bzw. Nachfolger existiert.

Wir werden für das folgende eine (geringfügig einschränkende, aber vernünftige) Annahme treffen:

Konvention:

▶   Alle Großbuchstaben, alle Kleinbuchstaben und alle Ziffern sind jeweils lückenlos angeordnet. (Diese Konvention ist erfüllt für den ASCII-Zeichensatz; sie wird verletzt vom EBCDIC-Zeichensatz.)

Dann gilt beispielsweise:

```
chr(ord('a') + 1) = 'b' und ord('4') - ord('0') = 4.
```

Die Ordnung dieser drei Gruppen von Zeichen zueinander bleibt offen.

Mit der Beschreibung der Standard-Datentypen ist zunächst die Gestalt des Deklarationsteils von Pascal-Programmen vollständig erklärt; wir geben ein abschließendes Beispiel für einen Deklarationsteil:

```
CONST
  ziffernfolge = '12345';
  semikolon = ';';
  apostroph = '''';
  a = 'a';
  zunahme = 157;
  abnahme = -zunahme;
VAR
  b: char;
  liter, meter, gramm: real;
  fertig: boolean;
  stueckzahl: integer;
```

2.4   Die Beschreibung der Aktionen

Der Anweisungsteil (statement part) eines Programms beschreibt die **Aktionen,** die vom Programm mit den im Deklarationsteil spezifizierten (oder vordefinierten) Daten vorzunehmen sind. Schauen wir uns den Anweisungsteil zunächst einmal ganz von außen daraufhin an, welche Zeichen bzw. Zeichenfolgen in ihm auftreten können. Es können vorkommen:

(1) reservierte Worte;
     was hier im Einzelnen auftreten kann, wird im Folgenden erläutert;
(2) Namen;
     diese müssen entweder Standardnamen oder im Deklarationsteil eindeutig spezifierte Namen sein;
(3) Literale;
(4) Kommentare;
(5) Sonderzeichen.

Der Anweisungsteil beginnt mit dem Schlüsselwort *BEGIN*, gefolgt von Anweisungen (Befehlen, **statements**), die voneinander durch Strichpunkte getrennt sind, und endet mit dem Schlüsselwort *END*:

statement part

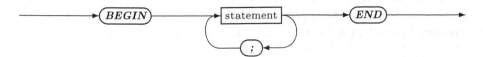

2.4.1 Einige einfache Anweisungen

Wir wollen zunächst nur einige der einfachsten Anweisungen (statements) in Pascal betrachten, nämlich die leere Anweisung (**empty statement**), die Wertzuweisung (**assignment statement**), und die zusammengesetzte Anweisung (**compound statement**):

statement

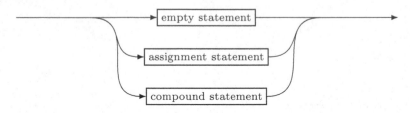

Die **leere Anweisung** bewirkt nichts und wird durch die leere Zeichenfolge dargestellt:

empty statement

Ihre Verwendung hat lediglich programmtechnische Gründe; so können etwa zwei Strichpunkte hintereinandergeschrieben werden, oder ein Strichpunkt kann nach *BEGIN* oder vor *END* stehen und als die leere Anweisung abtrennend verstanden werden.

Eine **zusammengesetzte Anweisung** ist eine in die Schlüsselworte *BEGIN* und *END* eingeschlossene **Gruppe von Anweisungen,** die wiederum voneinander durch Strichpunkte getrennt sind:

compound statement

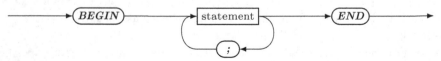

Der Anweisungsteil eines Programms kann damit auch als eine einzige zusammengesetzte Anweisung verstanden werden.

Die **Wertzuweisung** ist der Befehl zur **Zuweisung** eines aus einem Ausdruck (**expression**) zu ermittelnden Werts an eine Variable, die durch ihren Namen angegeben wird:

assignment statement

Der angegebene Name muss im Deklarationsteil als Name einer Variablen definiert sein; := wird als **Zuweisungsoperator** bezeichnet und, wie auch einige der relationalen Operatoren, syntaktisch wie ein Zeichen behandelt (compound symbol). Der Typ des

Ausdrucks rechts vom Zuweisungsoperator muss (mit einer Ausnahme, s.u.) mit dem der Variablen übereinstimmen.

Ein **Ausdruck** wird aus **Operanden, Operatoren** und **Klammern** im Wesentlichen nach den üblichen Regeln gebildet. Die **Prioritäten der Operatoren** sind die aus der Mathematik bekannten: Klammerung bzw. logische Negation haben höchste Priorität, gefolgt von den Multiplikationsoperatoren (*, /, *DIV, MOD, AND*), gefolgt von den Additionsoperatoren (+, −, *OR*) und schließlich gefolgt von den Vergleichsoperatoren (=, <>, <, <=, >, >=). Operationen mit Operatoren gleicher Priorität werden in der Reihenfolge der Aufschreibung, also von links nach rechts, ausgeführt; Operanden sind dabei Namen und Literale (der interessierte Leser findet eine Definition der Syntax für Ausdrücke im Anhang).

Einige Beispiele für Ausdrücke sind (unter der Annahme, dass *fertig* eine als vom Typ *boolean* vereinbarte Variable oder entsprechend definierte Konstante ist):

```
17.4e-3
NOT fertig
'ausdruck'
17.0 * 4e2
-17 * 4 + maxint
true OR false
47 ≤ 48 * 49
NOT (47 ≤ 48 * 49 DIV 50) AND (fertig OR NOT true)
1 - sqr(17 DIV 4 DIV (17 DIV 4 MOD (25 * 6 - 17)))
```

Man ermittle die Werte der angegebenen Ausdrücke!

Wir haben schon erwähnt (und uns in den Beispielen daran gehalten), dass der Typ der zu verknüpfenden Operanden stets mit dem von den entsprechenden Operatoren geforderten übereinstimmen muss; es gibt jedoch eine Ausnahme: für einen Operanden vom Typ *real* darf einer vom Typ *integer* stehen (die Rechenanlage nimmt eine **automatische Typkonversion** vor). Man beachte, dass insbesondere **nicht** ein real-Operand für einen integer-Operanden stehen darf.

Mit den Vereinbarungen

```
VAR
    i, j, k: integer;
    x, y, z: real;
    fertig: boolean;
```

sind dann die Zuweisungen

```
x := j / k + i
z := k DIV j
fertig := (z < j) AND NOT (x = y)
```

zulässig, **nicht** jedoch die folgenden:

```
x := z DIV k
j := k / i + 15
fertig := true AND x
i := k AND NOT j + (-11)
```

Man bezeichnet Ausdrücke vom Typ *real* oder *integer* als **arithmetische Ausdrücke**, solche vom Typ *boolean* als **logische Ausdrücke**.

Mit den bisher kennengelernten Mitteln sind wir bereits in der Lage, vollständige und korrekte Pascal-Programme zu schreiben, wie zum Beispiel das folgende:

```
PROGRAM wurzel (input, output);
VAR
  x: real;
  fertig: boolean;
BEGIN
  fertig := false;
  x := 1.2e12;
  x := sqrt(x);
  fertig := true
END.
```

Es ist unmittelbar zu sehen, dass zwar im Programm Aktionen ausgeführt werden (welche?), dies aber nicht nach außen mitgeteilt wird. Wir haben die Verbindungen des Programms nach außen durch Auflisten der Standardnamen *input* und *output* zwar im Programmkopf angegeben, aber wir kennen bislang keine Möglichkeit, mit diesen Standarddateien Aktionen im Programmblock auszuführen.

2.4.2 Standardein- und -ausgabe

Sowohl für die Ausgabe (über die angegebene Datei *output*) als auch für die Eingabe (über *input*) gibt es in Pascal spezielle Anweisungen (eigentlich Gruppen von Anweisungen, die aber durch je einen Standardnamen angesprochen werden; man beachte, dass durch Namen demnach nicht nur Daten, Werte etc. bezeichnet werden können, sondern auch Anweisungen (vgl. Kap. 5)). Bevor wir jedoch diese Anweisungen erläutern, wollen wir den Aufbau der Dateien *input* und *output* näher betrachten.

In der Mehrzahl aller Fälle erfolgt die Eingabe von Daten in einen Rechner aus technischen Gründen über die Tastatur oder spezielle Geräte, die aber ebenfalls Folgen von Zeichen erzeugen, wie etwa Strichcodeleser oder digitale Kameras (denn auch digitale Bilder werden im Rechner durch Zeichenfolgen repräsentiert). Gewisse Tasten der Tastatur stehen für Druckzeichen, andere für Steuerzeichen (etwa Tabulator oder Enter bzw.

Return beim PC oder beim interaktiven Terminal). Die kleinste Einheit der Eingabe ist
also das einzelne Zeichen; die Eingabedatei (und auch die Ausgabedatei, bei der die Ver-
hältnisse entsprechend sind) wird in Pascal als Datei von Zeichen, erweitert um das Zeilenende-Zeichen (vgl. Kap. 6) angesehen.

Die (im Allgemeinen sehr lange) Eingabezeichenfolge wird auf natürliche Weise in
Gruppen unterteilt:

Fall 1:	Aus technischen Gründen wird die Eingabe nur in **Gruppen fester Größe** vorgenommen (z. B. bei einer Bildschirmmaske mit fest vorgegebenem Eingaberaster von stets genau 30 Zeichen je Zeile); hier ist das Ende einer Gruppe also implizit festgelegt und kann nicht über Steuerzeichen bei der Eingabe selbst markiert werden. Dieser Fall ist eher selten und wird im Weiteren keine Rolle spielen, weil er gemeinsam mit Fall 2 behandelt werden kann.
Fall 2:	Das Steuerzeichen für das Ende der Schreibzeile (Zeilenende-Zeichen, **end-of-line-Zeichen**) legt die Gruppierung fest; dabei können einzelne Zeilen verschieden weit beschrieben werden, aber oft nur bis zu einer festgelegten maximalen Zeilenlänge (z. B. bei der Eingabe über die Tastatur eines Personal Computers oder eines Terminals); das end-of-line-Zeichen wird hier angezeigt als das Vorrücken der Schreibmarke (Cursor) an die erste Stelle der nächsten Zeile.

Wir werden künftig die beschriebenen Eingabezeichengruppen als Zeilen (**lines**) bezeichnen
und das Zeilenende (ob fest oder markierbar) durch das end-of-line-Zeichen (eoln-character)
identifizieren; diese Bezeichnung wollen wir auch für die Ausgabedatei verwenden (z. B.
Bildschirm, Drucker etc.). Darüber hinaus sei das Ende der gesamten Eingabedatei für ein
Programm gekennzeichnet (entweder explizit, durch das Eintippen eines speziellen Steuer-
zeichens auf der Tastatur, rechnerabhängig, oder implizit, z. B. durch das Ende eines Loch-
streifens oder eines Lochkartenstapels, also durch das Fehlen weiterer Daten (**end-of-file**)).

Die Anweisung, die es ermöglicht, einzelne Eingabezeichen zu **lesen** und den gelesenen
Wert einer Variablen zuzuweisen, besteht aus dem **Standardnamen** *read*, in Klammern
gefolgt vom Namen der Variablen, der das nächste (d. h. das unmittelbar auf das zuletzt
gelesene Zeichen folgende) Zeichen zugewiesen werden soll:

read-statement

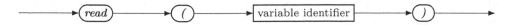

Die angegebene Variable muss folglich als vom Typ *char* vereinbart sein, damit die Wertzuweisung als Teil der read-Anweisung korrekt erfolgen kann.

Es ist insbesondere nicht möglich, beim Lesen ein spezielles Eingabezeichen herauszu-
greifen oder einige oder alle Eingabezeichen mehrmals zu lesen. Das end-of-line-Zeichen
wird, da es als Steuerzeichen nicht vom Typ *char* ist, automatisch uminterpretiert und
als Leerzeichen (blank) verstanden; innerhalb von Pascal-Programmen selbst gilt es als
Trennzeichen (separator).

Die **Ausgabe** einzelner Zeichen wird ermöglicht durch die Anweisung mit **Standard-namen** *write*, in Klammern gefolgt von Namen einer Variablen oder Konstanten vom Typ *char*, oder von einem char-Literal:

write-statement

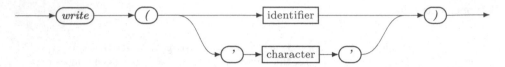

Durch die write-Anweisung wird das angegebene Druckzeichen an die nächste Stelle (in der Ausgabedatei, also etwa auf dem Bildschirm oder auf dem Papier des Druckers) geschrieben. Die Anweisung zum Schreiben eines end-of-line-Zeichens (d. h. der Befehl zum Vorrücken an den Anfang der nächsten Ausgabezeile) wird als **write-line-Anweisung** bezeichnet und besteht lediglich aus dem **Standardnamen** *writeln*:

write-line-statement

Das Entsprechende gilt für die Eingabe: die **read-line-Anweisung** bewirkt, dass mit dem Lesen am Anfang der nächsten Eingabezeile fortgefahren wird. Sie besteht aus dem **Stan-dardnamen** *readln*:

read-line-statement

Häufig erfolgt die Ausgabe auf ein Medium, das nicht nur mehrere Zeichen zu einer Zeile als natürliche Gruppe zusammenfasst, sondern entsprechend mehrere Zeilen zu einer **Seite** (z. B. Bildschirmseite, Druckerpapier). In einem solchen Fall ist eine eigene Anweisung, das **page-statement,** verwendbar, die bewirkt, dass das nächste zu schrei-bende Zeichen als erstes Zeichen einer neuen Seite geschrieben wird (der Bildschirmin-halt wird gelöscht, die Schreibmarke nach links oben positioniert, bzw. der Schreibkopf rückt an den Seitenanfang vor). Das page-statement besteht lediglich aus dem **Stan-dardnamen** *page*:

page-statement

Nach dieser Fülle von Details zur Ein- und Ausgabe wollen wir als Beispiel ein Pro-gramm angeben, das einen Buchstaben liest, diesen Buchstaben an den Anfang einer Zeile schreibt, und an den Anfang der nächsten Zeile den Buchstaben, von zwei Sternchen umgeben, schreibt. Für die Eingabe *a* soll also

```
a
*a*
```

geschrieben werden:

```
PROGRAM liesundschreibe (input, output);
VAR
  buchstabe: char;
BEGIN
  read(buchstabe);
  writeln;
  write(buchstabe);
  writeln;
  write('*');
  write(buchstabe);
  write('*');
END.
```

Man stellt leicht fest, dass die Handhabung der Ein- und Ausgabe noch recht unbequem ist; insbesondere ist es unklar, wie denn Daten von anderen Typen (*integer, real, boolean*) ein- bzw. ausgegeben werden sollen. Es ist sicherlich möglich, Folgen von Eingabezeichen daraufhin zu untersuchen, ob sie der Gestalt von Literalen eines gewissen Typs genügen; da dies jedoch sehr aufwendig ist, stehen in Pascal **für die wichtigsten Standardtypen** (*char,* wie schon bekannt, *real, integer*) **eigene Lese- und Schreibanweisungen** zur Verfügung. Äußerst bequem ist dabei die Tatsache, dass diese Lese- und Schreibanweisungen alle unter denselben Namen angesprochen werden können (!), nämlich, wie bisher, mit *read* und *write.* Die Ausgabeanweisung akzeptiert sogar Daten vom Typ *boolean,* die Eingabeanweisung jedoch nicht. Wir erweitern also die Definition dieser Anweisungen:

read-statement

Der angegebene Name muss der einer Variablen vom Typ *char, integer* oder *real* sein, und der Typ der Eingabe muss passen. Insbesondere werden bei real- oder integer-Literalen als Eingabe **führende Leerzeichen und end-of-line-Zeichen überlesen.** Entsprechend definieren wir:

write-statement

Ist der Wert des Ausdrucks vom Typ *char,* so wird das entsprechende Zeichen geschrieben; ist es eine Zeichenkette, so wird diese geschrieben; ist der Wert des Ausdrucks vom Typ *boolean,* so wird entweder die Zeichenfolge *true* oder *false* geschrieben; ist der Wert vom Typ *integer* bzw. *real,* so wird er als integer- bzw. real-Literal geschrieben.

Die **Art der Darstellung** kann dabei durch die Angabe zusätzlicher Parameter festgelegt werden; dies ist vor allem für Zahlenwerte von Bedeutung. Es ist möglich, die **Anzahl der Zeichen** (Stellen der Zahl), die mindestens geschrieben werden sollen, sowie bei Ausdrücken vom Typ *real* die **Genauigkeit (precision)** der Darstellung zu spezifizieren:

write-statement

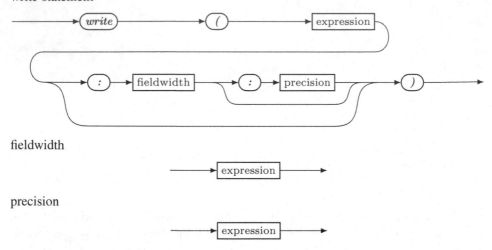

fieldwidth

precision

Die für die **Feldbreite (fieldwidth)** und die **Genauigkeit (precision)** angegebenen Ausdrücke müssen vom Typ *integer* sein und mindestens den Wert 1 haben.

Die Angabe

```
write(e:m)
```

bewirkt, dass bei genügend großem *m* der Wert des Ausdrucks *e* durch genau *m* Zeichen, gegebenenfalls mit führenden Leerzeichen, dargestellt wird. Reichen *m* Zeichen zur Darstellung von *e* nicht aus, so werden entsprechend mehr Zeichen verwendet (es gehen keine der für die Darstellung von *e* benötigten Zeichen verloren). Ist *e* vom Typ *real*, so wird der Wert von *e* mit Exponententeil (**floating-point representation**) und mit mindestens einem führenden Leerzeichen oder Vorzeichen dargestellt. Die Darstellung des Exponententeils ist dabei implementationsabhängig. Fehlt die explizite Angabe eines Werts für die Feldbreite, so wird der implementationsabhängig festgelegte Wert (default value) verwendet.

Bei Ausdrücken des Typs *real* ist, zusätzlich zur Angabe der Feldbreite, die Genauigkeit der Zahldarstellung wählbar. Durch die Angabe

```
write(ereal:m:n)
```

wird bewirkt, dass der Wert des Ausdrucks *ereal* ohne Exponententeil (**fixed-point representation**) mit genau *n* Stellen hinter dem Dezimalpunkt und mindestens *m* Stellen insgesamt dargestellt wird.

Wir geben zur Veranschaulichung einige einfache Beispiele für mögliche Darstellungen an (das Zeichen ⊔ stehe für das Leerzeichen):

Anweisung:	Ausgabe:
write(1234:5)	⊔1234
write(–5678:7)	⊔⊔–5678
write(90123:2)	90123
write(–12.34:12)	– 1.234e+0001
write(–12.34:10)	–1.2e+0001
write(–12.34:15)	⊔–1.23400e+0001
write(–12.34:8:3)	⊔–12.340
write(–12.34:2:3)	–12.340
write(1.234e+1:8:1)	⊔⊔⊔⊔12.3

Über den bisher kennengelernten Komfort hinaus ist es in Pascal möglich, die **Standard-Ein- und -Ausgabeanweisungen** statt mit einem **mit mehreren Parametern** anzugeben; diese dürfen dann verschiedene Typen haben:

read-statement

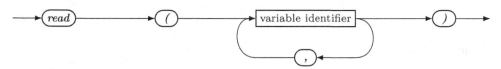

Die Wirkung einer solchen Anweisung ist die gleiche wie beim Aufschreiben einzelner Anweisungen hintereinander:

```
read(identifier1, identifier2, …, identifierk)
```

ist äquivalent zu

```
read(identifier1); read(identifier2); …; read(identifierk)
```

Das Entsprechende gilt für die Ausgabe:

write-statement

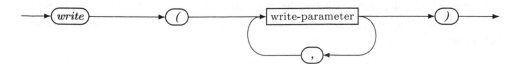

write-parameter

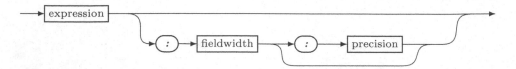

Auch hier ist die Wirkung die gleiche wie beim Ausführen einzelner write-Anweisungen hintereinander:

write(write-parameter1, write-parameter2, …, write-parameter*j*)

ist äquivalent zu

write(write-parameter1); *write*(write-parameter2); …; *write*(write-para-meter*j*)

Darüber hinaus ist es möglich, das Lesen bzw. Schreiben eines end-of-line Zeichens in eine read- bzw. write-Anweisung einzubeziehen. In diesem Fall wird *readln* bzw. *writeln* statt *read* bzw. *write* angegeben. Das bewirkt, dass **nach** dem Lesen bzw. Schreiben der Parameter das Zeilenende-Zeichen gelesen bzw. geschrieben wird:

readln(identifier1, identifier2, …, identifier*k*)

ist äquivalent zu

read(identifier1, identifier2, …, identifier*k*); *readln*

und

writeln(write-parameter1, write-parameter2, …, write-parameter*j*)

ist äquivalent zu

write(write-parameter1, write-parameter2, …, write-parameter*j*); *writeln*

Wir werden bereits hier, wie auch stets später, vor einer Eingabeforderung an den Benutzer diesem einen Hinweis darauf geben, was er denn eingeben soll. Programme, die für einen wirklichen Einsatz zum Lösen von Problemen konzipiert werden, müssen dem Benutzer vor Eingabeforderungen wesentlich mehr mitteilen als die kleinen Beispiele hier zeigen.

Jetzt können wir das Beispielprogramm *liesundschreibe* kürzer und benutzerfreundlicher angeben:

```
PROGRAM liesundschreibe2 (input, output);
VAR
   buchstabe: char;
BEGIN
   writeln('bitte jetzt einen buchstaben eingeben: ');
   read(buchstabe);
   writeln;
   writeln(buchstabe);
   write('*', buchstabe, '*')
END.
```

Für ein weiteres Beispiel nehmen wir an, dass eine real-Zahl, die einen Geldbetrag (weniger als eine Million) in Euro angibt, eingelesen und mit 2 Stellen hinter dem Dezimalpunkt, gefolgt von der Angabe Euro, ausgegeben werden soll. Das Pascal-Programm zur Lösung dieser Aufgabe könnte etwa lauten:

```
PROGRAM eurobetrag (input, output);
VAR
   betrag: real;
BEGIN
   write('bitte euro-betrag (< 1 mio.) angeben: ');
   readln(betrag);
   writeln;
   write(betrag:9:2, ' euro')
END.
```

Bei der Eingabe von

```
1753682e-3
```

wird ausgegeben

```
1753.68 euro
```

Man beachte, dass bei der Eingabe eines real- oder integer-Wertes führende end-of-line-Zeichen und blanks überlesen werden.

Die Steuerung der Ausführung von Anweisungen

3

Bei der Ausführung der beiden zuletzt angegebenen Beispielprogramme kann es auftreten, dass eine Eingabe zwar syntaktisch korrekt, aber inhaltlich unerwünscht ist, und es fällt auf, dass gegen diesen Fall keinerlei Vorkehrungen getroffen sind. So sollen beispielsweise vom Programm *liesundschreibe2* nur Buchstaben gelesen und verarbeitet werden, aber das Programm verarbeitet ebenfalls alle anderen Zeichen; beim Programm *eurobetrag* sollen offenbar nur nichtnegative Zahlen als Eingabe vorliegen, aber das Programm verarbeitet auch negative Zahlen. Im Allgemeinen wird man also die Eingabe für ein Programm auf Zulässigkeit (Eignung für die weitere Verarbeitung) prüfen müssen und nur dann eine Verarbeitung auch tatsächlich vornehmen, wenn die Eingabe gewisse Bedingungen erfüllt. Die Möglichkeit, abhängig von der Erfüllung einer Bedingung Aktionen durchzuführen oder zu unterlassen bzw. eine aus mehreren Alternativen auszuwählen, ist allerdings nicht nur für die Prüfung der Zulässigkeit der Eingabe, sondern für die Steuerung der Ausführung von Anweisungen überhaupt von grundlegender Bedeutung.

3.1 Die bedingte Anweisung (if-statement)

Die **bedingte Anweisung (if-statement)** beginnt mit dem Schlüsselwort *IF* und einer Bedingung (**condition**) in Gestalt eines logischen Ausdrucks, gefolgt vom Schlüsselwort *THEN* und einer Anweisung:

if-statement

condition

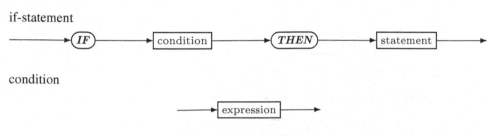

© Springer Fachmedien Wiesbaden GmbH, ein Teil von Springer Nature 2018
T. Ottmann, P. Widmayer, *Programmierung mit PASCAL*,
https://doi.org/10.1007/978-3-658-18121-5_3

Die nach *THEN* stehende Anweisung (die insbesondere eine zusammengesetzte oder eine bedingte Anweisung sein kann) wird nur dann ausgeführt, wenn die Bedingung erfüllt ist, wenn also der logische Ausdruck den Wert *true* hat; ist die Bedingung nicht erfüllt, so hat das if-statement keine Wirkung.

Damit lässt sich das Programm *eurobetrag* so modifizieren, dass nur dann der einge-lesene Betrag in der gewünschten Form ausgegeben wird, wenn dieser nicht negativ ist:

```
PROGRAM eurobetrag2 (input, output);
VAR
  betrag: real;
BEGIN
  write('bitte euro-betrag (< 1 mio) eingeben: ');
  readln(betrag);
  writeln;
  IF betrag >= 0
    THEN write(betrag:9:2,' euro')
END.
```

Die Ausführung dieses Programms hat nur dann eine Wirkung nach außen (nämlich eine Ausgabe), wenn der gelesene Betrag der Bedingung genügt hat. Im Allgemeinen wird man sich jedoch als Reaktion des Programms auf einen Fehler nicht nur eine Berücksichtigung dieses Fehlers im weiteren Programmablauf, sondern auch eine Diagnose und Meldung des Fehlers (über die Ausgabe) wünschen. Dies ist beim oben angegebenen Programm realisierbar, indem die Anweisung

```
IF betrag < 0
  THEN write('eingabefehler: ',betrag,' ist negativer betrag.')
```

als letzte Anweisung ins Programm eingefügt (und vom vorangehenden if-statement durch einen Strichpunkt abgetrennt) wird. Es ist dabei leicht zu sehen, dass bei der Ausführung des Programms stets genau eine der beiden Bedingungen wahr ist (die jeweils andere ist dann falsch), dass also stets genau eine der auf die beiden *THEN* folgenden Anweisungen ausgeführt wird. Für diesen häufig auftretenden Fall der **Auswahl einer Alternative** aus zweien, abhängig davon, ob eine Bedingung erfüllt oder nicht erfüllt ist, gibt es in Pascal eine allgemeinere Version des if-statement:

if-statement

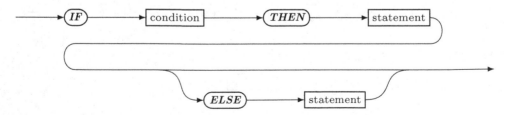

Die auf das Schlüsselwort *ELSE* folgende Anweisung wird genau dann ausgeführt, wenn die angegebene Bedingung nicht erfüllt ist, wenn also der logische Ausdruck den Wert *false* hat. Die Bedingung wählt folglich genau eine der beiden Alternativen aus.

Die beiden aufeinanderfolgenden if-statements in der erweiterten Version des Programms *eurobetrag* lassen sich somit ersetzen durch die Anweisung

```
IF betrag >= 0
  THEN write(betrag:9:2,' euro')
  ELSE write('eingabefehler: ', betrag,' ist negativer betrag.')
```

Hier ist offensichtlich, dass eine geeignete Art der Aufschreibung (**Layout** des Programms) viel zur leichten Lesbarkeit und Übersichtlichkeit des Programms beiträgt.

Eine Auswahl unter mehr als zwei Alternativen ist auf einfache Weise durch Verwendung bedingter Anweisungen nach *THEN* oder *ELSE* möglich (**Schachtelung bedingter Anweisungen**); wenn sich die Bedingungen für die Auswahl der Alternativen gegenseitig ausschließen, kann ein solches geschachteltes if-statement bei $k-1$ Bedingungen $c_1, c_2, ...,$ c_{k-1} und k Alternativen $s_1, s_2, ..., s_k$ die Gestalt

```
IF c1
   THEN s1
   ELSE
      IF c2
         THEN s2
         ELSE
            IF
               .
                .
                 .
                  ELSE
                     IF c(k-1)
                        THEN s(k-1)
                        ELSE sk
```

haben. Da bei der Angabe vieler Alternativen gemäß obigem Layout sehr schnell der rechte Rand des Eingabemediums erreicht wird, sollte man in diesem Fall eine andere Art der Darstellung wählen. Wir werden jedes *ELSE* an den Anfang einer neuen Zeile stellen:

```
IF c1 THEN s1
ELSE IF c2 THEN s2
ELSE IF
.
.
.
ELSE IF c(k-1) THEN s(k-1)
ELSE sk
```

Betrachten wir als Beispiel für die Verwendung des geschachtelten if-statement das folgende **Knobelspiel**:

▶   Zwei Spieler geben unabhängig voneinander gleichzeitig je eine nicht negative ganze Zahl an (etwa durch Ausstrecken von Fingern auf Kommando oder durch verdecktes Aufschreiben). Nennen beide Spieler die gleiche Zahl, so endet das Spiel unentschieden; andernfalls gewinnt, falls die Summe der genannten Zahlen gerade ist, der Spieler, der die kleinere Zahl genannt hat, und sonst (falls also die Summe ungerade ist) derjenige, der die größere Zahl genannt hat.

Ein Pascal-Programm, das bei Eingabe von zwei nicht negativen ganzen Zahlen den Ausgang des Spiels ermittelt, erhalten wir nach dem **Grundsatz der schrittweisen Verfeinerung**, indem wir zunächst ein Programmgerüst mit Kommentaren an den Stellen angeben, die später noch ausgefüllt (präzisiert) werden müssen:

```
PROGRAM knobelspiel (input, output);
VAR {deklarationen};
BEGIN {eingabe};
  IF {eingabe fehlerhaft}
    THEN {meldung}
    ELSE {entscheidung}
END.
```

Die Entscheidung lässt sich beschreiben als

```
IF {eingaben gleich}
  THEN {unentschieden}
  ELSE {ermittle sieger}
```

Der Sieger kann ermittelt werden mit

```
IF {summe gerade}
  THEN {kleinerer siegt}
  ELSE {groesserer siegt}
```

Um anzugeben, welcher der beiden Spieler (der erste oder der zweite) gewonnen hat, kann man den Sieg des Spielers mit der kleineren Zahl beschreiben als

```
IF {erster spieler kleinere zahl}
  THEN {erster spieler siegt}
  ELSE {zweiter spieler siegt}
```

Der Sieg des Spielers mit der größeren Zahl wird beschrieben als

```
IF {erster spieler groessere zahl}
  THEN {erster spieler siegt}
  ELSE {zweiter spieler siegt}
```

Setzt man die bis hierher erhaltenen Teilstücke wie angegeben zusammen, so ergibt sich das (bereits recht stark verfeinerte) Pascal-Programmgerüst

```
PROGRAM knobelspiel (input, output);
VAR {deklarationen};
BEGIN {eingabe};
  IF {eingabe fehlerhaft}
    THEN {meldung}
    ELSE
      IF {eingaben gleich}
        THEN {unentschieden}
        ELSE
          IF {summe gerade}
            THEN
              IF {erster spieler kleinere zahl}
                THEN {erster spieler siegt}
                ELSE {zweiter spieler siegt}
            ELSE
              IF {erster spieler groessere zahl}
                THEN {erster spieler siegt}
                ELSE {zweiter spieler siegt}
END.
```

Wählen wir als Eingabevariable k für den ersten und l für den zweiten Spieler und wünschen wir als Ausgabe eine Meldung darüber, ob der erste oder der zweite oder keiner der Spieler siegt, wenn die Eingabe korrekt ist, und sonst die Meldung, dass eine unzulässige Eingabe vorliegt, so können wir als vollständiges Pascal-Programm aus obigem Programmgerüst unmittelbar das folgende angeben:

```
PROGRAM knobelspiel (input, output);
VAR
  k, l: integer;
BEGIN
  write('bitte die beiden knobelwerte eingeben: ');
  readln(k, l);
  IF (k < 0) OR (l < 0)
    THEN write('unzulaessige eingabe')
```

```
    ELSE
      IF k = 1
        THEN write('unentschieden')
        ELSE
          IF NOT odd(k + 1)
            THEN
              IF k<1
                THEN write('1. spieler siegt')
                ELSE write('2. spieler siegt')
            ELSE
              IF k>1
                THEN write('1. spieler siegt')
                ELSE write('2. spieler siegt')
END.
```

Sowohl die Entwicklung dieses Programms durch schrittweise Verfeinerung als auch das angepasste Layout sind wesentlich für das Verständnis und die Überprüfung der Korrektheit des Programms; auch im Folgenden werden wir die Technik der schrittweisen Verfeinerung bei der Entwicklung von komplexeren Programmen nach der angegebenen Methode des Ausfüllens von Lücken anwenden.

Da das Layout von Programmen selbstverständlich keinerlei Auswirkung auf deren Bedeutung hat, ist darauf zu achten, dass kein unzutreffender Sachverhalt suggeriert wird; dies wäre beispielsweise der Fall, wenn wir anstelle von

```
IF NOT odd(k + 1)
  THEN
    IF k<1
      THEN write('1. spieler siegt')
      ELSE write('2. spieler siegt')
```

geschrieben hätten

```
IF NOT odd(k + 1)
  THEN
    IF k<1
      THEN write('1. spieler siegt')
  ELSE write('2. spieler siegt')
```

Betrachtet man darüber hinaus diese beiden Programmstücke isoliert als geschachtelte if-statements, so suggeriert jede der beiden Arten der Aufschreibung eine andere Zugehörigkeit des *ELSE* zum *IF:* Im ersten Fall scheint das *ELSE* zum zweiten *IF* zu gehören, und das erste *IF* scheint kein *ELSE* zu besitzen; im zweiten Fall scheint das *ELSE* zum ersten *IF* zu gehören. Diese Gefahr der Mehrdeutigkeit wird in Pascal vermieden durch die Regelung, dass im Zweifel jedes *ELSE* zum **am nächsten** davor stehenden *IF* gehört, das nicht bereits ein (anderes) *ELSE* besitzt. Die adäquate Art der Aufschreibung obigen if-statements ist also die erste.

Allgemein ist das statement

```
IF condition1
   THEN
      IF condition2
         THEN statement1
         ELSE statement2
```

äquivalent zu

```
IF condition1
   THEN
      BEGIN
         IF condition2
            THEN statement1
            ELSE statement2
      END
```

Zum Zweck der Programmklarheit kann die redundante Verwendung von *BEGIN* und *END* bei komplexen geschachtelten if-statements sinnvoll sein. Man beachte, dass *BEGIN* und *END* verwendet werden müssen, wenn in Abhängigkeit der Erfüllung einer Bedingung eine Gruppe von Anweisungen ausgeführt werden soll. Die statements

```
IF condition
   THEN
      statement1;
      statement2
```

und

```
IF condition
   THEN
      BEGIN
         statement1;
         statement2
      END
```

sind keineswegs äquivalent, da im zweiten Fall die Ausführung von statement2 von condition abhängt, im ersten Fall jedoch nicht, und das statement

```
IF condition
  THEN statement1;
    statement2
  ELSE statement3
```

ist sogar syntaktisch falsch (warum?)!

Das oben angegebene Knobelspiel wird üblicherweise, um einen Sieger zu ermitteln, nicht nur einmal, sondern mehrere Male gespielt (obwohl dies an der Zufälligkeit des Ergebnisses nichts ändert). Man kann sich etwa vorstellen, dass derjenige Spieler Gesamtsieger ist, der bei einer festen Anzahl von Spielen die meisten Einzelsiege errungen hat, oder dass der Spieler Gesamtsieger ist, der einen gewissen Vorsprung an Einzelsiegen gegenüber dem anderen Spieler besitzt. Ein Programm, das eine solche Aufgabe lösen soll, muss die mehrmalige Ausführung von Einzelspielen, entweder eine feste Anzahl von Malen, oder solange immer wieder, bis eine Bedingung erfüllt ist, und die Ermittlung des Gesamtsiegers enthalten. Tatsächlich macht die gesteuerte wiederholte Ausführung von Anweisungen ein Programm erst unabhängig vom jeweils aktuellen Umfang eines zu lösenden Problems (z. B. von der Anzahl der Einzelspiele).

3.2   Wiederholungsanweisungen

Eine **Wiederholungsanweisung** ist eine Anweisung, die die Wiederholung einer gekennzeichneten Gruppe von Anweisungen solange veranlasst, bis ein **Abbruchkriterium** erfüllt ist; dieses Abbruchkriterium ist eine besonders gekennzeichnete Anweisung zur Überprüfung einer Bedingung (logischer Ausdruck), die an einer beliebigen Stelle in der Gruppe der zu wiederholenden Anweisungen auftritt. Wir wollen eine Wiederholungsanweisung auch als **Schleife** bezeichnen, die einmalige Ausführung der zu wiederholenden Anweisungen als **Schleifendurchlauf.** Eine Schleife könnte dann beispielsweise eine Gruppe von Anweisungen in die Schlüsselworte ***SCHLEIFE*** und ***SCHLEIFENENDE*** einschließen, ein Abbruchkriterium könnte eine vom Schlüsselwort ***ABBRUCH*** angeführte Bedingung sein (dies ist **kein** Pascal!):

Schleife

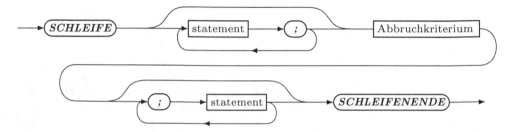

Abbruchkriterium

Sind a und b Gruppen von Anweisungen und ist c eine Bedingung, dann soll die Ausführung der Wiederholungsanweisung

```
SCHLEIFE a;
    ABBRUCH c;
    b
SCHLEIFENENDE
```

folgendes bewirken: zunächst wird a ausgeführt; falls c dann den Wert *true* hat, ist die Ausführung der Schleife beendet (das bedeutet, dass im Programm mit der auf die Schleife folgenden Anweisung, die in der Regel im Anschluss an *SCHLEIFENENDE* aufgeschrieben ist, fortgefahren wird), falls c den Wert *false* hat, wird b ausgeführt und die Ausführung der Schleife wiederholt (mit der Ausführung von a). Die Anweisungsgruppe a wird also anfangs einmal ausgeführt, dann wird, solange die Bedingung c falsch ist, die Anweisungsgruppe b; a wiederholt ausgeführt.

Leider gibt es in Standard-Pascal eine solche Wiederholungsanweisung **nicht** (obwohl einige Pascal-Compiler ähnliche Konstruktionen vorsehen; daher haben wir zur Unterscheidung der von uns gewünschten Schleife gegenüber Standard-Pascal deutsche Worte statt der üblichen englischen verwendet). Stattdessen hat man in Pascal nur die Möglichkeit, das Abbruchkriterium ganz am Anfang der Schleife (while-statement, vgl. Abschn. 3.2.2.) oder ganz am Ende der Schleife (repeat-statement, vgl. Abschn. 3.2.1.) zu überprüfen. Dies ist eine Einschränkung gegenüber der oben angegebenen Version einer Schleife, die sich in vielen Fällen nachteilig bemerkbar macht. Zwar lässt sich eine Schleife der oben angegebenen Form stets auch als while- oder repeat-Schleife umschreiben, aber eine solche Umschreibung macht Programme häufig weniger klar oder natürlich. Die Entscheidung zwischen while- und repeat-Schleife ist daher sorgfältig auf das zu lösende Problem abzustimmen.

3.2.1 Das repeat-statement

Die **Überprüfung eines Abbruchkriteriums am Ende** einer zu wiederholenden Gruppe von Anweisungen wird ermöglicht durch das **repeat-statement;** seine Form ist

repeat-statement

Ist *a* eine Gruppe von Anweisungen und *c* eine Bedingung, dann ist

```
REPEAT a
UNTIL c
```

mithilfe unserer allgemeinen Schleifenkonstruktion erklärt als

```
SCHLEIFE a;
    ABBRUCH c
SCHLEIFENENDE
```

Die zwischen den Schlüsselworten *REPEAT* und *UNTIL* stehenden Anweisungen werden also solange immer wieder ausgeführt, bis die nach *UNTIL* stehende Bedingung (logischer Ausdruck) wahr ist. Der Wahrheitswert der Bedingung wird dabei nach jeder Ausführung der Gruppe von Anweisungen neu ermittelt. Die zwischen *REPEAT* und *UNTIL* stehenden Anweisungen werden somit mindestens einmal ausgeführt.

Ändert man das im vorangehenden Abschnitt beschriebene Knobelspiel so, dass ein Spieler Gesamtsieger ist, sobald er einen Vorsprung von drei Einzelsiegen vor seinem Mitspieler hat, so kann man den Kern dieser Wiederholung in Pascal ausdrücken als

```
REPEAT
   {knobelspiel; berechne anzahl der einzelsiege beider spieler}
UNTIL {vorsprung erreicht}
```

Legt man zur Berechnung der Anzahl der Einzelsiege jedem der beiden Spieler ein Punktekonto (*konto1, konto2*) an, und erhält der jeweilige Einzelsieger einen Punkt, so ermittelt das folgende Programm den Gesamtsieger:

```
PROGRAM mehrfachknobeln (input, output);
CONST
   vorsprung = 3;
VAR
   k, l, konto1, konto2: integer;
BEGIN
   konto1 := 0;
   konto2 := 0;
   REPEAT {knobelspiel mit punktezaehlung}
     write('die beiden knobelwerte, bitte: ');
     readln(k, l);
     IF (k<0) OR (l<0)
       THEN write('unzulaessige eingabe')
       ELSE
```

```
       IF k<>1
          THEN
             IF NOT odd(k + 1)
                THEN
                   IF k<1
                      THEN konto1 := konto1 + 1
                      ELSE konto2 := konto2 + 1
                ELSE
                   IF k>1
                      THEN konto1 := konto1 + 1
                      ELSE konto2 := konto2 + 1
   UNTIL abs(konto1 - konto2) = vorsprung;
   IF konto1 > konto2
      THEN write('1. spieler siegt')
      ELSE write('2. spieler siegt')
END.
```

Im Dialogbetrieb werden also gerade solange immer wieder neue Knobelwerte erfragt, bis einer der Spieler gewonnen hat. Soll das Programm im Stapelbetrieb verwendet werden, so muss gewährleistet sein, dass die richtige Anzahl von Eingabewerten vorliegt, obwohl die Anzahl der erforderlichen Spiele nicht von vornherein feststeht. In der Tat ist es denkbar, dass keiner der beiden Spieler den Gesamtsieg jemals erringt, dass also das repeat-statement nie zu Ende ausgeführt wird, weil die nach dem *UNTIL* stehende Bedingung niemals den Wert *true* hat! Obwohl also der Wahrheitswert der Bedingung durch die Ausführung der Anweisungen zwischen *REPEAT* und *UNTIL* potenziell verändert wird, ist eine Beendigung des repeat-statement nicht gewährleistet. Im Stapelbetrieb wird die Bearbeitung des Programms mit einer Fehlermeldung abgebrochen werden, sobald beim Versuch, weitere Eingabewerte zu lesen, keine mehr vorliegen.

Es ist also bei der Programmierung mit Wiederholungsanweisungen besonders wichtig, darauf zu achten, dass das Abbruchkriterium im Verlauf der Wiederholung von Schleifendurchläufen erfüllt wird (Gefahr **unendlicher Schleifen**). Darüber hinaus ist zur Erzielung korrekter Ergebnisse eine sorgfältige Kontrolle des Abbrechens an der richtigen Stelle erforderlich:

▶   Man betrachte das **Problem,** ein Pascal-Programm anzugeben, das den Wert
    von $n! = 1 \cdot 2 \cdot 3 \cdot 4 \cdot \ldots n$ für eine einzulesende positive ganze Zahl n ausdruckt.

Eine naheliegende Vorgehensweise, dieses Problem zu lösen, ist die folgende: man multipliziert einen Wert, der anfangs 1 ist, nacheinander mit 1, 2, 3 usw. solange, bis man mit n multipliziert hat. Der erhaltene Wert ist das Ergebnis.

Ein entsprechendes Programmgerüst hierzu ist

```
PROGRAM fakultaet (input, output);
VAR
  wert, zaehler, n: integer;
BEGIN
  writeln('programm berechnet n! fuer gegebenes n.');
  write('bitte n eingeben (positive ganze zahl): ');
  readln(n);
  IF n <= 0
    THEN write('eingabefehler')
    ELSE
      BEGIN
        zaehler := 1;
        wert := 1;
        {wiederhole: multipliziere wert mit zaehler und
         erhoehe zaehler solange, bis zaehler n erreicht};
        write(n, '! = ', wert)
      END
END.
```

Füllt man die Wiederholungsanweisung als

```
REPEAT
  wert := wert * zaehler;
  zaehler := zaehler + 1
UNTIL zaehler = n
```

aus, so ergibt sich **nicht** das gewünschte Ergebnis: *zaehler* wird zwar sukzessive bis zum Wert *n* gezählt, aber *wert* wird mit diesem letzten Wert von *zaehler* nicht mehr multipliziert, da das Abbruchkriterium erfüllt ist. Erst ein weiterer Schleifendurchlauf führt demnach zum korrekten Ergebnis:
    statt:

```
UNTIL zaehler = n
```

sollte stehen

```
UNTIL zaehler = n + 1
```

oder

```
UNTIL zaehler > n
```

Diese und ähnlich unnatürlich wirkende Konstruktionen sind in Pascal wegen der Einschränkung der Möglichkeit der Prüfung des Abbruchkriteriums auf den Anfang bzw. das Ende einer Schleife relativ häufig erforderlich. Äußerste Sorgfalt beim Programmieren ist daher angebracht. Mit der Möglichkeit der Prüfung des Abbruchkriteriums an einer beliebigen Stelle der Schleife hätte die Wiederholungsanweisung klarer formuliert werden können:

```
SCHLEIFE wert := wert * zaehler;
    ABBRUCH zaehler = n;
    zaehler := zaehler + 1
SCHLEIFENENDE
```

Das Problem, für das Programm *mehrfachknobeln* die richtige Anzahl von Eingabedaten bereitzuhalten, lässt sich nur im Dialogbetrieb ohne weiteres lösen, da diese Anzahl nicht von vornherein feststeht. Man kann sich nun einfach dafür entscheiden, genau eine feste Anzahl von Malen (etwa fünf Mal) zu knobeln. Dann zählt man im Programm mit, wie oft schon geknobelt wurde, und bricht nach der entsprechenden Anzahl von Wiederholungen ab:

```
PROGRAM nfachknobeln (input, output);
CONST
  n = 5;
VAR
  zaehler, k, l, konto1, konto2: integer;
BEGIN
  konto1 := 0;
  konto2 := 0;
  zaehler := 0;
  REPEAT
    zaehler := zaehler + 1;
    {knobelspiel mit punktezaehlung wie beim programm mehrfachknobeln;
    spiele mit unzulaessiger eingabe werden mitgezaehlt, aber nicht
    gewertet};
  UNTIL zaehler = n;
  IF konto1 > konto2
    THEN write('1. spieler siegt')
    ELSE
      IF konto2 > konto1
        THEN write('2. spieler siegt')
        ELSE write('unentschieden')
END.
```

Diese Möglichkeit, die Anzahl der erwarteten Eingabewerte fest ins Programm aufzunehmen (etwa als Konstante), ist im Allgemeinen wenig geeignet, wenn ein Programm häufiger arbeiten soll (etwa für verschieden umfangreiche Probleme). Es ist eher angebracht, die Anzahl der Spiele im Beispiel variabel zu halten. Beispielsweise kann man die

Anzahl der jeweiligen Einzelspiele bei jedem Programmlauf durch die Spieler als erstes Eingabedatum angeben lassen: dazu wird *n* als Variable deklariert (anstatt als Konstante) und durch eine read-Anweisung mit einem Wert belegt:

```
PROGRAM variablesknobeln (input, output);
VAR
  zaehler, n, k, l, kontol, konto2: integer;
BEGIN
  write('wie oft soll geknobelt werden (positive ganze zahl): '); {im
  Dialog}
  readln(n);
  {der rest stimmt mit dem des programms nfachknobeln ueberein}
END.
```

Beim Vorliegen sehr vieler Eingabewerte hat ein solches Verfahren allerdings den (schwerwiegenden) Nachteil, dass die Anzahl der Eingabewerte vor dem Beginn des Programmlaufs von Hand ermittelt werden muss (diese Aufgabe ist aber eigentlich geradezu typisch für eine von Computern zu lösende Aufgabe).

Wünschenswert ist demnach einfach die Angabe beliebig vieler Eingabewerte und das Erkennen des Endes der Eingabe durch den Computer selbst. Wie schon erwähnt (vgl. Abschn. 2.4.2.) leistet dies die **Standard-Funktion eof** (end-of-file), die den Wert *true* hat, wenn das Ende der Eingabe erreicht ist, und sonst den Wert *false*. Ein read-statement kann nur dann ausgeführt werden, wenn zum Zeitpunkt der Ausführung tatsächlich noch entsprechende Eingabedaten vorliegen. Es ist also im Programm dafür zu sorgen, dass, sobald *eof* den Wert *true* hat, kein weiterer Leseversuch unternommen wird. Beim Lesen von Werten des Typs *integer* oder *real* fällt das Ende der Eingabe allerdings nicht unbedingt mit dem Ende des letzten integer- oder real-Literals zusammen: hinter dem Literal können noch Leerzeichen und end-of-line-Zeichen stehen. Wenn bei der Ausführung eines read-statements mit einem integer- oder real-Parameter kein Literal des entsprechenden Typs vorliegt (sondern etwa eine Folge von Leerzeichen), so wird dies als Fehler angesehen. Leider behandeln nicht alle Pascal-Implementationen diesen Fall als Fehler: manchmal bleibt der Wert des Parameters einfach unverändert, manchmal wird der Wert 0 als gelesen betrachtet. Beim Lesen einer Folge solcher Literale ist es daher nicht ausreichend, nach dem Lesen eines Literals allein den Wert der Funktion *eof* als Kriterium für das Weiterlesen zu verwenden: wenn *eof* den Wert *false* hat, kann man daraus nicht schließen, dass ein weiteres passendes Literal vorliegt; vielmehr kann ein read-statement auch in diesem Fall eine fehlerhafte Wirkung haben.

Wir werden uns gegen diesen Fall durch eine geeignete Art der Anordnung der Eingabedaten auf dem Eingabemedium absichern:

Konvention:

▶　　Entweder genau eines oder gerade so viele Literale, wie mit **einer** Anweisung gelesen werden, stehen in der jeweils angesprochenen Zeile, beginnend mit dem ersten Zeichen der Zeile. Das erste in einer Zeile stehende Literal darf also keine führenden Leerzeichen in dieser Zeile besitzen.

Wir verwenden zum Lesen einer unbekannten Anzahl von integer- oder real-Literalen fortan ausschließlich read-line-statements und beginnen somit die Ausführung jedes solchen Lesebefehls am Anfang einer Eingabezeile.

Die Funktion *eof* ist in erster Linie für die Stapelverarbeitung (das ist die nicht-interaktive Verarbeitung) von Eingabewerten konzipiert. Im Dialogbetrieb ist zu beachten, dass das Ende der Eingabe vom Rechner erst dann festgestellt werden kann, wenn der Benutzer eine entsprechende explizite Mitteilung macht (wie sonst sollte der Rechner wissen können, ob der Benutzer noch etwas einzugeben beabsichtigt?). Das explizite Angeben des Eingabeendes geschieht meist, indem der Benutzer eine gewisse Steuertastenkombination auf der Tastatur betätigt, die natürlich implementationsspezifisch von Rechner zu Rechner verschieden ist. Diese Steuertastenkombination bezeichnen wir als eof-Marke. Unserer Konvention folgend, ist die eof-Marke dann unmittelbar hinter der letzten eingegebenen Zahl einzutippen.

Zum Zwecke eines natürlichen Dialogs speichern die meisten Rechner interaktive Benutzereingaben solange in einem Zwischenpuffer, bis das Pascal-Programm eine Eingabe anfordert (mit *read, readln*). Damit bereitet das Erkennen der eof-Marke ein Problem: Die Funktion *eof* kann erst dann einen vernünftigen Wert liefern, wenn ein Lesevorgang stattgefunden hat. Daher ist es beispielsweise nicht so leicht möglich, eine Folge beliebig vieler, d. h. unter Umständen keiner, Eingabezahlen, die im Dialog eingegeben und mit einer eof-Marke abgeschlossen werden sollen, korrekt zu lesen. Man muss sich in einem solchen Fall behelfen, etwa durch explizite Rückfrage an den Benutzer. Nehmen wir jedoch an, dass mindestens ein Wert, und darüber hinaus eine beliebige Anzahl von Werten einer Variablen x des Typs *integer* oder *real* im Dialog eingegeben werden sollen, so lässt sich die Eingabe und Verarbeitung dieser Werte mit der (in Pascal nicht vorgesehenen) allgemeinen Schleife wie folgt beschreiben:

```
SCHLEIFE
    readln(x);
    {verarbeite x}
    ABBRUCH eof
SCHLEIFENENDE
```

Die entsprechende Formulierung in Pascal mithilfe des repeat-statement lautet

```
REPEAT
  readln(x);
  {verarbeite x}
UNTIL eof
```

Im Dialogbetrieb lässt sich der oben angegebene „Nachteil", dass manche Pascal-Implementationen den Fehler umgehen, der entsteht, wenn bei der Ausführung eines read-statement mit integer- oder real-Parametern kein Literal des entsprechenden Typs mehr vorliegt, in einen Vorzug verwandeln. Man kann diese Eigenschaft nämlich dazu verwenden,
mit einem überzähligen Lesevorgang (bezogen auf die Eingabedaten) die eof-Marke zu
lesen. Natürlich darf der Parameter-Wert des read-statement nach diesem überzähligen
Lesevorgang nicht mehr verarbeitet werden. Mit unserer allgemeinen Schleife leistet das
folgende Programmstück gerade das Gewünschte:

```
SCHLEIFE readln(x);
   ABBRUCH eof;
   {verarbeite x}
SCHLEIFENENDE
```

Die äquivalente Formulierung mithilfe des repeat-statement in Pascal kann durch Anwendung der folgenden allgemeinen Regel abgeleitet werden: Allgemein lässt sich, wenn a
und b Gruppen von Anweisungen sind und c eine Bedingung ist, für

```
SCHLEIFE a;
   ABBRUCH c;
   b
SCHLEIFENENDE
```

in Pascal mithilfe des repeat-statement (wir werden im folgenden Abschnitt auch das while-statement verwenden) stets schreiben

```
a;
IF NOT c
   THEN
     REPEAT
       b;
       a
     UNTIL c
```

Betrachten wir als Beispiel für die Verwendung eines repeat-statement das folgende
Problem:

▶   Aus einer unbekannten positiven Anzahl von Eingabewerten des Typs *integer*
       soll der größte ermittelt und ausgedruckt werden.

Wir werden dieses Problem lösen, indem wir uns beim sukzessiven Bearbeiten (Durchlaufen) der Eingabewerte stets den bisher größten Wert merken. Der am Ende „bisher"

größte Wert ist dann natürlich der größte aller aufgetretenen Werte. Anfangs wird der erste Eingabewert gelesen; dieser ist zunächst der einzige und somit bisher größte Wert. Beim Weiterlesen merken wir uns diesen Wert solange, bis ein größerer auftritt: ist dies der Fall, so merken wir uns den größeren Wert als „neuen" bisher größten Wert. Wir verwenden eine Variable *max* für den bisher größten Wert und eine Variable *eingabe* für den jeweiligen Eingabewert; das folgende Programm löst das Problem nach dem angegebenen Verfahren:

```
PROGRAM maximum (input, output);
VAR
  max, eingabe: integer;
BEGIN
  write('bitte erste zahl eingeben: ');
  readln(max);
  IF NOT eof
    THEN
      REPEAT
        write('bitte naechste zahl eingeben: ');
        readln(eingabe);
        IF eingabe > max
          THEN max := eingabe
      UNTIL eof;
  write('das maximum der zahlen ist ', max)
END.
```

Man überlege sich, dass das Programm bei Eingabe der Werte
```
7
22
-104
180
180
```
die folgende Ausgabe liefert:

```
das maximum der zahlen ist 180
```

Dabei nimmt die Variable *max* nacheinander die Werte *7, 22, 180* an.

Entsprechend der Standardfunktion *eof* für das Ende der Eingabedatei gibt es in Pascal die Standardfunktion *eoln* für das Erkennen des Endes einer Eingabezeile. *eoln* hat den Wert *true*, wenn das Zeilenende erreicht ist, und sonst den Wert *false*.

Wie schon erwähnt gibt es in Pascal auch die Möglichkeit, **zuerst** eine Bedingung zu prüfen, und dann (abhängig von der Erfüllung der Bedingung) Aktionen vorzunehmen:

das **while-statement.**

3.2.2   Das while-statement

Es hat die Form

while-statement

Ist *a* eine Anweisung (insbesondere eine zusammengesetzte Anweisung) und *c* eine Bedingung, dann ist

```
WHILE c DO a
```

mithilfe unserer allgemeinen Schleife erklärt als

```
SCHLEIFE
    ABBRUCH NOT c;
    a
SCHLEIFENENDE
```

Die nach dem Schlüsselwort **DO** stehende Anweisung wird also solange wiederholt ausgeführt, wie die zwischen **WHILE** und **DO** stehende Bedingung den Wert *true* hat. Dabei wird diese Bedingung vor jeder Ausführung der angegebenen Anweisung, also insbesondere vor der ersten Ausführung, überprüft. Man beachte, dass die wiederholte Ausführung einer Gruppe von Anweisungen durch Angabe eines compound statement, also durch Klammerung mit **BEGIN** und **END**, möglich ist. Im Gegensatz zum repeat-statement wird das while-statement solange ausgeführt, bis die angegebene Bedingung den Wert *false* besitzt.

Die Wiederholungsanweisung im Gerüst des Programms *fakultaet* lässt sich mithilfe der while-Schleife auf einfache Weise ausfüllen:

```
WHILE zaehler <= n DO
  BEGIN
    wert := wert * zaehler;
    zaehler := zaehler + 1
  END
```

In diesem, wie auch im Fall der Eingabe und Verarbeitung einer beliebigen, unbekannten Anzahl von Werten einer Variablen *x* des Typs *integer* oder *real*, wobei das Fehlen eines Literals auf der Eingabe nicht als Fehler behandelt wird (vgl. Abschn. 3.2.1), erscheint die Verwendung des while-statements gegenüber dem repeat-statement (vgl. Abschn. 3.2.1) natürlicher bzw. einfacher:

```
readln(x);
WHILE NOT eof DO
  BEGIN
    {verarbeite x}
    readln(x);
  END
```

Die allgemeine Schleifenanweisung

```
SCHLEIFE a;
    ABBRUCH c;
    b
SCHLEIFENENDE
```

lässt sich, wenn a und b Gruppen von Anweisungen sind und c eine Bedingung ist, mithilfe des while-statements in Pascal formulieren als

```
a;
WHILE NOT c DO
  BEGIN
    b;
    a
  END
```

Als weiteres Beispiel für die Verwendung einer Wiederholungsanweisung betrachten wir ein Pascal-Programm, das den **größten gemeinsamen Teiler** zweier natürlicher Zahlen x, y nach folgendem Verfahren berechnet:

▶ Wenn $x = y$ ist, dann ist dies auch der größte gemeinsame Teiler; sonst subtrahiere man den kleineren der beiden Werte vom größeren und wiederhole das Verfahren mit den neuen Werten.

Wenn wir annehmen, dass zwei integer-Zahlen x und y als Eingabe gegeben sind, und wenn wir eine Variable ggt für das Rechenergebnis verwenden, lässt sich der Kern des Programms zur Berechnung des größten gemeinsamen Teilers angeben als

```
WHILE x <> y DO
  IF x > y
    THEN x := x - y
    ELSE y := y - x;
ggt := x
```

Man beachte, dass nur das if-statement wiederholt ausgeführt wird, und dass die Zuweisung des Wertes von x an die Variable ggt erst dann erfolgt, wenn die Ausführung der while-Schleife beendet ist, wenn also $x <> y$ den Wert *false* hat (d. h. $x = y$).

Das vollständige Programm für die beschriebene Aufgabe lautet etwa

```
PROGRAM ggtberechnung (input, output);
VAR
  x, y, ggt: integer;
BEGIN
  writeln('berechne ggt von zwei zahlen.');
  write('bitte zwei positive ganze zahlen eingeben: ');
  readln(x, y);
  IF (x <= 0) OR (y <= 0)
      THEN write('eingabefehler')
      ELSE
        BEGIN
          write('ggt von ', x,' und ', y,' ist ');
          {berechne ggt gemaess angegebenem programmstueck};
          write(ggt)
        END
END.
```

Unter Verwendung eines repeat-statement hätte der Programmkern auch als

```
IF x <> y
  THEN
    REPEAT
      IF x > y
            THEN x := x - y
            ELSE y := y - x
    UNTIL x = y;
ggt := x
```

formuliert werden können; da aber anfangs die die Wiederholung steuernde Bedingung zu überprüfen ist, erscheint die Verwendung eines while-statement natürlicher.

Ein Programm für die Berechnung der jeweils größten gemeinsamen Teiler für eine unbekannte Anzahl von einzulesenden Zahlenpaaren x, y (aber mindestens einem) lässt sich aus dem Programm *ggtberechnung* durch Einfügen einer Schleife für die Wiederholung der Eingabe ganzzahliger Werte und Ausfüllen des Kerns des Programms unmittelbar ableiten:

```
PROGRAM ggtberechnungen (input, output);
VAR
  x, y, ggt: integer;
BEGIN
```

```
writeln('berechne ggt fuer beliebig viele zahlenpaare
(mindestens eines).');
WHILE NOT eof DO
  BEGIN
    writeln('bitte zwei positive ganze zahlen eingeben;');
    writeln('das letzte zahlenpaar mit eof-marke beenden: ');
    readln(x, y);
    IF (x <= 0) OR (y <= 0)
      THEN writeln('eingabefehler')
      ELSE
        BEGIN {berechne ggt}
          write('ggt von ', x,' und ', y,' ist ');
          WHILE x <> y DO
            IF x > y
              THEN x := x - y
              ELSE y := y - x;
          ggt := x;
          writeln(ggt)
        END {berechne ggt}
  END {of while}
END {of program}.
```

Man beachte, dass für ein korrektes Arbeiten des Programms eine gerade Anzahl von Eingabewerten Voraussetzung ist; die Kombination von write-line- und write-statements bewirkt, dass für jedes Eingabezahlenpaar das Ergebnis der Berechnung in eine neue Zeile geschrieben wird.

Bei der Eingabe der Werte

```
15        6
7         2
0         11
4         64
```

hat die Ausgabe des Programms die Gestalt

```
ggt von 15 und 6 ist 3
ggt von 7 und 2 ist 1
eingabefehler
ggt von 4 und 64 ist 4
```

Jede Variante der wiederholten Ausführung von Anweisungen ist mit der allgemeinen Schleifenkonstruktion und damit auch mithilfe von repeat- bzw. while-statements beschreibbar. Hängt jedoch die Wiederholung vom Wert einer Variablen ab, der, ausgehend von einem Anfangswert, in gleichen Schritten bis zu einem Endwert verändert wird (vgl. Zählvorgang im Programm *fakultaet*), so ermöglicht das für diesen häufig auftretenden Fall in Pascal vorgesehene for-statement eine weitaus klarere und elegantere Beschreibung.

3.2.3   Das for-statement

Die Wiederholung einer Anweisung für eine zu Beginn der Wiederholung **feststehende Anzahl** von aufeinanderfolgenden Werten einer besonderen, die Wiederholung steuernden Variablen wird in Pascal ermöglicht durch das **for-statement.** Es hat die Gestalt

for-statement

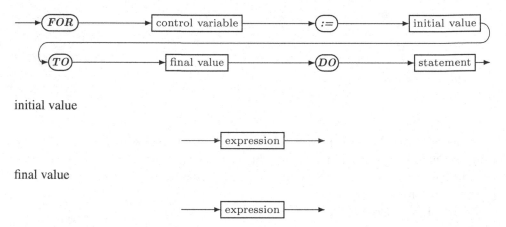

initial value

final value

Das for-statement bewirkt die Ausführung der nach dem Schlüsselwort *DO* stehenden Anweisung für Werte der die Wiederholung steuernden Variablen (**Kontrollvariablen,** control variable) von einem **Anfangswert** (**initial value**) in lückenlos aufsteigender Folge bis zu einem **Endwert** (**final value**), je einschließlich. Für den Typ der Kontrollvariablen muss, damit der jeweils nächste Wert der Variablen erklärt ist, die Nachfolgerfunktion (*succ*) definiert sein. Damit sind *integer, char, boolean* und die später behandelten Aufzählungstypen (vgl. Kap. 4) mögliche Typen für die Kontrollvariable, nicht aber der Typ *real.* Für die Angabe des Anfangs- bzw. Endwertes der Kontrollvariablen sind Ausdrücke zugelassen (die natürlich vom entsprechenden Typ sein müssen). Diese Ausdrücke werden genau einmal, nämlich zu Beginn der Ausführung der for-Schleife, ausgewertet. Falls also Variablen, die in diesen Ausdrücken auftreten, in der zu wiederholenden Anweisung geändert werden, so beeinflusst dies die Wiederholung selbst nicht. Es ist nicht erlaubt (und in der Regel auch nicht sinnvoll), den Wert der Kontrollvariablen in der zu wiederholenden Anweisung zu verändern; dagegen kann dieser Wert sehr wohl dort für andere Operationen benutzt werden. Nach Beendigung der Ausführung der for-Schleife ist der Wert der

Kontrollvariablen nicht definiert (die Kontrollvariable hat insbesondere nicht den in der for-Schleife angegebenen Endwert). Ist schon zu Beginn der Ausführung der Schleife der Anfangswert größer (bezüglich der Nachfolger-Relation) als der Endwert, so wird die nach *DO* stehende Anweisung kein Mal ausgeführt.

Die for-Schleife

```
FOR kv := aw TO ew DO stmt
```

ist damit im Wesentlichen (bis auf die Tatsache, dass der Wert der Kontrollvariablen nach Beendigung der Ausführung der for-Schleife nicht definiert ist) äquivalent zu

```
kv := aw;
fin := ew;
IF kv <= fin
  THEN stmt;
WHILE kv < fin DO
  BEGIN
    kv := succ(kv);
    stmt
  END
```

wobei *fin* eine als vom gleichen Typ wie *kv* vereinbarte Variable ist, die nirgends sonst auftritt, *aw* und *ew* Ausdrücke vom entsprechenden Typ sind und *stmt* eine beliebige Anweisung (also auch compound statement oder Schleife) sein kann. Die Variable *kv* darf dabei in *stmt* nicht verändert werden.

Die Wiederholungsanweisung im Programm *fakultaet* ist damit auf die bisher eleganteste und klarste Weise zu formulieren als

```
FOR zaehler := 1 TO n DO wert := wert * zaehler
```

In diesem Fall wird sogar die im Programm *fakultaet* vorgenommene Zuweisung des Anfangswerts *1* an die Variable *zaehler* überflüssig.

Betrachten wir ein **Beispiel** für die Verwendung einer for-Schleife. Zimmerthermometer sind häufig mit zwei Temperaturskalen mit verschiedenen Maßeinheiten, nämlich Grad Celsius und Grad Fahrenheit, ausgerüstet. Die Temperatur in Fahrenheit (F) ergibt sich dabei aus derjenigen in Celsius (C) nach der Formel

$$F = \frac{9}{5}C + 32$$

Als Eingabe für ein Pascal-Programm seien zwei ganze Zahlen gegeben, die das untere und das obere Ende einer Celsius-Skala angeben. Es soll die ganze Celsius-Skala (in

1-Grad-Schritten) und zu jedem Wert in Celsius der entsprechende gerundete Wert in Fahrenheit (also insgesamt eine entsprechende Fahrenheit-Skala) ausgegeben werden.

Bei der Eingabe

```
-2 3
```

soll die folgende Tabelle ausgegeben werden:

```
Celsius   Fahrenheit
   -2        28
   -1        30
    0        32
    1        34
    2        36
    3        37
```

Wir können ein Programm, das diese Aufgabe löst, unmittelbar angeben:

```
PROGRAM temperaturtabelle (input, output);
VAR
  kalt, warm, temp: integer;
BEGIN
  write('bitte unter- und obergrenze fuer temperatur ',
    'in grad celsius eingeben: '); {fuer Dialog}
  readln(kalt, warm);
  writeln('celsius fahrenheit');
  writeln;
  FOR temp := kalt TO warm DO
    writeln(temp: 4, round(9 * temp / 5 + 32):11)
END.
```

Die mittels der for-Schleife erzielte Reihenfolge der Temperaturwerte ist allerdings nicht die von Thermometern gewohnte, sondern gerade die gegenläufige. Wir werden später sehen, wie auch andere Reihenfolgen als die „normale" mithilfe von for-Schleifen beschrieben werden können.

Betrachten wir jedoch zuvor als weiteres Beispiel die Aufgabe, für sämtliche möglichen Verknüpfungen zweier Wahrheitswerte mit *AND* bzw. *OR* das Resultat der Verknüpfungen anzugeben, und zwar durch Ausdrucken einer Tabelle der Gestalt:

1.operand	2.operand	and	or
.			
.			
false	true	false	true
.			
.			

Wir werden für jede Tabellenspalte 10 Zeichen vorsehen, wodurch sich eine gesamte Tabellenbreite von 40 Zeichen ergibt. Der waagrechte Strich, der die Tabellenüberschrift von den Eintragungen der Tabelle trennt, soll dann durch 40 Bindestriche dargestellt werden, etwa mithilfe einer for-Schleife:

```
FOR i := 1 TO 40 DO write('-')
```

Alle Kombinationen von Wahrheitswerten erhalten wir, indem wir für den ersten Operanden mithilfe einer for-Schleife alle Wahrheitswerte durchlaufen, und für jeden dieser Wahrheitswerte für den zweiten Operanden mithilfe einer weiteren (geschachtelten) for-Schleife wiederum alle Wahrheitswerte durchlaufen (es gilt *false < true*, vgl. Kap. 2):

```
FOR first := false TO true DO
  FOR second := false TO true DO
    {schreibe tabellenzeile}
```

Das ganze Programm ergibt sich dann als

```
PROGRAM wahrheitswerte (output);
VAR
  first, second: boolean;
  i: integer;
BEGIN
  writeln('1. operand 2. operand    and       or');
  FOR i := 1 TO 40 DO write('-');
  writeln;
  FOR first := false TO true DO
    FOR second := false TO true DO
        writeln(first:8, second:11, first AND second:11, first OR
        second:8)
END.
```

Man beachte, dass die Standardeingabedatei *input* nicht als Programmparameter auftritt; demzufolge darf im Programm auch kein read-line- oder read-statement stehen. Man mache sich klar, dass die Ausgabe des obigen Programms die Kombination beider Operanden in der Reihenfolge

```
false    false
false    true
true     false
true     true
```

liefert. In den meisten Büchern über Aussagenlogik findet man jedoch gerade die umgekehrte Reihenfolge dieser Kombination in Wahrheitswerttabellen. Für diesen speziellen Fall einer anderen Reihenfolge der Werte der Kontrollvariablen, nämlich **absteigend statt aufsteigend,** gibt es in Pascal eine **Variante der for-Schleife,** wobei lediglich das Schlüsselwort *TO* ersetzt wird durch das Schlüsselwort *DOWNTO*:

for-statement

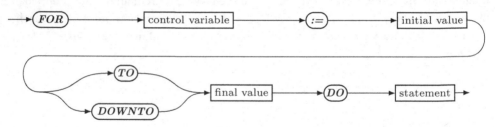

Die Bedeutung dieser zweiten Alternative der for-Schleife ist völlig analog zur ersten, aber für abnehmende Werte der Kontrollvariablen, erklärt; insbesondere darf, wenn das nach *DO* stehende Statement ausgeführt werden soll, der Anfangswert nicht kleiner sein als der Endwert.

Die gewohnte Reihenfolge der Wahrheitswertkombination in der Tabelle ergibt sich somit beispielsweise durch Ändern der verwendeten for-Schleife zu

```
FOR first := true DOWNTO false DO
  FOR second := true DOWNTO false DO
    {schreibe tabellenzeile}
```

Ganz entsprechend kann man die im Programm *temperaturtabelle* gewählte Reihenfolge der Werte umkehren, indem man dort die for-Schleife ändert zu

```
FOR temp := warm DOWNTO kalt DO
  {siehe programm temperaturtabelle}
```

Man spricht in dem Fall, dass der nächste Wert der Kontrollvariablen der unmittelbare Nachfolger (*succ*) des aktuellen Werts ist, von einer for-Schleife mit Schrittweite 1; ist der nächste Wert der Kontrollvariablen unmittelbarer Vorgänger (*pred*) des aktuellen Werts, so spricht man von Schrittweite −1. Andere Schrittweiten als 1 und −1 sind in Pascal nicht standardmäßig vorgesehen und daher nur vom Programmierer selbst realisierbar; beispielsweise lässt sich die Folge der Zahlen 1, 3, 5, …, n als Werte einer Variablen k mit der Schleife

```
FOR i := 0 TO (n-1) DIV 2 DO
    BEGIN
        k := 2 * i + 1;
        {schleifendurchlauf}
    END
```

erzeugen.

Der Vollständigkeit halber weisen wir bereits an dieser Stelle darauf hin, dass die Kontrollvariable einer for-Schleife stets eine einfache Variable (entire variable) sein muss (vgl. Kap. 4, 6 und 7); außerdem muss sie lokal vereinbart sein, und sie darf in der zu wiederholenden Anweisung nicht als aktueller variable-Parameter beim Aufruf einer Prozedur oder Funktion verwendet werden (vgl. Kap. 5).

Wir haben gesehen, dass die Möglichkeit der gesteuerten wiederholten Ausführung von Anweisungen, die im Programm nur einmal aufgeschrieben werden müssen, wesentlicher Bestandteil von Pascal ist. Ohne diese Möglichkeit hätten wir die meisten der in diesem Kapitel angegebenen Programme nicht sinnvoll formulieren, die Probleme also nicht lösen können.

Die Standardein- und -ausgabedateien *input* und *output* sind die einzigen bisher betrachteten Datengruppen. Wir haben beliebig viele Einzeldaten (z. B. Zahlen) mit wenigen Namen ein- und ausgegeben. Der bei *read* oder *write* verwendete Variablenname hat dabei stets ein ganz bestimmtes, nämlich gerade das nächste, Datum aus der Gruppe der Daten bezeichnet. Es gibt in Pascal aber auch Datengruppen, bei denen eine explizite Auswahl des einzelnen Datums aus der Gruppe durch eine zusätzliche Angabe möglich ist. Gerade die Möglichkeit, auf verschiedene Arten einzelne Daten zu strukturierten Gruppen zusammenzufassen (und damit neben den vordefinierten eigene Datentypen zu definieren) ist einer der wichtigsten Vorteile von Pascal gegenüber vielen anderen Programmiersprachen.

Selbstdefinierbare Datentypen und die Fallunterscheidung

4

Andere als die standardmäßig in Pascal vorgesehenen Datentypen mit Namen *integer, real, boolean* und *char* können durch Angabe von **Typdefinitionen** (**type definition part**) im Deklarationsteil von Programmen vereinbart werden. Die Typdefinitionen stehen, wenn sie auftreten, nach den Konstantendefinitionen, aber vor den Variablendeklarationen, und werden vom Schlüsselwort *TYPE* angeführt:

declaration part

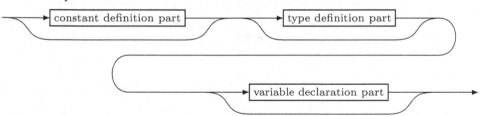

type definition part

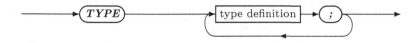

Durch eine Typdefinition (type definition) wird einem zu beschreibenden Typ (type) ein Name zugeordnet:

type definition

© Springer Fachmedien Wiesbaden GmbH, ein Teil von Springer Nature 2018
T. Ottmann, P. Widmayer, *Programmierung mit PASCAL*,
https://doi.org/10.1007/978-3-658-18121-5_4

Ein so definierter Name kann in Variablendeklarationen verwendet werden, wie wir dies schon von den Namen der Standard-Typen her kennen.

Die Erklärung aller in Pascal verfügbaren Typen und damit des ganzen Typkonzepts soll späteren Kapiteln vorbehalten bleiben (vgl. Kap. 6, 7). Wir wollen uns zunächst nur für gewisse **unstrukturierte Typen** (einfache Typen, simple types) und für einen einzigen **strukturierten Typ** (structured type) interessieren, nämlich für die Zusammenfassung einer festen Anzahl gleichartiger Komponenten. Einfache Typen sind die bekannten Standardtypen *integer, real, boolean* und *char* und zwei weitere Typklassen, die wir vorweg näher betrachten wollen, weil sie beim uns eigentlich interessierenden strukturierten Typ verwendet werden, nämlich **Aufzählungstypen** (**enumerated types**) und **Ausschnittstypen** (**subrange types**). Damit ist der Begriff Typ wie folgt erklärt:

type

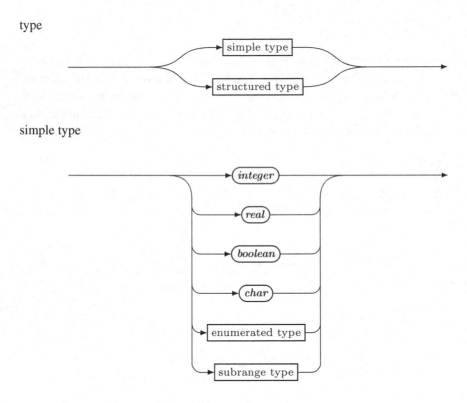

simple type

4.1   Der Aufzählungstyp

Die wohl einfachste Möglichkeit, einen Typ in Pascal zu definieren ist die, alle Werte, die eine Variable dieses Typs annehmen kann, der Reihe nach aufzuschreiben (aufzuzählen). Natürlich muss man sich dabei auf endliche Mengen von Werten beschränken. Als Werte von Aufzählungstypen sind in Pascal nur Namen zugelassen; sie werden als **Konstanten des definierten Typs** betrachtet. Die **Ordnung** der Werte untereinander ist durch die

Reihenfolge festgelegt, in der sie aufgeschrieben werden. Ein Aufzählungstyp wird durch eine Liste von durch Kommata getrennten Namen, die in runde Klammern eingeschlossen ist, angegeben:

enumerated type

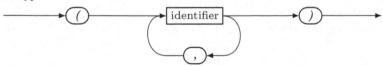

Die Definition der üblichen Spielfarben eines Kartenspiels lautet damit beispielsweise

```
TYPE spielfarbe = (karo, herz, pik, kreuz);
```

Vereinbart man eine Variable *trumpf* durch

```
VAR trumpf: spielfarbe;
```

so sind *karo, herz, pik* und *kreuz* genau die möglichen Werte dieser Variablen. Ferner sind beispielweise die Zuweisung

```
trumpf := pik
```

und das if-statement

```
IF trumpf = herz THEN write('kontra')
```

syntaktisch korrekt.

Weil das Hinschreiben der Werte in der Definition eines Aufzählungstyps eine Ordnung definiert, sind die **Funktionen** *succ* und *pred* in der bekannten Weise erklärt; die **Funktion** *ord* liefert die Position des als Argument angegebenen Wertes, wobei der erste Wert der Aufzählung die Position 0 hat, der zweite die Position 1 etc. (vgl. *ord* bei *char, boolean,* Kap. 2).

In unserem Beispiel gilt also

ord(*kreuz*)	hat den Wert *3*
ord(*karo*)	hat den Wert *0*
succ(*karo*)	hat den Wert *herz*
pred(*pik*)	hat den Wert *herz*
succ (*kreuz*)	ist undefiniert.

Die einzigen Operatoren, mit denen Werte eines Aufzählungstyps miteinander verknüpft werden können, ergeben sich ebenfalls aus der Ordnung der Werte: es sind dies die **Vergleichsoperatoren**. Das Ergebnis von Vergleichen ist, wie üblich, mithilfe der Funktion *ord* erklärt:

Sind x und y Werte und ist **rel** ein Vergleichsoperator, so gilt x **rel** y genau dann, wenn *ord*(x) **rel** *ord*(y) gilt.

In dem von uns gewählten Beispiel gilt also etwa

▶   *karo < herz*
     karo <= herz
     kreuz <> pik

Soll eine Variable vom Aufzählungstyp alle möglichen Werte durchlaufen, so kann man dazu insbesondere eine for-Schleife verwenden.

Beispiel:

```
FOR trumpf := karo TO kreuz DO {anweisung}
```

Natürlich möchte man Werte von Variablen eines Aufzählungstyps nicht nur im Programm manipulieren, sondern sie auch einlesen bzw. ausgeben können; dies ist in Pascal leider standardmäßig **nicht** vorgesehen. Das Fehlen einer eigenen Ein- bzw. Ausgabeanweisung für selbstdefinierte Typen ist in der Tat ein Mangel, der den Komfort der eigenen Typdefinition, insbesondere beim Aufzählungstyp, stark beeinträchtigt.

Für die wie oben vereinbarte Variable *trumpf* wäre etwa die Verwendung der Anweisung

```
write(trumpf)
```

wünschenswert; sie ist jedoch **nicht** zugelassen. Stattdessen muss man umständliche Konstruktionen zur Ausgabe von Werten des Typs *spielfarbe* angeben, so zum Beispiel

```
IF trumpf = karo THEN write('karo')
ELSE IF trumpf = herz THEN write('herz')
ELSE IF trumpf = pik THEN write('pik')
ELSE write('kreuz')
```

Weitaus schwieriger als die Ausgabe von Werten von Variablen eines Aufzählungstyps ist deren Eingabe; eine (zeichenweise) Analyse der Eingabezeichenfolge durch das Programm ist dabei unumgänglich. Im Programm ist somit all das zu erledigen, was das read-statement beim Lesen von real- bzw. integer-Literalen leistet, nämlich die Prüfung der Korrektheit des Literals und die Ermittlung des Werts der Literals. Dem Programmieranfänger ist die Verwendung der dafür erforderlichen programmtechnischen Konstruktionen im Allgemeinen nicht zu empfehlen; wir wollen hier deshalb nicht näher auf sie eingehen.

Die Verwendung von Aufzählungstypen trägt gegenüber einer Simulation dieser Typen durch Standardtypen viel zur besseren Lesbarkeit von Programmen bei. Allerdings wird dieser Vorteil durch den Nachteil der aufwendigeren Ein- und Ausgabe häufig beträchtlich geschmälert.

4.2 Der Ausschnittstyp

Neben den Aufzählungstypen sind Ausschnittstypen (subrange types) in Pascal die einzigen einfachen Typen, die vom Programmierer selbst definiert werden können. Ausschnittstypen werden durch Rückgriff auf einen bereits definierten Typ und **Einschränkung des Wertebereichs** dieses Typs auf endlich viele aufeinanderfolgende Werte charakterisiert. Die Definition eines subrange type erfolgt durch die Angabe je einer Konstanten eines bereits definierten Typs für die untere und obere Grenze des Ausschnitts des Wertebereichs dieses Typs, die durch genau 2 Punkte (compound symbol) getrennt werden:

subrange type

Die für die untere Grenze angegebene Konstante darf nicht größer sein als die für die obere Grenze gewählte. Der Typ, aus dessen Wertebereich der Ausschnitt gewählt wird, heißt **Grundtyp** (assoziierter Typ, **host type**) des Ausschnittstyps. Der Grundtyp kann ein Aufzählungstyp oder einer der Typen *integer, boolean, char* sein (der Typ *real* ist nicht als Grundtyp zulässig). Die Eigenschaften eines Ausschnittstyps sind gerade diejenigen des Grundtyps (bezüglich Operatoren, Funktionen, Ein-/Ausgabe etc.) mit der (einzigen) Einschränkung auf den gewählten Wertebereich. Beispiele für die Definition von Ausschnittstypen sind:

```
TYPE
  wochentag = (mon, die, mit, don, fre, sam, son);
  werktag = mon .. fre;
  gehaelter = 1000 .. 10000;
  kontostand = -1500 .. 3000;
  ziffern = '0' .. '9';
```

Beim Arbeiten mit Variablen eines Ausschnittstyps ist darauf zu achten, dass keine **Bereichsüberschreitungen** auftreten. Mit der Vereinbarung

```
VAR
  konto: kontostand;
  tag: werktag;
```

sind also die folgenden Anweisungen zulässig, können aber zu einem Laufzeitfehler führen:

```
read(konto);
FOR tag := mon TO fre DO konto := konto + 147;
```

Mit Sicherheit führen die Anweisungen

```
read(konto);
tag := mon;
WHILE tag <= fre DO
  BEGIN
    konto := konto + 150;
    tag := succ(tag)
  END
```

zu einem Fehler, weil beim letzten Schleifendurchlauf der Wert der Variablen *tag* den zulässigen Bereich überschreitet (*succ(fre)* liefert den Wert *sam*). Der wesentliche Vorteil der Verwendung von Ausschnittstypen ist sicherlich die erzielbare Programmklarheit; daneben wird (implementationsabhängig) eventuell ein wenig Speicherplatz gespart, vor allem aber die Einhaltung des Wertebereichs während des Programmlaufs kontrolliert.

Die Programmklarheit und der Programmierkomfort, die wir durch die Verwendung von Aufzählungs- und Ausschnittstypen erreichen können, werden durch eine eng mit diesen Typen zusammenhängende Anweisung, die **komplexe Fallunterscheidung,** weiter verbessert. Besonders deutlich wird der Wunsch nach einer solchen Anweisung bei der Ausgabe von Werten von Aufzählungstypen, bei der wir bisher ein geschachteltes if-statement mit sich gegenseitig ausschließenden Alternativen verwendet haben.

4.3   Die Fallunterscheidung (case-statement)

Das **case-statement** ermöglicht die **Auswahl** genau eines von mehreren statements, abhängig vom Wert eines Ausdruckes. Es hat die Gestalt

case-statement

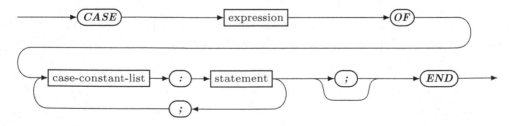

case-constant-list

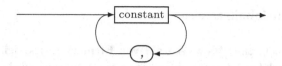

Die Ausführung des case-statement bewirkt, dass dasjenige statement ausgeführt wird, in dessen **case-constant-list** der aktuelle Wert von expression auftritt. Wenn es keine solche case-constant-list gibt, ist die Wirkung des case-statement nicht definiert (bei fast allen Rechenanlagen wird der Programmlauf mit einer Fehlermeldung abgebrochen). Der Ausdruck wird wegen seiner Bedeutung auch als **Selektor** bezeichnet. Jede in einer case-constant-list auftretende Konstante muss vom Typ des Selektors sein; dieser muss einer der einfachen Typen außer dem Typ *real* sein. Alle in den case-constant-lists auftretenden Konstanten müssen verschieden sein. Die Anordnung der Konstanten innerhalb einer case-constant-list und die Anordnung der case-constant-lists sind beliebig und haben keine Auswirkung auf die Bedeutung des case-statement. Das optionale Semikolon vor dem *END* im case-statement wird nicht von allen Implementationen akzeptiert; es ist guter Programmierstil, dieses Semikolon nicht zu verwenden.

Die Ausgabe von Werten einer Variablen *trumpf*, die, wie in Abschn. 4.1, als vom Typ *spielfarbe* vereinbart ist, kann mithilfe des case-statement beschrieben werden

```
CASE trumpf OF
  karo: write('karo');
  herz: write('herz');
  pik: write('pik');
  kreuz: write('kreuz')
END
```

Die Verwendung von Aufzählungs- und Ausschnittstypen sowie des case-statement erlaubt es, Programme problemnäher und damit transparenter zu schreiben. Wirklich neue Hilfsmittel zur Lösung von Problemen sind sie jedoch nicht. Anders ist dies bei der von uns gewünschten Möglichkeit der **Zusammenfassung mehrerer Werte zu einer Gruppe** und Benennung einzelner Werte über den Namen der Gruppe und eine Zusatzinformation. Betrachten wir etwa das Problem, aus einer gegebenen Menge von Zahlen die dem arithmetischen Mittel am nächsten liegende zu bestimmen. Mit den uns bisher bekannten Mitteln (insbesondere mit der Beschränkung, dass Eingabedaten nur einmal gelesen werden können) ist dieses Problem nur durch ein Programm zu lösen, dessen Länge abhängig ist vom aktuellen Umfang des Problems, also von der Mächtigkeit der gegebenen Menge. Es ist klar, dass ein solches Vorgehen keine echte Lösungshilfe bietet (man bedenke, dass man für 100000 Zahlen ebenso viele Variablennamen erfinden und ebenso viele Anweisungen angeben müsste!). Hier hilft die Möglichkeit, die beschriebenen Gruppen selbst zu definieren, und zwar wiederum als Definition eines neuen Typs.

4.4　　Der array-Typ

4.4.1　Eindimensionale arrays

Die Zusammenfassung einer **festen Anzahl von Elementen des gleichen Typs** (**Feld, array**) wird in Pascal durch die Definition eines array-Typs ausgedrückt. Diese beschreibt die Komponenten des Feldes durch die Angabe des Komponententyps (**component type**) und die Anzahl und die Benennung der einzelnen Komponenten durch die Angabe eines Indextyps (**index type**), der eine endliche Menge von Werten definieren muss. Wie bei allen strukturierten Typen wird auch beim array-Typ die **Strukturierungsmethode** mittels Schlüsselworten angegeben; da wir bisher keine anderen strukturierten Typen kennen, gelte zunächst:

structured type

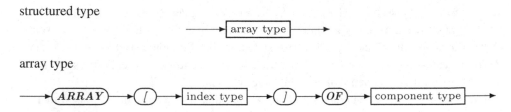

array type

Der Komponententyp darf ein beliebiger Typ sein (insbesondere auch ein strukturierter, also etwa array-Typ). Der Indextyp muss, da er eine endliche Folge von Werten repräsentieren soll, ein Aufzählungs- oder Ausschnittstyp oder einer der Typen *boolean* oder *char* sein. Wir nennen auch Variablen vom array-Typ einfach Felder oder arrays. Eine Komponente eines Feldes wird angegeben durch den entsprechenden Variablennamen, gefolgt von einem Ausdruck mit Wert vom Indextyp in eckigen Klammern (**indizierte Variable, indexed variable**).

Der Datentyp array bildet das mathematische Konzept von Folgen fester Länge nach, etwa $a_1, a_2, \ldots, a_n$, deren Komponenten durch den Namen der Folge und einen Index, etwa a_j, angegeben werden.

Als Beispiel sei die Definition eines Feldes a von 100 ganzzahligen Elementen mit Indizes 1 bis 100 angegeben:

```
TYPE
  index = 1 .. 100;
  zahlen = ARRAY [index] OF integer;
VAR
  a: zahlen;
```

Damit kann eine Komponente des Feldes a als

```
a[17],
a[5 * 3 + 2],
```

aber mit der zusätzlichen Vereinbarung der Variablen *i* eines passenden Typs (z. B. *index* oder *integer*) auch als

```
a[3 * i - 1]
```

angegeben werden.

Die folgende Abbildung verdeutlicht diesen Sachverhalt:

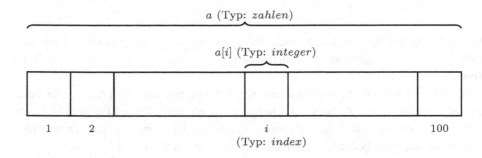

Eine Komponente eines Feldes ist dann eine (indizierte) Variable vom Grundtyp des Feldes, im Beispiel also vom Typ *integer*; sie kann uneingeschränkt wie eine solche verwendet werden, etwa mit

```
a[7] := 0;
FOR i := 8 TO 40 DO a[2 * i] := a[i] + a[i + 1];
i := a[7]
```

Der Feldname allein dagegen bezeichnet eine Variable, für die (bis auf eine, s.u.) keinerlei Operationen erklärt sind. Er allein ist daher auch nicht im Anweisungsteil des Programms verwendbar, mit einer Ausnahme: sind zwei Felder als vom gleichen Typ vereinbart, so ist die **Zuweisungsoperation** für diese Felder zugelassen. Mit den Vereinbarungen

```
TYPE
  index = 1 .. 100;
  zahlen = ARRAY [index] OF integer;
VAR
  a, b: zahlen
```

sind also die Zuweisungen

```
a := b;
b := a
```

zulässig, dagegen ist

```
a := b + a
```

nicht zulässig, weil die Addition für arrays nicht erklärt ist. Man beachte, dass Komponenten von Feldern, wie alle bisher bekannten Variablen auch, allein mit ihrer Definition noch keinen bestimmten Wert haben. Analog zur Zuweisung eines Anfangswerts an eine einzelne Variable wird man beim Arbeiten mit arrays häufig allen Komponenten einen gewissen Anfangswert zuweisen (**Initialisierung eines arrays**); diese Zuweisung kann, wie schon erwähnt, nur an die Komponenten einzeln erfolgen. Sie wird im Allgemeinen am geschicktesten und klarsten mit einem for-statement beschrieben, im obigen Beispiel also etwa mit

```
FOR i := 1 TO 100 DO a[i] := 0
```

Aus der Tatsache, dass für arrays selbst lediglich die Zuweisung erklärt ist, folgt, dass auch die Ein- und Ausgabe komponentenweise erfolgen muss, und zwar so, wie sie für die Komponenten definiert ist.

Betrachten wir das Problem der Eingabe von 100 ganzen Zahlen und Ausgabe in umgekehrter Reihenfolge mit Zwischenspeicherung in einem array. Dieses Problem ist besonders einfach zu lösen, weil die Ein- und Ausgabe für die Komponenten standardmäßig vorgesehen ist; wir geben daher unmittelbar ein Programm für die Lösung an:

```
PROGRAM invertiere (input, output);
TYPE
  index = 1 .. 100;
  zahlen = ARRAY [index] OF integer;
VAR
  a: zahlen;
  i: index;
BEGIN
  FOR i := 1 TO 100 DO
    BEGIN {lies a[i]}
      write('bitte ', i, '. zahl eingeben: '); {fuer Dialog)
      readln(a[i])
    END;
  FOR i := 100 DOWNTO 1 DO writeln(a[i])
END.
```

Es fällt auf, dass das Programm *invertiere* nur für die (starr) gewählte Größe des Feldes *a* arbeitet; eine etwas höhere Flexibilität (Änderungsfreundlichkeit) wird erzielt, wenn man den Indexbereich des Feldes mittels Konstanten vereinbart:

```
CONST
  untergrenze = 1;
  obergrenze = 100;
TYPE
  index = untergrenze .. obergrenze;
```

Die beiden for-Schleifen sind dann analog zu ändern:

```
FOR i := untergrenze TO obergrenze DO {lies a[i]};
FOR i := obergrenze DOWNTO untergrenze DO {schreibe a[i]}
```

Zwar ist es oft möglich, ein hinreichend großes, fest vereinbartes Feld bei der Lösung eines Problems geringeren Umfangs einzusetzen, indem manche Komponenten des Feldes nicht verwendet werden, aber **eine dynamische Definition von Feldern ist in Pascal nicht möglich.** So ist es insbesondere unzulässig, *untergrenze* und *obergrenze* als Variablen (statt als Konstanten) zu deklarieren und ihnen mit einem read-statement einen Wert zuzuweisen, der die aktuell gewünschte Feldgröße angibt.

Betrachten wir als weiteres **Beispiel** für die Verwendung von arrays das Problem, die **Häufigkeit des Auftretens der einzelnen Buchstaben in einem gegebenen Text** zu ermitteln (Ziffern und Sonderzeichen sollen nicht gezählt werden). Wir werden ein Programm zur Lösung dieses Problems angeben, das einen Text als Eingabe akzeptiert und zur Zählung der Häufigkeiten ein Feld mit je einer ganzzahligen Komponente pro Buchstabe verwendet. Der Wert einer Komponente soll angeben, wie oft der betreffende Buchstabe im bisher gelesenen Textstück auftritt (er ist also anfangs auf 0 zu setzen und bei jedem Lesen des entsprechenden Buchstabens um 1 zu erhöhen). Eine natürliche Wahl für die Indexmenge ist dann gerade die Menge der Buchstaben A bis Z, die wir als Ausschnittstyp 'a'.. 'z' definieren können, da wir sie als in lückenloser aufsteigender Folge innerhalb des Zeichenvorrats angeordnet voraussetzen. Zunächst ist im Programm also das Feld der Häufigkeiten mit Wert 0 für jedes Element zu initialisieren. Dann wird der als Eingabe vorliegende Text zeichenweise gelesen. Dabei wird für jedes gelesene Zeichen geprüft, ob es sich um einen Buchstaben handelt (mithilfe der Vergleichsoperatoren: ein *zeichen* ist ein Buchstabe, wenn *zeichen* > = 'a' und *zeichen* < = 'z' gilt), und gegebenenfalls wird der Wert des entsprechenden Feldelements um 1 erhöht. Nachdem der gesamte Text gelesen ist, werden alle aufgetretenen Buchstaben, zusammen mit ihren Häufigkeiten, ausgegeben. Das Programm zur Lösung des Problems ergibt sich nunmehr unmittelbar:

```
PROGRAM zaehlung (input, output);
TYPE
  buchstaben = 'a' .. 'z';
  anzahlen = ARRAY [buchstaben] OF integer;
VAR
  zeichen: char;
  anzahl: anzahlen;
BEGIN
  FOR zeichen := 'a' TO 'z' DO anzahl[zeichen] := 0;
  writeln('haeufigkeitszaehlung fuer buchstaben im text.');
  writeln('bitte text eingeben, mit eof-marke beenden: ');
  read(zeichen);
  WHILE NOT eof DO
```

```
BEGIN
  IF zeichen >= 'a'
     THEN
        IF zeichen <= 'z'
           THEN anzahl[zeichen] := anzahl[zeichen] + 1;
        read(zeichen)
  END;
  writeln('haeufigkeiten des auftretens von buchstaben');
  writeln('(nicht angegebene buchstaben sind nicht aufgetreten)');
  writeln;
  writeln('buchstabe haeufigkeit');
  FOR zeichen := 'a' TO 'z' DO
  IF anzahl[zeichen] > 0
     THEN writeln(zeichen:5, anzahl[zeichen]:13)
END.
```

Bei Eingabe des Textes

```
*morgenstund' ist aller laster anfang*
```

hat die Ausgabe die Gestalt

```
haeufigkeiten des auftretens von buchstaben
(nicht angegebene buchstaben sind nicht aufgetreten)

buchstabe        haeufigkeit

    a                4
    d                1
    e                3
    f                1
    g                2
    i                1
    l                3
    m                1
    n                4
    o                1
    r                3
    s                3
    t                3
    u                1
```

Die Ausgabe erfolgt in alphabetischer Reihenfolge, weil die Komponenten des Feldes *anzahl* mit der for-Schleife in der Indexreihenfolge *'a'* bis *'z'* durchlaufen werden.

Wir fordern nun eine andere Ausgabe, nämlich die Ausgabe in der Reihenfolge absteigender Häufigkeiten, und bei gleichen Häufigkeiten wieder in alphabetischer Buchstabenreihenfolge. Dies könnte etwa erreicht werden, indem wir im Feld *anzahl* nach dem Buchstaben mit der größten Häufigkeit (von *'a'* bis *'z'*) suchen und diesen ausgeben; anschließend kann er als erledigt markiert werden, indem seine Häufigkeit auf den Wert 0 gesetzt wird. Wir hätten das Verfahren solange zu wiederholen, bis alle Komponenten des Feldes den Wert 0 besäßen. Wünschen wir dagegen eine weitere Verarbeitung der nach Häufigkeit sortierten Buchstaben im Programm, so werden wir die sortierte Buchstabenfolge speichern müssen, etwa mithilfe eines weiteren Feldes. Der Einfachheit halber werden wir dieses Feld ebenfalls mit den Buchstaben *'a'* bis *'z'* indizieren (sonst müssten wir uns eine alternative Indizierung, etwa 1 bis ?, eigens überlegen). Anschaulich hat das Feld *anzahl* aus dem Programm *zaehlung* nach Ausführung der entsprechenden Anweisungen die Gestalt

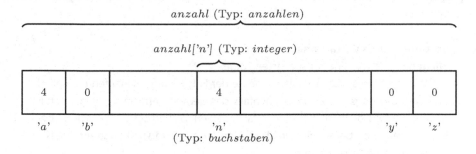

Wir verwenden zusätzlich ein Feld *buchst* der nach Anzahl des Auftretens sortierten Buchstaben:

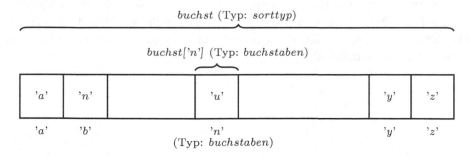

Wobei *sorttyp* der Typ des sortierten Feldes, also

ARRAY [buchstaben] **OF** buchstaben

ist. Rekapitulieren wir: Im Feld *anzahl* stehen die Häufigkeiten, nach Buchstaben sortiert, und im Feld *buchst* sollen die Buchstaben stehen, nach Häufigkeit sortiert.

Die Vereinbarungen des erweiterten Zählprogramms haben damit die Gestalt

```
TYPE
  buchstaben = 'a' .. 'z';
  anzahlen = ARRAY [buchstaben] OF integer;
  sorttyp = ARRAY [buchstaben] OF buchstaben;
VAR
  zeichen: char;
  anzahl: anzahlen;
  buchst: sorttyp;
```

Wir müssen darüber hinaus festlegen, auf welche Weise wir die Komponenten des Feldes *buchst* mit den gewünschten Werten belegen können, wie wir also nach den im Feld *anzahl* gespeicherten Häufigkeiten sortieren können. Wir verwenden dazu ein einfaches Sortierverfahren, das

▶   **Sortieren durch Vertauschen**:
     Wir gehen aus von einer unsortierten Folge.
       Wir betrachten sukzessive alle Elemente der Folge (wir durchlaufen die Folge) und vertauschen dabei erforderlichenfalls das gerade betrachtete Element mit seinem rechten Nachbarn in der Folge, falls es einen solchen besitzt; dies wiederholen wir solange, bis bei einem Durchlauf keine Vertauschung mehr aufgetreten ist.
       Die erhaltene Folge ist sortiert.

In unserem Fall ist die unsortierte Folge die der Buchstaben *'a'* bis *'z'*, und die Vertauschung eines Buchstabens *bu1* mit seinem rechten Nachbarn *bu2* ist erforderlich, wenn *bu2* häufiger im eingegebenen Text aufgetreten ist als *bu1*, wenn also *anzahl[bu2]* > *anzahl[bu1]* ist. Wenn wir uns das Auftreten einer Vertauschung während eines Durchlaufs mithilfe der logischen Variablen *tausch* merken, so ergibt sich das Programmstück für das Sortieren unmittelbar als:

```
FOR zeichen := 'a' TO 'z' DO
  {initialisiere komponentenweise}
  buchst[zeichen] := zeichen;
REPEAT {durchlaufe die folge}
  tausch := false;
  FOR zeichen := 'a' TO pred('z') DO
    {vertausche, falls erforderlich}
    IF anzahl[buchst[zeichen]] < anzahl[buchst[succ(zeichen)]]
      THEN
        BEGIN
          tausch := true;
          {vertausche buchst[zeichen] mit
```

```
        buchst[succ(zeichen)] mittels hilfsbuchst}
        hilfsbuchst := buchst[zeichen];
        buchst[zeichen] := buchst[succ(zeichen)];
        buchst[succ(zeichen)] := hilfsbuchst
    END
UNTIL NOT tausch
```

Die zusätzlichen Vereinbarungen

```
VAR
  tausch: boolean;
  hilfsbuchst: buchstaben;
```

werden vorausgesetzt.

Die Ausgabe der Buchstaben, zusammen mit deren Häufigkeiten, kann in der Reihenfolge fallender Häufigkeiten erfolgen, indem im Programm *zaehlung* das if-statement in der for-Schleife für die Ausgabe ersetzt wird durch

```
IF anzahl[buchst[zeichen]] > 0
  THEN writeln(buchst[zeichen]:5, anzahl[buchst[zeichen]]:13)
```

Das gesamte Programm für die Eingabe eines Textes, die Zählung des Auftretens einzelner Buchstaben und die Ausgabe einer Liste der aufgetretenen Buchstaben, geordnet nach deren Häufigkeit, ergibt sich durch Zusammensetzen der bereits angegebenen Stücke:

```
PROGRAM zaehlung2 (input, output);
TYPE
  buchstaben = 'a' .. 'z';
  anzahlen = ARRAY [buchstaben] OF integer;
  sorttyp = ARRAY [buchstaben] OF buchstaben;
VAR
  zeichen: char;
  hilfsbuchst: buchstaben;
  anzahl: anzahlen;
  buchst: sorttyp;
  tausch: boolean;
BEGIN
  {hier muss der anweisungsteil des programms zaehlung,
  ausser dem teil fuer die ausgabe, stehen}
  {hier hat das programmstueck fuer das sortieren zu folgen}
  {hier steht die im programm zaehlung angegebene ausgabe,
  wobei das if-statement im for-statement, wie oben erklaert, zu erset-
  zen ist}
END.
```

Nicht immer steht bei der Verwendung von arrays in Pascal die Manipulation von Zeichen (Texten) im Vordergrund; wir haben schon angedeutet, dass das Konzept der Folge fester Länge in der Mathematik das Analogon zu den arrays ist. Insbesondere sind arrays geeignet, Vektoren zu repräsentieren; Operationen mit Vektoren, die in der Mathematik über die Operationen mit den Komponenten definiert sind, lassen sich dann in Pascal-Programmen entsprechend angeben. So ist etwa das Skalarprodukt zweier Vektoren des n-dimensionalen reellen Raumes erklärt als die Summe der komponentenweise gebildeten Produkte:

$$\begin{pmatrix} a_1 \\ a_2 \\ \vdots \\ a_n \end{pmatrix} \cdot \begin{pmatrix} b_1 \\ b_2 \\ \vdots \\ b_n \end{pmatrix} = \sum_{i=1}^{n} a_i \cdot b_i, \quad a_i, b_i \text{ reelle Zahlen}$$

Mit den Vereinbarungen

```
CONST
  n = 10;
TYPE
  index = 1 .. n;
  vektor = ARRAY [index] OF real;
VAR
  a, b: vektor;
  i: index;
  sk: real;
```

ist die Berechnung des Skalarprodukts *sk* zweier Variablen vom Typ *vektor* einfach anzugeben als

```
sk := 0;
FOR i := 1 TO n DO sk := sk + a[i] * b[i]
```

4.4.2   Mehrdimensionale arrays

Da in Pascal auch **arrays als Komponenten von arrays** zugelassen sind, ist die Darstellung einer Folge fester Länge von Vektoren, entsprechend dem Konzept der Matrizen in der Mathematik, ganz analog möglich, etwa mit den Vereinbarungen

```
CONST
  m = 10;
  n = 15;
```

```
TYPE
  index1 = 1 .. m;
  index2 = 1 .. n;
  vektor = ARRAY [index2] OF real;
  matrix = ARRAY [index1] OF vektor;
VAR
  v1, v2: vector;
  m1, m2: matrix;
  i1: index1;
  i2: index2;
```

Da jede Komponente von *m1* vom Typ *vektor* ist und da *vektor* ein array-Typ ist, sind die Zuweisungen

```
v1 := m1[2];
m1[2] := v2
```

korrekt. Jede Komponente von *m1* ist in jeder Hinsicht wie eine Variable vom Komponententyp, also vom Typ *vektor* zu behandeln; insbesondere wird eine Komponente solch einer Variablen durch Angabe des Index in eckigen Klammern hinter der Variablen bezeichnet: Z. B. ist *m1[2][5]* die 5. Komponente der 2. Komponente von *m1* und damit eine Variable vom Typ *real*.

Da sowohl die Definition als auch die Verwendung von **geschachtelten arrays** auf diese Weise recht umständlich ist, gibt es in Pascal dafür eine **abkürzende Schreibweise:** Statt

```
ARRAY [index1] OF ARRAY [index2] OF... ARRAY [indexj] OF grundtyp
```

darf geschrieben werden

```
ARRAY [index1, index2, ..., indexj] OF grundtyp
```

und anstelle von

```
a[i1][i2] ... [ij]
```

darf geschrieben werden

```
a[i1, i2, ..., ij].
```

Damit ist die Definition des Typs *matrix* mit gleicher Bedeutung wie oben auch als

```
matrix = ARRAY [index1, index2] OF real
```

möglich, und die 5. Komponente der 2. Komponente wird mit

`m1[2, 5]`

bezeichnet.

Üblicherweise wird in der Mathematik der erste Index als Zeilenindex, der zweite als Spaltenindex von Matrizen verstanden. Obwohl es in Pascal eine solche Festlegung nicht gibt, wollen wir aus Gründen der Klarheit der Analogie bei der Verwendung von Matrizen stets diese Indexreihenfolge einhalten. Im angegebenen Beispiel ist die Matrix *m1* eine Folge von Zeilen des Typs *vektor; index1* ist der Typ des Zeilenindex, *index2* der des Spaltenindex und *m1[2,5]* ist das Matrixelement in der 2. Zeile und der 5. Spalte:

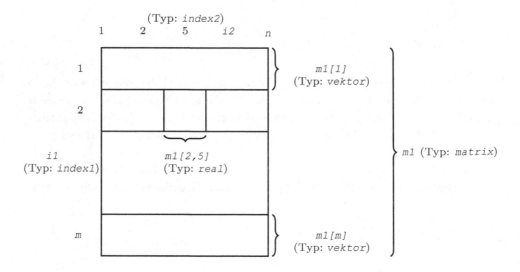

Die Verwendung des Typnamens *zeile* statt *vektor* in der Definition des Typs *matrix* suggeriert diesen Sachverhalt:

```
TYPE
  zeile = ARRAY [index2] OF real;
  matrix = ARRAY [index1] OF zeile;
```

Geschachtelte arrays sind ein wichtiges Hilfsmittel bei der Programmierung vieler Problemlösungen, weil sie viele natürliche Entsprechungen haben: ein Schachbrett mit den beiden Indizierungen an den Rändern; ein Stadtplan mit einer vergleichbaren Indizierung; eine Zeitung, bestehend aus Seiten, die wiederum aus Spalten bestehen, die in Zeilen unterteilt sind, die aus Druckzeichen zusammengesetzt sind; etc.

Aus der Vielzahl von Operationen mit Matrizen (lineares Gleichungssystem lösen; Transponierte berechnen; Eigenschaften prüfen, z. B. ist die Matrix symmetrisch, orthogonal, obere oder untere Dreiecksmatrix, magisches Quadrat?; etc.) wählen wir als Beispiel die **Berechnung des Produkts zweier Matrizen** aus:

Das Produkt der Matrix A mit m Zeilen und k Spalten, $A = (a_{ij})_{m,k}$, und der Matrix B mit k Zeilen und n Spalten, $B = (b_{ij})_{k,n}$, ist die Matrix C mit m Zeilen und n Spalten, $C = (c_{ij})_{m,n}$, wobei

$$c_{ij} = \sum_{l=1}^{k} a_{il} \cdot b_{lj} \text{ für alle } i = 1, \cdots, m \text{ und alle } j = 1, \cdots, n.$$

Wir werden bei der Programmierung des Matrizenprodukts in Pascal die Werte m, k und n als Konstanten vereinbaren, um wenigstens eine gewisse Änderungsfreundlichkeit sicherzustellen; da das Verfahren der Produktbildung für beliebige m, k, n stets gleich abläuft, wirkt sich hier das Fehlen einer dynamischen Feldvereinbarung recht nachteilig aus (vgl. aber Abschn. 5.8).

Mit den Vereinbarungen

```
{vereinbarungen}
CONST
  m = {natuerliche zahl, z.b.} 15;
  k = {natuerliche zahl, z.b.} 7;
  n = {natuerliche zahl, z.b.} 13;
TYPE
  mindex = 1 .. m;
  kindex = 1 .. k;
  nindex = 1 .. n;
  amatrix = ARRAY [mindex, kindex] OF real;
  bmatrix = ARRAY [kindex, nindex] OF real;
  cmatrix = ARRAY [mindex, nindex] OF real;
VAR
  a: amatrix;
  b: bmatrix;
  c: cmatrix;
  i: mindex;
  l: kindex;
  j: nindex;
```

lässt sich das Kernstück des Matrizenmultiplikationsprogramms angeben als

```
{multiplikation}
FOR i := 1 TO m DO
  FOR j := 1 TO n DO
    BEGIN
```

```
    c[i, j] := 0;
    FOR l := 1 TO k DO
       c[i, j] := c[i, j] + a[i, l] * b[l, j]
    END
```

Das Einlesen der Matrizen *a* und *b* bei zeilenweiser Eingabe der Elemente bzw. die Ausgabe der Resultatmatrix *c* in der üblichen Rechteckform kann durch die beiden folgenden Programmstücke geschehen:

```
{einlesen}
writeln('programm zur multiplikation zweier matrizen.');
writeln('bitte werte der ersten matrix, a, eingeben.');
FOR i := 1 TO m DO
  FOR l := 1 TO k DO
    BEGIN
       write('bitte a[', i, ', ', l, '] eingeben: ');
       readln(a[i, l])
    END;
writeln('bitte werte der zweiten matrix, b, eingeben.');
FOR l := 1 TO k DO
  FOR j := 1 TO n DO
    BEGIN
       write('bitte b[', l, ', ', j, '] eingeben: ');
       readln(b[l, j])
    END;
{ausgeben}
writeln('resultatmatrix a · b: ');
FOR i := 1 TO m DO
  BEGIN
    FOR j := 1 TO n DO write(c[i, j]);
    writeln
  END
```

Damit ergibt sich das vollständige Matrizenmultiplikationsprogramm durch Zusammensetzen der beschriebenen Teile:

```
PROGRAM matrizenmultiplikation (input, output);
{vereinbarungen}
BEGIN
  {einlesen};
  {multiplikation};
  {ausgeben}
END.
```

4.5   Besonderheiten; gepackte Darstellung

Aus Gründen der Transparenz unserer Programme haben wir bisher stets dort, wo von der syntaktischen Definition her die Angabe eines Typs erforderlich war, einen Typnamen angegeben; die selbstauferlegte Einschränkung ist wohl in den meisten, aber nicht in allen Fällen sinnvoll. Immer dann, wenn dadurch auch solche Typen definiert werden, die später nicht mehrfach benötigt werden, wird man auf die Verwendung eines eigenen Typnamens verzichten; insbesondere können Typen direkt in Variablendeklarationen angegeben werden. Die Vereinbarungen des Programms *matrizenmultiplikation* können damit kürzer geschrieben werden:

```
CONST
  m = 15;
  k = 7;
  n = 13;
VAR
  a: ARRAY [1 .. m, 1 .. k] OF real;
  b: ARRAY [1 .. k, 1 .. n] OF real;
  c: ARRAY [1 .. m, 1 .. n] OF real;
  i: 1 .. m;
  l: 1 .. k;
  j: 1 .. n
```

Ob die durch explizite Typdefinitionen erzielte Klarheit den damit verbundenen Aufwand rechtfertigt, bleibt der Entscheidung des Programmierers überlassen; im allgemeinen wird die explizite Definition der impliziten vorzuziehen sein.

Das Arbeiten mit großen Feldern (und anderen strukturierten Typen) kann u. U. sehr viel Speicherplatz im Rechner belegen, der für andere Zwecke dann nicht mehr zur Verfügung steht. Zur Speicherplatzersparnis kann man daher eine knappere als die übliche rechnerinterne Darstellung der Daten vereinbaren; dies ist allerdings meist mit einem **weniger effizienten Zugriff** auf die einzelnen Daten verbunden. In Pascal ist es dem Programmierer überlassen, eine Darstellung mit Gewicht auf effizientem Zugriff – das ist die normale – oder eine mit Gewicht auf **Speicherplatzersparnis** – das ist die **gepackte** – zu wählen. Die gepackte Darstellung wird beschrieben durch das vor dem strukturierten Typ stehende Schlüsselwort *PACKED*. Wir definieren damit den Begriff des strukturierten Typs allgemeiner:

structured type

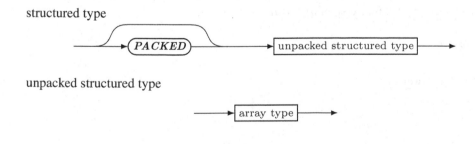

unpacked structured type

Besonders wichtige gepackte strukturierte Typen sind Typen der Gestalt

```
PACKED ARRAY [1 .. n] OF char
```

für integer-Konstanten $n > 1$. Ein solcher Typ wird als **string-Typ** bezeichnet; er beschreibt Zeichenfolgen (**strings**) der Länge n. Wir kennen bereits aus Abschn. 2.3.1 die Konstanten und Literale dieses Typs. (Einer aus nur einem Zeichen bestehenden Zeichenkette wurde der Typ *char* zugeordnet.) Das Hinschreiben eines Werts eines zusammengesetzten Typs (etwa als rechte Seite einer Zuweisung), also die Verwendung eines Literals bzw. einer Konstanten, ist bei den zusammengesetzten Typen nur für string und set (vgl. Kap. 6) möglich.

Neben der **Zuweisung** von Konstanten an Variablen eines string-Typs sind auch alle **relationalen Operatoren** für strings definiert. Strings sind wie üblich unter Rückgriff auf die Ordnung einzelner Zeichen **lexikografisch** angeordnet. Mit der Vereinbarung

```
VAR wort: PACKED ARRAY [1 .. 10] OF char;
```

sind die Zuweisungen

```
wort := 'donnerstag';
wort := 'mittwoch   '
```

korrekt, ebenso das if-statement

```
IF 'montag    ' < wort THEN wort := 'montag    '
```

Insbesondere hat der logische Ausdruck

```
'montag    ' < 'mittwoch  '
```

den Wert *false* (es gilt '*i*' < '*o*').

Es ist bereits bekannt, dass die write-Anweisung Konstanten vom Typ string als Parameter akzeptiert; auch Variablen vom Typ string sind, da sie Werte eines string-Typs repräsentieren, als write-Parameter erlaubt (man beachte, dass das Entsprechende für die read-Anweisung **nicht** gilt). Im Beispiel ist also die Anweisung

```
write(wort)
```

zulässig, die Anweisung

```
read(wort)
```

dagegen **nicht**. Dieses Fehlen einer komfortablen Eingabemöglichkeit, sowie die allzu starre Beschränkung auf eine feste Länge bei strings, machen den Umgang mit strings in Pascal-Programmen etwas unhandlich. Die meisten Pascal-Implementationen weichen hier stark vom Standard ab, indem sie string-Typen mit viel mehr Komfort bereitstellen, die die genannten Einschränkungen vermeiden.

Die Komponenten von gepackten Feldern werden in der bekannten Weise bezeichnet (die Ausführung von Anweisungen, die solche Komponenten enthalten, kann allerdings relativ zeitaufwendig werden). Das Übertragen einer als Eingabe vorliegenden Folge von 10 Zeichen in das oben erklärte gepackte Feld *wort* ist mit der zusätzlichen Vereinbarung einer Variablen *i* vom Indextyp des Feldes möglich als

```
FOR i := 1 TO 10 DO read(wort[i]);
```

die Verarbeitung kann dann, wie oben angedeutet, erfolgen.

Bei der Strukturierung von Datentypen auf mehreren Ebenen, z. B. bei der Schachtelung von Feldern, hat die Angabe des Schlüsselwortes *PACKED* nur auf derjenigen Ebene eine Wirkung, auf der dieses explizit auftritt: Die Angabe von

```
PACKED ARRAY [index1] OF ARRAY [index2] OF grundtyp
```

bewirkt also lediglich, dass das Feld auf der ersten Schachtelungsstufe gepackt gespeichert wird. Wollte man auch die Komponente des so definierten Feldes gepackt speichern, so wäre ein zweites *PACKED* anzugeben:

```
PACKED ARRAY [index1] OF PACKED ARRAY [index2] OF grundtyp
```

Die abkürzende Schreibweise bei der Definition von geschachtelten gepackten Feldern ist wie folgt möglich:

für

```
PACKED ARRAY [index1] OF PACKED ARRAY...
OF PACKED ARRAY [indexj] OF grundtyp
```

darf geschrieben werden

```
PACKED ARRAY [index1, ..., indexj] OF grundtyp
```

Die beiden Typdefinitionen

```
PACKED ARRAY [i1, i2] OF real
```

und

```
PACKED ARRAY [i1] OF ARRAY [i2] OF real
```

sind demzufolge nicht äquivalent.

Sieht man einmal von den string-Typen ab, so hat die interne Darstellung der Daten (gepackt oder ungepackt) keinen Einfluss auf deren logische Bedeutung und Verwendung im Programm. Daher können Operationen mit Komponenten von gepackten und ungepackten Feldern gleichermaßen vorgenommen werden. Insbesondere ist die Zuweisungsoperation zwischen Komponenten gleichen Typs erlaubt, nicht aber die Zuweisung zwischen gepackten und nicht gepackten Feldern im Ganzen, weil diese Felder nicht vom gleichen Typ sind. Um dennoch eine ähnlich komfortable Übertragung von Werten zu ermöglichen (und diese implementationsabhängig effizient zu gestalten), gibt es in Pascal sogenannte **Datentransferprozeduren zum Packen bzw. Entpacken** nicht gepackter bzw. gepackter Felder, das pack- bzw. das unpack-statement.

Das **pack-statement** beginnt mit dem **Standardnamen** *pack*, in runden Klammern gefolgt vom Namen eines nicht gepackten Feldes, von einem Index dieses Feldes und vom Namen eines gepackten Feldes, durch Kommata getrennt. Der Grundtyp der beiden Felder muss übereinstimmen, und das gepackte Feld darf aus höchstens so vielen Elementen bestehen wie das nicht gepackte Feld.

Das pack-statement

```
pack(u, i, p)
```

bewirkt, dass den Komponenten des gepackten Feldes *p*, beginnend bei der ersten Komponente, die Werte derjenigen Komponenten des ungepackten Feldes *u* zugewiesen werden, die fortlaufend ab Index *i* auftreten (der Ausschnitt von *u*, der bei Index *i* beginnt und die Größe von *p* hat, wird gepackt).

Setzen wir die Vereinbarungen

```
VAR
  a: ARRAY [1 .. 40] OF char;
  b: PACKED ARRAY [1 .. 20] OF char;
  i: 1 .. 20
```

voraus, so ist

```
pack(a, 5, b)
```

äquivalent zu

```
FOR i := 1 TO 20 DO b[i] := a[i + 4]
```

Das Analogon zum pack-statement in der umgekehrten Richtung ist das **unpack-state-ment,** bei dem allerdings zunächst das gepackte Feld, dann das ungepackte Feld, und als letztes der Index anzugeben sind:

```
unpack(p, u, i)
```

Mit den oben angegebenen Vereinbarungen ist

```
unpack(b, a, 17)
```

äquivalent zu

```
FOR i := 1 TO 20 DO a[i + 16] := b[i]
```

Es ist nicht zu empfehlen, viele Operationen mit Komponenten gepackter Felder auszu-führen, weil Zugriffe auf solche Komponenten sehr aufwendig sein können. Stattdessen bietet es sich an, vor Beginn solcher Operationen das ganze Feld zu entpacken, dann die Operationen mit dem nicht gepackten Feld auszuführen und nach deren Beendigung das ganze Feld wieder zu packen. Ein Beispiel für eine solche Anwendung ist das zeichen-weise Einlesen langer strings in ein nicht gepacktes Feld und das anschließende Packen dieses Feldes.

Funktionen und Prozeduren; Blockstruktur   5

5.1 Funktionen

5.1.1 Zum Funktionsbegriff

Der Funktionsbegriff ist uns aus der Mathematik und aus vielen Anwendungen geläufig. Wir kennen beispielsweise die Sinusfunktion, Cosinusfunktion, Exponentialfunktion, Logarithmusfunktion, Quadratfunktion u. v. a. m.

Was sind eigentlich Funktionen? Wir wollen hier keine exakte mathematische Begründung des Funktionsbegriffs vornehmen, sondern lediglich einige Eigenschaften auflisten, die auch für die Erklärung des Funktionskonzepts in Pascal wichtig sind.

Eine **Funktion** ist eine **Vorschrift**, die einem oder mehreren **Argumenten** in eindeutiger Weise (höchstens) einen **Wert** zuordnet. So ordnet beispielsweise die Quadratfunktion einer reellen Zahl x ihr Quadrat x^2 zu; die Cosinusfunktion ordnet einer Zahl x den Cosinus von x zu, usw.

Funktionen haben **Namen**. So hat beispielsweise die Sinusfunktion den Namen *sin*, die Cosinusfunktion den Namen *cos*. Es ist nicht immer üblich, solche aus (mehreren) Buchstaben gebildeten Funktionsnamen zu verwenden und sie vor die jeweiligen, in Klammern eingeschlossenen Argumente zu schreiben wie in $sin(2\pi)$, $cos(x)$, $ln(z)$, usw. Manchmal wird der Name der jeweils gemeinten Funktion nur implizit durch Verwendung einer besonderen Schreibweise angedeutet, wie in folgenden Beispielen:

$$x^2, x^y, x!, \binom{n}{k}$$

© Springer Fachmedien Wiesbaden GmbH, ein Teil von Springer Nature 2018
T. Ottmann, P. Widmayer, *Programmierung mit PASCAL*,
https://doi.org/10.1007/978-3-658-18121-5_5   95

Die in Pascal verwendete Konvention verlangt aus systematischen Gründen, den Funktionsnamen immer vor die in Klammern eingeschlossenen Argumente zu schreiben. Man hat also beispielsweise zu schreiben:

$sqr(x)$	statt x^2
$hoch(x, y)$	statt x^y
$exp(x)$	statt e^x
$bin(n, k)$	statt $\binom{n}{k}$
$fak(n)$	statt $n!$

Wir hätten statt *hoch, bin* und *fak* auch andere Namen zur Bezeichnung der Potenzfunktion, der Binomialfunktion und der Fakultät nehmen können. *sqr, exp, ln, sin,* usw. sind dagegen Standardnamen für Funktionen mit fester Bedeutung.

Leider unterscheidet der übliche mathematische Sprachgebrauch nicht sauber zwischen Funktionsnamen, Argumenten und Wert einer Funktion.

So kann

```
sin(x), bin(n, k), exp(z)
```

in Abhängigkeit vom jeweiligen Kontext sowohl einen Funktionsnamen als auch einen Funktionswert bezeichnen. Allerdings ist mit *sin(3.14), bin(49, 6), exp(1.04)* usw. stets eindeutig ein ganz bestimmter Wert, nämlich der Wert der jeweils genannten Funktion für die angegebenen Argumente gemeint. Wenn wir *sin(x)* schreiben und damit nicht den Wert der Sinusfunktion für ein ganz bestimmtes Argument *x* meinen, dann können wir das als eine unvollständige Definition einer Zuordnungsvorschrift auffassen, die jeder reellen Zahl *x* eine reelle Zahl *sin(x)* zuordnet, und zwar den Wert einer unendlichen Reihe:

$$sin(x) = \sum_{n=0}^{\infty} (-1)^n \frac{x^{2n+1}}{(2n+1)!}$$

Jetzt ist ganz klar, dass *x* als gebundene Variable oder „Platzhalter" aufzufassen ist, auf deren Namen es nicht ankommt. Wir hätten zur Definition der Sinusfunktion genauso gut *z* statt *x* verwenden und

$$sin(z) = \sum_{n=0}^{\infty} (-1)^n \frac{z^{2n+1}}{(2n+1)!}$$

schreiben können.

Wir werden die in einer Funktionsdefinition auftretenden Platzhalter **formale Parameter** nennen.

Formale Parameter werden unterschieden von den **aktuellen Parametern**. Das sind **bestimmte** Argumente oder Stellen, an denen eine Funktion ausgewertet werden soll.

Die Unterscheidung zwischen Funktionsnamen, formalen und aktuellen Parametern erscheint uns vor allem bei den besonders oft benutzten und in Pascal standardmäßig vorhandenen Funktionen wie der Sinus-, Cosinus- und Exponentialfunktion ungewohnt. Sobald wir jedoch Funktionen (zur eigenen Verwendung) selbst definieren, wird die Notwendigkeit einer sauberen begrifflichen Trennung ganz klar. Betrachten wir folgendes Beispiel:

Durch die Gleichung

$$sig(x) = \begin{cases} 0; & \textit{falls } x = 0 \\ 1; & \textit{falls } x > 0 \\ -1; & \textit{falls } x < 0 \end{cases}$$

wird eine neue Funktion, die Signum-Funktion, definiert. Ihr Name ist *sig; x* ist ein formaler Parameter, der in obiger Definition natürlich durch jedes beliebige andere Zeichen hätte ersetzt werden können. Die Verwendung gerade des Buchstabens *x* deutet auf eine in der Mathematik gebräuchliche Konvention hin, die letzten Buchstaben des Alphabets für reelle Zahlen zu reservieren. Eine solche oder ähnliche Konvention gibt es in Pascal nicht. Vielmehr wird verlangt, dass für jede Funktion die Typen aller Argumente ebenso wie der Typ des Resultats explizit angegeben werden müssen. Die Signum-Funktion ist also beispielsweise als eine Funktion mit einem Argument vom Typ *real* und einem Wert vom Typ *integer* zu definieren. Die Angabe der Argument- und Werttypen ist nur für die in Pascal vorhandenen Standardfunktionen

`sin, cos, ln, exp, sqr, sqrt, succ, pred` usw.

bereits standardmäßig erfolgt. Man kann sie für Argumente des jeweils vorgesehenen Typs unter ihren Standardnamen in Programmen benutzen.

Aus Kap. 2 wissen wir bereits, dass es einige Standardfunktionen gibt, die **Argumente unterschiedlicher Typen** akzeptieren und in Abhängigkeit von den Argumenttypen auch **unterschiedliche Werttypen** haben können. Das gilt u. a. für die Funktionen (vgl. Abschn. 2.3.2)

`sqr, abs, pred, succ, ord`.

Diese Möglichkeit gibt es bei der Definition eigener Funktionen nicht: Für jedes Argument einer selbst definierten Funktion ebenso wie für deren Funktionswert muss **genau ein Typ** (als zulässig) angegeben werden.

Wenn wir selbst neue Funktionen definieren, genügt es nicht, lediglich eine eindeutige Zuordnungsvorschrift zwischen Argumenten und Wert anzugeben. Wir müssen auch genau sagen, wie der Funktionswert berechnet werden soll, d. h. wir müssen einen Algorithmus zur Berechnung des Funktionswertes angeben. Dass durch die Definition einer Funktion nicht auch schon ein Verfahren zur Berechnung der Funktionswerte gegeben ist, zeigt folgendes Beispiel:

Die Gleichung

$$goldbach(x) = \begin{cases} 0; & wenn\,die\,Goldbach'sche\,Vermutung\,gilt \\ 1; & sonst. \end{cases}$$

definiert eindeutig eine Funktion. Denn die Goldbach'sche Vermutung („Für jede gerade natürliche Zahl $n \geq 4$ gibt es Primzahlen p, q mit $p + q = n$".) ist entweder richtig oder falsch. Da aber die Gültigkeit der Goldbach'schen Vermutung bis heute weder positiv noch negativ entschieden werden konnte, ist kein Verfahren zur Berechnung von *goldbach* bekannt.

Im Falle unserer als Beispiel angegebenen, selbstdefinierten Signum-Funktion kann man leicht ein Verfahren zur Berechnung des Funktionswertes aus dem Argument x angeben:

```
IF x = 0
  THEN sig := 0
  ELSE
    IF x > 0
       THEN sig := 1
       ELSE sig := -1
```

Wir haben hier den Funktionsnamen *sig* wie eine Variable vom Typ *integer* behandelt und ihm den jeweils richtigen Funktionswert zugewiesen.

Damit sind wir bei einer formal korrekten Deklaration der Signum-Funktion in Pascal; sie hat die Form:

```
FUNCTION sig (x: real): integer;
  BEGIN
    IF x = 0
      THEN sig := 0
      ELSE
        IF x > 0
           THEN sig := 1
           ELSE sig := -1
  END
```

Fügen wir diese Deklaration an der richtigen Stelle in ein Pascal-Programm ein (und zwar im Deklarationsteil im Anschluss an Konstanten-, Typen-, und Variablendeklarationen), so können wir im Anweisungsteil die Signum-Funktion unter dem Namen *sig* genauso verwenden wie etwa die Sinusfunktion unter dem Standard-Namen *sin*.

5.1.2 Funktionen in Pascal

Eine Funktionsdeklaration (function declaration) besteht also aus dem **Funktionskopf** (function heading), der nach dem Schlüsselwort *FUNCTION* den Funktionsnamen (function identifier), die Liste der formalen Parameter (formal parameter list) zusammen mit ihren jeweiligen Typen und den Typ des Funktionswertes angibt; alle Typen müssen dabei durch Typnamen angegeben werden. Anschließend folgt ein Block mit der eigentlichen Definition der Funktion; das ist ein Programmstück zur Berechnung des Funktionswertes aus den formalen Parametern. Der Block muss wenigstens eine Anweisung enthalten, durch die dem im Funktionskopf genannten Funktionsnamen ein Wert zugewiesen wird.

Man muss unterscheiden zwischen der Deklaration (Definition) einer Funktion und ihrer Auswertung für bestimmte Argumente. Die Auswertung wird bewirkt durch einen **Aufruf** der Funktion. Er besteht in der Nennung des Funktionsnamens, gefolgt von einer in Klammern eingeschlossenen Liste aktueller Parameter, das sind gerade die Argumente, für die die Funktion ausgewertet werden soll. Die Liste der aktuellen Parameter kann eine Liste von Ausdrücken sein, also aus Variablen, Konstanten oder komplizierter aufgebauten Gebilden bestehen. Sie muss genau zur Liste der formalen Parameter passen, die in der Deklaration der Funktion genannt sind. Das heißt zweierlei: die Anzahl der aktuellen Parameter muss mit der Anzahl der formalen Parameter übereinstimmen, und die aktuellen Parameter müssen der Reihe nach dieselben Typen wie die formalen Parameter haben.

Da Funktionen für die jeweils zulässigen Argumente einen Wert liefern, werden Funktionsaufrufe wie Ausdrücke oder Teile von Ausdrücken (Faktoren) behandelt: Sie sind keine selbständig ausführbaren Anweisungen (im Gegensatz zu den im Abschn. 5.5 behandelten Prozeduraufrufen).

Nehmen wir also beispielsweise an, dass *x* als Variable vom Typ *real, m* als Variable vom Typ *integer* und die Signum-Funktion wie oben angegeben im Deklarationsteil eines Programms vereinbart wurden. Dann sind

```
m := sig(x);
write(sig(3 * x + 5));
IF sig(x) = -1
  THEN x := sig(x) * x
```

Beispiele für zulässige Anweisungen. Aber natürlich sind weder *read*(*sig*(*x*)) noch *sig*(*x*) := −1 zulässige Anweisungen.

Fassen wir zusammen: Eine Funktionsdefinition erfolgt in Pascal durch eine Deklaration der Funktion im Anschluss an Konstanten-, Typen-, und Variablendeklarationen entsprechend folgender Vorschrift:

function declaration

function heading

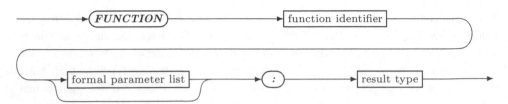

formal parameter list

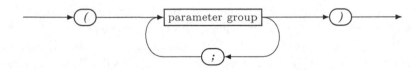

parameter group

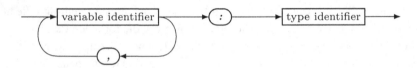

Beispiele für zulässige Funktionsköpfe sind:

```
FUNCTION bin(n, k: integer): integer
FUNCTION hoch(x, y: real): real
FUNCTION kubikwurzel(x: integer): real
FUNCTION dist(k: integer; v, c: real): real
```

Die Liste der formalen Parameter kann auch fehlen. In einem solchen (ungewöhnlichen) Fall haben wir eine „nullstellige" Funktion vor uns. Sie benötigt beim Aufruf kein Argument als aktuellen Parameter und liefert durch bloße Nennung des Funktionsnamens einen Wert. Wir können beispielsweise eine nullstellige Funktion *pi* wie folgt deklarieren:

```
FUNCTION pi: real;
  BEGIN
    pi := 3.1415926
  END
```

Dann enthält die Zuweisung

```
umfang := 2 * pi * radius
```

einen Aufruf dieser Funktion.

Natürlich hätte man viel einfacher *pi* als eine Konstante im Programm vereinbaren können. Es gibt nur wenige Fälle, in denen die Verwendung parameterloser Funktionen sinnvoll ist: Beispiele sind die auf manchen Rechenanlagen verfügbaren parameterlosen Funktionen *time* bzw. *random*, die (beim Aufruf) die Uhrzeit des Rechners bzw. eine Zufallszahl als Wert vom Typ *real* liefern. (Parameterlose Prozeduren werden dagegen gelegentlich verwendet, vgl. dazu Abschn. 5.5.)

5.1.3   Beispiele

Im Normalfall enthält eine Funktionsdeklaration im Funktionskopf eine nichtleere Liste formaler Parameter. Der auf den Funktionskopf folgende Block kann aus einem Deklarations- und einem Anweisungsteil bestehen: Der Deklarationsteil enthält die Vereinbarungen für die zur Berechnung des Funktionswertes erforderlichen Hilfsgrößen, sofern notwendig. In den folgenden Beispielen geben wir zunächst eine mathematische („inhaltliche") Definition und anschließend die Deklaration derselben Funktion in Pascal an:

a) Maximum: $max(x, y) = \begin{cases} x; & falls\ x \geq y \\ y; & sonst. \end{cases}$

```
FUNCTION max (x, y: real): real;
  BEGIN
    IF x >= y
      THEN max := x
      ELSE max := y
  END
```

b) Fakultät: $n! = 1 \cdot 2 \cdot \ldots \cdot n$

```
FUNCTION fak (n: integer): integer;
  VAR
    i, hilf: integer;
  BEGIN
    hilf := 1;
    FOR i := 1 TO n DO hilf := hilf * i;
    fak := hilf
  END
```

c) Primzahlfunktion: $pr\left(n\right) = \begin{cases} true; & falls\ n\ prim \\ false; & sonst. \end{cases}$

Eine ganze Zahl n heißt bekanntlich **prim**, wenn entweder $n = 2$ ist oder wenn $n > 2$ ist und n keine echten Teiler besitzt, d. h. für alle k mit $2 \leq k < n$ gilt: k teilt n nicht. Offenbar gilt: Eine positive ganze Zahl k teilt n genau dann, wenn $(n\ \textbf{DIV}\ k)*k = n$. Daher kann die Primzahlfunktion wie folgt deklariert werden:

```
FUNCTION pr (n: integer): boolean;
  VAR
    k: integer;
  BEGIN
    pr := true;
    IF n < 2
      THEN pr := false;
    IF n > 2
      THEN
        FOR k := 2 TO n-1 DO
          IF (n DIV k)* k = n
            THEN pr := false
  END
```

d) Potenz: $x^y = \underbrace{x \cdot x \cdot \dots \cdot x}_{y\,\text{mal}}$

```
FUNCTION hoch (x: real; y: integer): real;
  VAR
    i: integer; hilf: real;
  BEGIN
    hilf := 1;
    FOR i := 1 TO y DO hilf := hilf * x;
    hoch := hilf
  END
```

Die so deklarierte Funktion *hoch* liefert nur für $y \geq 0$ die richtigen Werte; für $y < 0$ hat *hoch* den Wert 1. Es ist daher aus Gründen der Programmsicherheit besser, entweder in die Funktionsdeklaration eine Abfrage einzubauen, durch die überprüft wird, ob $y \geq 0$ ist, und ggf. eine Fehlermeldung auszugeben, wenn das nicht der Fall ist, oder aber die Bedingung $y \geq 0$ zumindest als Kommentar zu vermerken.

Die hier angegebene Deklaration der Funktion *hoch* orientiert sich an der üblichen Auffassung, die Bildung der Potenz als iterierte Multiplikation zu verstehen. Das ist keineswegs das bestmögliche Verfahren. Weniger Multiplikationen sind zur Berechnung von x^y nötig, wenn man iteriert quadriert und multipliziert, also etwa x^{17} wie folgt berechnet:

```
x¹⁷ = x * sqr(sqr(sqr(sqr(x))))
```

Genauer verläuft dies Potenzierungsverfahren wie folgt:

Wir schreiben x^y in der Form $x^y = u \cdot v^r$, wobei zu Beginn des Potenzierungsverfahrens $u = 1$, $v = x$ und $r = y$ ist und am Ende $r = 0$ und damit $u = x^y$ ist.

Nehmen wir also an, es sei $x^y = u \cdot v^r$.

Fall 1	{r ist gerade}:
	Dann ist
	$u \cdot v^r = u \cdot v^{2 \cdot (r\ div\ 2)} = u \cdot (v^2)^{r\ div\ 2} = u \cdot v_1^{r_1}$, mit $v_1 = v^2$ und $r_1 = r\ div\ 2$.
	Das ist wieder eine Darstellung derselben Art mit einem Exponenten $r_1 < r$.
Fall 2	{r ist ungerade}:
	Dann ist
	$u \cdot v^r = u \cdot v^{2 \cdot (r\ div\ 2)+1} = (u \cdot v) \cdot (v^2)^{r\ div\ 2} = u_1 \cdot v_1^{r_1}$, mit $u_1 = u \cdot v$, $v_1 = v^2$ und $r_1 = r\ div\ 2$.
	Das ist ebenfalls eine Darstellung von x^y derselben Art mit einem Exponenten $r_1 < r$.

Wir können also die neue Darstellung auf dieselbe Weise nochmal verändern usw., bis der Exponent r gleich 0 geworden ist.

Nach diesen Überlegungen dürfte klar sein, dass wir die Funktion *hoch* auch wie folgt hätten deklarieren können:

```
FUNCTION hoch (x: real; y: integer): real;
{es wird y >= 0 vorausgesetzt}
  VAR
    u, v: real;
    r: integer;
  BEGIN
    u := 1;
    v := x;
    r := y;
    WHILE r > 0 DO
      BEGIN
        IF odd(r)
          THEN u := u * v;
        v := sqr(v);
        r := r DIV 2
      END;
    hoch := u
  END
```

5.2   Blockstruktur, lokale und globale Größen

Manchmal lassen sich Funktionen aus den in Pascal vorhandenen Standardfunktionen oder unter Benutzung der verfügbaren Operationen nicht direkt definieren, sondern nur unter Rückgriff auf vorher definierte Hilfsfunktionen. Betrachten wir als Beispiel die übliche Definition des Binomialkoeffizienten $bin(n, k) = \binom{n}{k}$:

$$bin(n,k) = \frac{n!}{k! \cdot (n-k)!}$$

Um eine an dieser Gleichung orientierte Deklaration der Funktion *bin* vornehmen zu können, muss man über die Fakultätsfunktion verfügen. Nun kann der auf den Funktionskopf

```
FUNCTION bin (n, k: integer): integer;
```

folgende Block im Deklarationsteil nicht nur Konstanten-, Typen- und Variablendeklarationen enthalten, sondern durchaus auch Funktionsdeklarationen, in unserem Beispiel die Deklaration der Funktion *fak*. Damit erhalten wir folgende Deklaration der Funktion *bin* als Beispiel für zwei ineinandergeschachtelte Deklarationen von Funktionen:

```
FUNCTION bin (n, k: integer): integer;
  VAR
    zaehler, nenner: integer;
  FUNCTION fak (n: integer): integer;
    VAR
      i, hilf: integer;
    BEGIN {fak}
      hilf := 1;
      FOR i := 1 TO n DO hilf := hilf * i;
      fak := hilf
    END {fak};
  BEGIN {bin}
    zaehler := fak(n);
    nenner := fak(k) * fak(n - k);
    bin := zaehler DIV nenner
  END {bin}
```

Dies Beispiel zeigt besonders deutlich: Funktionsdeklarationen sind wie Programme aufgebaut. Auf den Funktionskopf folgt ein Block. Dieser Block kann einen Deklarationsteil mit eigenen Konstanten-, Typ-, Variablen- und sogar Funktionsdeklarationen enthalten.

Wir haben es also mit einer Schachtelung von Blöcken zu tun. Wir fassen zur Vereinfachung einen Funktionsnamen gleichzeitig als Namen des zur Funktionsdeklaration gehörenden Blocks auf. Nehmen wir etwa an, dass die Funktionsdeklaration im Deklarationsteil eines Programms *p* auftritt. Dann können wir aus Einheitlichkeitsgründen auch *p* als Namen eines „äußersten" Blocks auffassen. Das Programm *p* mit den beiden ineinandergeschachtelten Deklarationen der Funktionen *fak* und *bin* hat also folgende Struktur:

```
PROGRAM p (...)
    .
    .
    .
    FUNCTION bin (...):...
        .
        .
        .
        FUNCTION fak (...):...
            .
            .

        BEGIN {fak}
            .
            .
            .

        END {fak};
        BEGIN {bin}
            .
            .
            .

        END {bin};
    .
    .
    .
BEGIN {p}
    .
    .
    .
END {p}.
```

Dies ist nur ein Beispiel für eine mögliche Schachtelung von Blöcken in Pascal. Die Syntax zur Bildung von Programmen und zur Deklaration von Funktionen erlaubt offenbar beliebig viele Schachtelungen von Blöcken. Allerdings sind nur solche Blockschachtelungen sinnvoll und zulässig, bei denen sämtliche verwendeten Namen eine wohldefinierte, eindeutige Bedeutung haben. Die innerhalb eines Blocks vereinbarten Namen für Konstanten, Typen, Variablen usw. haben nämlich nur innerhalb dieses Blocks Gültigkeit. Der **Gültigkeitsbereich** von Vereinbarungen ergibt sich also eindeutig aus der sog. **statischen Blockstruktur**, d. h. aus der Art, wie die Blöcke beim Aufschreiben des Programms ineinandergeschachtelt werden, nach folgender Regel:

▶   Jede Vereinbarung eines Namens hat nur in dem Block Gültigkeit, in dem sie vorgenommen wird, mit Ausnahme all der inneren Blöcke, die eine Vereinbarung desselben Namens enthalten. Standardnamen gelten als in einem den äußersten Block umfassenden fiktiven Block vereinbart. Sie haben Gültigkeit für das ganze Programm, wenn sie nicht im Programm selbst oder in einem untergeordneten Block neu vereinbart werden. (Eine solche Vereinbarung ist zwar möglich, aber sicher kein guter Programmierstil!)

Die Regel über die Gültigkeit von Namen gilt sinngemäß auch für die Namen von Funktionen und ihre formalen Parameter. Ein in einem Block vereinbarter Name heißt **lokal** für diesen Block. Tritt innerhalb eines Blocks ein Name auf, der nicht im Deklarationsteil dieses Blocks vereinbart ist und der weder Name dieses Blocks (ein Funktionsname) noch formaler Parameter ist, so muss der Name in einem umfassenden Block vereinbart oder Name dieses umfassenden Blocks (also ein Funktionsname) oder ein formaler Parameter im umfassenden Block sein. Solche Namen heißen **global** und man spricht dementsprechend auch von **globalen Konstanten, globalen Variablen** usw. In obigem Beispiel sind i und *hilf* lokale Variable für den Block *fak*. Der formale Parameter n im Block *fak* ist ebenfalls eine lokale Variable für diesen Block und verschieden vom formalen Parameter n im Block *bin*. Der Funktionsname *fak* ist im Block *bin* vereinbart. Er steht damit sowohl im Block *bin* wie auch im untergeordneten Block *fak* zur Verfügung. Man beachte jedoch, dass der Funktionsname *fak* in einem *bin* umfassenden Block, etwa dem Programm p, nicht deklariert ist.

Möchte man im Programm p die beiden Funktionsnamen *fak* und *bin* verwenden, so gibt es dazu die folgenden beiden Möglichkeiten: Entweder deklariert man die Fakultätsfunktion im Hauptprogramm p noch einmal und lässt die Deklaration von *bin* unverändert, oder man deklariert in p zunächst die Fakultätsfunktion und anschließend die Funktion *bin*, aber ohne die Deklaration von *fak* im Block von *bin*. D. h. man führt nacheinander zwei Blöcke auf gleicher Stufe ein. (Durch Anbringen der *forward*-Referenz ist es auch möglich, zunächst *bin* und dann *fak* auf gleicher Stufe innerhalb p zu deklarieren, vgl. Abschn. 5.4.2 und 5.8).

Erst die Unterscheidung zwischen lokalen und globalen Namen zusammen mit der Regel über die Gültigkeit von Namen macht die Erstellung größerer Programme im Team und die Benutzung von Programmbibliotheken möglich: Von verschiedenen Programmierern geschriebene Funktionen (und Prozeduren, vgl. Abschn. 5.5) können gefahrlos in Programme eingebaut werden, ohne dass es dabei zu Namenskollisionen kommt. Denn nur die globalen Namen (wie z. B. die Standardnamen) haben in allen eingebauten Funktionen (und Prozeduren) dieselbe Bedeutung und müssen daher einheitlich verwendet werden. Davon abgesehen kann jedoch jeder Programmierer seine eigenen lokalen Namen vereinbaren und sicher sein, dass sie die von ihm intendierte Bedeutung behalten, wenn seine Funktion (Prozedur) in ein fremdes Programm eingebaut wird.

Beim **Aufruf** einer Funktion werden die (als lokale Variablen anzusehenden) formalen Parameter durch die Werte der aktuellen Parameter initialisiert. Insbesondere werden die aktuellen Parameter, also die Argumente, für die eine Funktion ausgewertet werden soll, beim Aufruf nicht verändert. Das entspricht genau der in der Mathematik üblichen Auffassung von Funktionen. Durch die zwei Anweisungen

```
readln(n, k);
wert := bin(n, k)
```

im Hauptprogramm wird der Wert der Funktion *bin* für zwei eingelesene Argumente berechnet. Da der Aufruf *bin*(*n, k*) die Werte der Variablen *n* und *k* nicht verändert, kann man sie zusammen mit dem berechneten Funktionswert ausgeben lassen:

```
writeln('bin(', n, ',', k, ') = ', wert)
```

Solange im Block einer Funktionsdeklaration keine globalen Variablen auftreten, hat ein Funktionsaufruf exakt die auch für die Standardfunktionen gültige, erwartete Wirkung: Es wird genau ein Wert abgeliefert und sonst keinerlei Veränderung irgendwelcher Größen im Programm hervorgerufen. Das gilt nicht mehr, sobald eine Funktionsdeklaration globale Variable enthält, die im Anweisungsteil verändert werden. Man spricht in einem solchen Fall von einem **Seiteneffekt**, der durch einen Aufruf einer derartigen Funktion hervorgerufen wird.

Wir geben im Folgenden ein Programm an, das eine Funktion enthält, die einen „nicht beabsichtigten" Seiteneffekt hervorruft. Wir nehmen dazu die Funktion *hoch*, wie sie ganz am Ende von Abschn. 5.1 definiert ist, mit dem einzigen Unterschied, dass wir die Vereinbarung der lokalen Variablen *r* „vergessen". Eine Variable gleichen Namens wird jedoch im Hauptprogramm vereinbart und auch verwendet. Durch einen Aufruf der Funktion *hoch* wird dann „irrtümlich" diese globale Variable manipuliert:

```
PROGRAM seiteneffekt (input, output);
VAR
  r: integer;
  s, wert: real;
FUNCTION hoch (x: real; y: integer): real;
  VAR
    u, v: real;
  BEGIN
    u := 1;
    v := x;
    r := y;
    WHILE r > 0 DO
      BEGIN
        IF odd(r) THEN u := u * v;
        v := sqr(v);
        r := r DIV 2
      END;
    hoch := u
  END;
```

```
BEGIN
  writeln('bitte zahlenpaare eingeben; mit eof-marke beenden.');
  REPEAT
    write('naechstes zahlenpaar: ');
    readln(s, r);
    wert := hoch(s, r);
    writeln(s,' hoch ', r,' ist ', wert)
  UNTIL eof
END.
```

Nach jeder Bearbeitung eines Funktionsaufrufs hat die Variable r den Wert 0, der (anstelle des eingelesenen Werts für r) im nachfolgenden writeln-statement ausgegeben wird. Die Berechnung des Funktionswerts selbst bleibt korrekt. Bei Eingabe von

```
7  2
```

erhält man damit als Ausgabe

```
7 hoch 0 ist 49
```

Auch die beabsichtigte Manipulation von Werten globaler Variabler durch Aufruf einer Funktion widerspricht der üblicherweise mit Funktionen verbundenen Vorstellung. Man sollte daher globale Variable in Funktionsdeklarationen möglichst nicht oder höchstens in besonders begründeten Ausnahmefällen verwenden und die Verwendung dann besonders gut dokumentieren.

Wir wollen die Wirkung eines Funktionsaufrufs noch einmal an einem weniger pathologischen **Beispiel** erläutern, der **Zweierpotenz**. Es soll der Wert der Funktion

```
zweihoch(n) = 2ⁿ
```

für ein einzulesendes Argument berechnet werden. Folgendes Programm löst diese Aufgabe:

```
PROGRAM zweierpotenz (input, output);
VAR
  n: integer;
FUNCTION zweihoch (n: integer): integer;
  VAR
    i, wert: integer;
  BEGIN
    wert := 1;
    FOR i := 1 TO n DO wert := 2 * wert;
    zweihoch := wert
  END;
```

```
BEGIN {hauptprogramm}
  write('bitte ganze zahl eingeben: ');
  readln(n);
  writeln('eingegebene zahl: ', n);
  writeln('zwei hoch ', n,' ist ', zweihoch(n))
END {hauptprogramm}.
```

Um die Wirkung des Funktionsaufrufs im Hauptprogramm besser verstehen zu können, machen wir uns eine grobe Vorstellung davon, wie der Computer ein aus Deklarations- und Anweisungsteil bestehendes Programm ausführt: Bei Eintritt in das Programm werden für die im Deklarationsteil des Programms genannten Variablen (und Konstanten) Speicherplätze bereitgestellt, die zunächst undefinierte Werte haben. Diese Speicherplätze sind unter den im Deklarationsteil vereinbarten Namen im Programmblock zugänglich und können durch Zuweisungen oder read-statements mit Werten (neu) besetzt werden. Im Falle des Programms *zweierpotenz* werden zwei Speicherplätze bereitgestellt, deren Namen als im Block *zweierpotenz* gültig anzusehen sind: Ein Speicherplatz ist für die im Hauptprogramm vereinbarte Variable *n* vorzusehen und der zweite Speicherplatz dient zur Aufnahme des Funktionswertes der Funktion *zweihoch*. Der Funktionsname *zweihoch* wird also wie der Name einer im Hauptprogramm vereinbarten Variablen vom Typ *integer* behandelt. Nach der Bereitstellung der Speicherplätze werden die Anweisungen des Programms in der durch die Reihenfolge des Aufschreibens bzw. in der durch die Kontrollstruktur des Programms festgelegten Reihenfolge ausgeführt.

Man kann die Wirkung des Programms daher beschreiben durch eine Folge von zeitlich aufeinanderfolgenden Situationen („Momentaufnahmen" oder „Schnappschüssen"): Eine Situation besteht aus der Belegung der (relevanten) Speicherplätze zu einem bestimmten Zeitpunkt sowie einer Information darüber, welche Anweisung als nächste ausgeführt wird bzw. welche Anweisungen in welcher Reihenfolge überhaupt noch auszuführen sind.

Dabei werden wir manche Pascal-statements detailliert aufschlüsseln und ihre Wirkung in einer unserer Vorstellung angepassten Sprache formulieren, die man jedoch nicht mit Pascal verwechseln darf.

Die vor Ausführung des read-line-statements im Hauptprogramm *zweierpotenz* vorliegende Situation deuten wir schematisch wie folgt an:

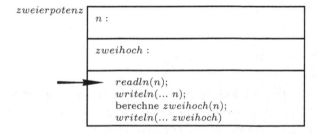

Die nächste auszuführende Anweisung ist durch einen Pfeil → markiert.

Durch Ausführung des read-line-statements *readln(n)* im Hauptprogramm wird die Speicherzelle mit Namen *n* mit der ersten Eingabezahl besetzt. Wir wollen etwa annehmen, das sei die Zahl 7. Die Ausführung des statements *writeln(... n)* bewirkt, dass der Inhalt der Speicherzelle *n* geschrieben wird. Als nächstes ist *zweihoch(n)* für den nunmehr in Speicherzelle *n* stehenden aktuellen Parameter mit Wert 7 zu berechnen. Dieser Funktionsaufruf bewirkt nun, dass für die im Deklarationsteil der Funktionsdeklaration vereinbarten Variablen (und Konstanten, wenn sie vorkommen) und für die formalen Parameter Speicherplatz bereitgestellt wird. Es ist dabei aber zu beachten, dass die bei einem Funktionsaufruf reservierten Speicherzellen lokale Namen haben, die nur im Block der Funktionsdeklaration gültig sind. Wir können diese Situation durch zwei ineinanderliegende Blöcke (von Speicherzellen) mit Namen *zweierpotenz* und *zweihoch* andeuten. Der Funktionsaufruf bewirkt zugleich, dass die für die formalen Parameter bereitgestellten Speicherplätze mit den Werten der aktuellen Parameter initialisiert werden. Wir erhalten in unserem Fall also folgendes Bild nach dem Aufruf von *zweihoch(n)* im Hauptprogramm:

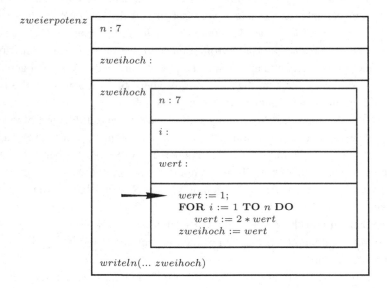

Nun werden die Anweisungen des Blocks *zweihoch* der Reihe nach ausgeführt. Die ersten zwei Anweisungen

```
wert := 1;
FOR i := 1 TO n DO wert := 2 * wert
```

verändern den Inhalt der bei Eintritt in diesen Block reservierten Speicherzellen wie folgt (dabei sind die zu früheren Zeitpunkten in diesen Speicherzellen enthaltenen Werte in der zeitlichen Reihenfolge, in der sie dort auftraten, eingetragen und durchgestrichen worden):

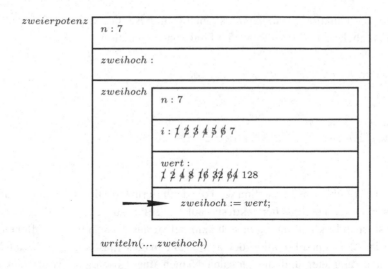

Die Ausführung des letzten statements *zweihoch : = wert* im Block *zweihoch* besetzt die (für diesen Block globale) Speicherzelle *zweihoch* im Block *zweierpotenz* mit dem Inhalt der Speicherzelle *wert*. Damit ist der Aufruf von *zweihoch(n)* beendet. Der Block *zweihoch* wird verlassen und die zur Ausführung der Anweisung dieses Aufrufs (hilfsweise) bereitgestellten Speicherzellen können wieder beseitigt werden. Wir haben damit folgende Endsituation:

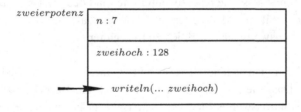

Wir haben dies Modell am vorliegenden einfachen Beispiel auch deshalb so ausführlich erläutert, weil wir es zur Erklärung eines im nächsten Abschnitt angegebenen viel komplizierteren Falls eines Funktionsaufrufs heranziehen wollen.

5.3   Rekursiv definierte Funktionen

Statt die Zweierpotenz als iterierte Verdopplung wie im vorigen Abschnitt zu definieren, verwendet man manchmal auch die folgende Definition:

$$2^n = \begin{cases} 1; & \text{falls } n = 0 \\ 2 \cdot 2^{n-1}; & \text{falls } n > 0 \end{cases}$$

Können wir die Funktion *zweihoch* direkt analog zu dieser Gleichung definieren? Das ist in der Tat möglich und führt zu folgender Funktionsdeklaration:

```
FUNCTION zweihoch (n: integer): integer;
  BEGIN
    IF n = 0
      THEN zweihoch := 1
      ELSE zweihoch := 2 * zweihoch(n - 1)
  END
```

Im Block dieser Funktionsdeklaration wird die deklarierte Funktion selbst aufgerufen. Die Funktionsdeklaration heißt daher **rekursiv** (auf sich selbst zurückgreifend). Die Zulässigkeit einer solchen Deklaration ergibt sich unmittelbar aus der von uns getroffenen Festlegung, dass im Block einer Funktionsdeklaration alle in diesem Block vereinbarten Namen, die formalen Parameter und die globalen Namen uneingeschränkt verwendet werden dürfen. Der Funktionsname *zweihoch* gilt als in dem die Funktionsdeklaration unmittelbar umfassenden Block, das ist der Programmblock *zweierpotenz,* als vereinbart und kann damit auch im Block *zweihoch* verwendet werden.

Wir müssen uns allerdings nicht nur von der formalen Zulässigkeit der rekursiven Funktionsdeklaration überzeugen, sondern auch davon, dass sie

a) **korrekt** ist in dem Sinne, dass die rekursiv definierte (und deklarierte) Funktion übereinstimmt mit der zuvor iterativ definierten Funktion und dass sie
b) es erlaubt, die Funktionswerte auch wirklich zu **berechnen.**

Von der **Korrektheit** kann man sich durch Verwendung eines üblichen Induktionsschlusses leicht überzeugen. Dass die rekursive Deklaration auch ein **Berechnungsverfahren** zur Berechnung des Funktionswertes für einen als Argument gegebenen aktuellen Parameter liefert, ist nicht von vornherein klar.

Wir wollen einmal mithilfe unseres im vorigen Abschnitt skizzierten Modells beschreiben, welche Aktionen in welcher zeitlichen Reihenfolge bei der Berechnung von *zweihoch*(3) ablaufen. Dazu bauen wir die (rekursive) Deklaration der Funktion *zweihoch* in ein Programm *zwpotrek* ein, dessen Anweisungsteil nur die beiden Zuweisungen

```
arg := 3;
wert := zweihoch(arg)
```

enthält:

```
PROGRAM zwpotrek;
VAR
  arg, wert: integer;
FUNCTION zweihoch (n: integer): integer;
```

```
BEGIN
  IF n = 0
    THEN zweihoch := 1
    ELSE zweihoch := 2 * zweihoch(n - 1)
END;
BEGIN {hauptprogramm}
  arg := 3;
  wert := zweihoch(arg)
END {hauptprogramm}.
```

Bei Eintritt in das Hauptprogramm werden 3 Speicherplätze mit den Namen *arg, wert* und *zweihoch* für integer-Werte bereitgestellt. Durch die erste Zuweisung *arg := 3* wird die Speicherzelle *arg* mit der Zahl *3* gefüllt. Nun muss *zweihoch(arg)* berechnet werden und anschließend der errechnete und in Speicherzelle *zweihoch* verfügbare Funktionswert in die Speicherzelle *wert* übertragen werden.

Wir können diese Situation schematisch so darstellen:

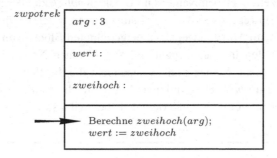

Der Aufruf von *zweihoch(arg)* bewirkt, dass ein neuer Block *zweihoch* geschaffen wird, in dem wir eine Speicherzelle *n* reservieren und mit dem aktuellen Parameter initialisieren und in den wir die Folge der noch auszuführenden Aktionen als „Buchhaltungsinformation" einzutragen haben:

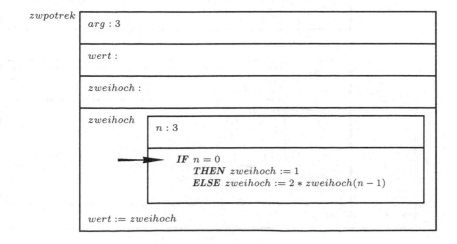

Weil der Inhalt der Speicherzelle *n* im Block *zweihoch* nicht 0 ist, muss die else-clause des if-statement, also die Zuweisung

```
zweihoch := 2 * zweihoch(n-1)
```

ausgeführt werden. Dazu sind in unserem Modell mehrere Einzelschritte notwendig.

Zunächst erinnern wir uns, dass zur Aufnahme des Funktionswertes der vom Programm *zwpotrek* aufgerufenen Funktion *zweihoch* im Block des Programms eine Speicherzelle mit diesem Namen bereitgestellt ist. Der auf der linken Seite der obigen Wertzuweisung auftretende Name *zweihoch* bezeichnet diese Speicherzelle.

Bevor in diese Speicherzelle etwas eingetragen werden kann, erfolgt ein Aufruf von *zweihoch(n-1)* vom Block *zweihoch* aus. Um jetzt nicht in Konflikt mit unserer bisherigen Vorstellung zu geraten, müssen wir annehmen, dass auch innerhalb des Blocks *zweihoch* eine Speicherzelle mit Namen *zweihoch* bereitgestellt wird, die das Ergebnis des Aufrufs *zweihoch(n-1)* aufnehmen kann. Der Inhalt dieser Speicherzelle ist dann zu verdoppeln und an die Speicherzelle gleichen Namens im Block *zwpotrek* zu übertragen.

Um diese bei einem rekursiven Aufruf im aufrufenden Block benötigten Speicherzellen und ebenso die beim Aufruf jeweils neu eingerichteten Blöcke von den früher bereitgestellten Speicherzellen und angelegten Blöcken gleichen Namens unterscheiden zu können, wollen wir an die Namen Indizes anhängen, die die Rekursionsstufe erkennen lassen, also zeigen, zum wievielten (rekursiven) Aufruf die Namen gehören. Nach dem ersten rekursiven Aufruf der Funktion *zweihoch* haben wir also folgende Situation:

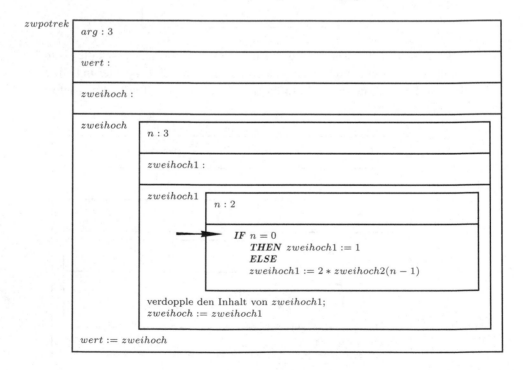

Die größte Blockschachtelungstiefe für das gegebene Beispiel ist nach dem dritten rekursiven Aufruf der Funktion *zweihoch* erreicht:

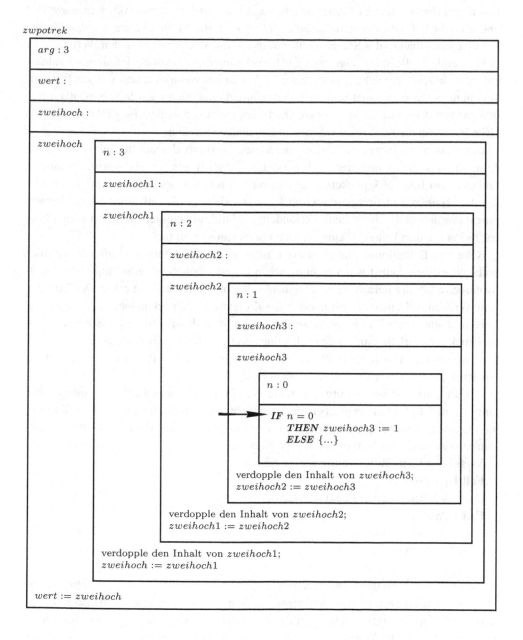

Nach dem dritten rekursiven Aufruf bricht die Rekursion ab: Es wird zunächst 1 in die Speicherzelle *zweihoch3* des Blocks *zweihoch2* eingetragen und der Block *zweihoch3* beseitigt. Dann werden der Reihe nach die zunächst zurückgestellten Aktionen ausgeführt und auch die hilfsweise eingerichteten Blöcke *zweihoch2, zweihoch1* und *zweihoch* beseitigt und man erhält in des Speicherzelle *zweihoch* des Blocks *zwpotrek* den Wert 8.

Dies einfache Beispiel zeigt, dass zur Berechnung einer rekursiv definierten Funktion ein beträchtlicher Verwaltungsaufwand erforderlich ist. Wenn es einem nur auf Effizienz ankommt, sollte man daher rekursive Funktionsdeklarationen nach Möglichkeit vermeiden und stattdessen iterative oder explizite Definitionen verwenden. Es gibt dennoch viele Gründe, die für die rekursive Lösung von Problemen sprechen:

Der große Verwaltungsaufwand zur Berechnung rekursiv deklarierter Funktionen rührt daher, dass heutige Computer Rechenvorgänge letztlich rein iterativ abwickeln müssen und es bisher keine Möglichkeiten zur Auswertung rekursiv deklarierter Funktionen gibt, die der rekursiven Definition direkt nachgebildet sind. In diesem Sinne ist der Verwaltungsaufwand nur durch die (natürlich änderbare) Struktur heutiger Computer bedingt und hat nichts mit dem Prinzip rekursiver Definitionen an sich zu tun.

Rekursive Definitionen und rekursive Lösungen von Problemen sind oft sehr natürlich und sehr elegant. Selbst wenn es in manchen Fällen möglich ist, eine zunächst rekursiv formulierte Lösung iterativ zu beschreiben, sollte man nicht auf die rekursive Formulierung verzichten. Denn es ist oft leichter, die Korrektheit einer rekursiven als die einer iterativen Lösung eines Problems nachzuweisen. Es ist oft beträchtliches (mathematisches) Geschick erforderlich, eine rekursive Lösung iterativ zu formulieren. Ist das jedoch gelungen, so muss man sich nur noch davon überzeugen, dass die iterative Lösung mit der zunächst gefundenen rekursiven äquivalent ist.

Zur Erklärung der **Bedeutung** einer rekursiven Definition ist es nicht nötig, eine äquivalente iterative Definition anzugeben und auch nicht, unser maschinennahes Modell zu verwenden. Man hätte beispielsweise ein Verfahren zur Berechnung der rekursiv deklarierten Funktion *zweihoch* auch so (rekursiv!) erklären können:

Verfahren V zur Berechnung von *zweihoch*(n):

Fall 1 $\{n = 0\}$:

Dann ist 1 der gesuchte Funktionswert.

Fall 2 $\{n > 0\}$:

Berechne *zweihoch*(n-1) nach dem Verfahren V; das Doppelte dieses Wertes ist der gesuchte Funktionswert.

Es ist nur eine Frage der Gewöhnung, ob man bereit ist, eine derart unmittelbar an der Struktur der rekursiven Deklaration orientierte Definition der Bedeutung ebenso zu akzeptieren wie einen Induktionsschluss in der Zahlentheorie. Wir wollen gewissermaßen zur Einübung in diese Denkweise im nächsten Abschnitt einige komplexere Beispiele rekursiver Funktionsdeklarationen besprechen.

5.4 Beispiele für rekursiv deklarierte Funktionen

5.4.1 Direkte Rekursion

a) Binomialkoeffizient

Neben der Definition des Binomialkoeffizienten wie in Abschn. 5.2 unter Rückgriff auf die Fakultätsfunktion findet man häufig auch die folgende Definition:

$$\binom{n}{k} = \begin{cases} 1; & \text{falls } k = 0 \text{ oder } k = n \\ \binom{n-1}{k-1} + \binom{n-1}{k}; & \text{falls } 0 < k < n \end{cases}$$

Diese Gleichungen lassen sich direkt in eine Funktionsdeklaration übertragen:

```
FUNCTION bin (n, k: integer): integer;
  BEGIN
    IF (n = k) OR (k = 0)
      THEN bin := 1
      ELSE bin := bin(n - 1, k - 1) + bin(n - 1, k)
  END
```

Dass die angegebenen Gleichungen für den Binomialkoeffizienten auch ein **Berechnungsverfahren** liefern, folgt sofort aus der bekannten Tatsache, dass die obigen Gleichungen aufgefasst werden können als eine Anleitung zur Konstruktion des sogenannten „Pascal'schen Dreiecks". Der Wert von $\binom{n}{k}$ wird in einem dreieckigen Schema berechnet. An den äußeren Rändern steht überall die Eins. Das k-te Element in der n-ten Zeile erhält man durch Addition der beiden links und rechts in der Zeile darüber stehenden Elemente:

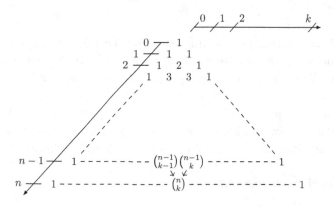

Zur Berechnung von $\binom{n}{k}$ genügt es also, die ersten n Zeilen des Pascal'schen Dreiecks zu erzeugen.

Dass das Verfahren zur Berechnung von $\binom{n}{k}$ auch **korrekt** ist, lässt sich leicht durch einen induktiven, diesem Berechnungsschema angepassten Beweis zeigen.

Wir behaupten, dass für alle n, k mit $0 \leq k \leq n$ gilt:

$$\binom{n}{k} = \frac{n!}{k!(n-k)!}$$

Diese Behauptung ist offenbar richtig, wenn $k = 0$ oder $n = k$ ist.

Gilt nun bereits:

$$\binom{n-1}{k-1} = \frac{(n-1)!}{(k-1)! \cdot ((n-1)-(k-1))!}$$

und

$$\binom{n-1}{k} = \frac{(n-1)!}{(k)! \cdot ((n-1)-k)!}$$

so folgt aus

$$\binom{n}{k} = \binom{n-1}{k-1} + \binom{n-1}{k}$$

offenbar:

$$\binom{n}{k} = \frac{(n-1)!}{(k-1)! \cdot (n-k)!} + \frac{(n-1)!}{k! \cdot (n-k-1)!}$$

$$= \frac{k \cdot (n-1)! + (n-k) \cdot (n-1)!}{k! \cdot (n-k)!}$$

$$= \frac{n!}{k! \cdot (n-k)!} \quad \text{q.e.d.}$$

Natürlich wird der Computer beim Aufruf der Funktion *bin* für ein Paar aktueller Parameter den Funktionswert nicht durch Aufstellen eines Pascal'schen Dreiecks ausrechnen. Wir könnten uns das Verfahren zur Berechnung von *bin(n, k)* in unserem in Abschn. 5.3 eingeführten Modell klarmachen. Zur Erklärung der Bedeutung der rekursiven Deklaration der Funktion *bin* ist das jedoch nicht nötig. Es genügt, lediglich zu wissen, dass Ausdrücke gleicher Priorität in Pascal von links nach rechts ausgewertet werden. Dann lässt sich die rekursiv deklarierte Funktion *bin* nach folgendem Verfahren berechnen:

Verfahren V zur Berechnung von *bin(n, k)*:

▶   Zunächst wird geprüft, ob $n = k$ oder $k = 0$ ist.
     Ist das der Fall, dann ist 1 der gesuchte Funktionswert.
     Sonst wird zunächst *bin(n-1, k-1)* nach dem Verfahren V berechnet, anschließend wird *bin(n-1, k)* nach dem Verfahren V berechnet; der gesuchte Funktionswert ist die Summe dieser beiden Werte.

Es ist sicherlich ganz instruktiv, sich etwa unter Zuhilfenahme unseres Modells aus Abschn. 5.3 klarzumachen, in welcher Reihenfolge und für welche Argumente die Funktion *bin* rekursiv aufgerufen wird, wenn sie in einem Hauptprogramm für ein Paar aktueller Parameter aufgerufen wird. Man kann die Richtigkeit seiner Überlegungen und die Vernünftigkeit des Modells leicht dadurch überprüfen, dass man in die Funktionsdeklaration ein write-statement einbaut, das als erste Aktion beim Aufruf der Funktion *bin* dafür sorgt, dass die Argumente ausgegeben werden, für die die Funktion gerade aufgerufen wurde (das ist übrigens ein Beispiel für einen sinnvollen Seiteneffekt, nämlich eine Manipulation der globalen Variablen *output*, vgl. Kap. 6):

```
FUNCTION bin (n, k: integer): integer;
  BEGIN
    writeln('aufruf von bin fuer ', n,' und ', k);
    IF (n = k) OR (k = 0)
      THEN bin := 1
      ELSE bin := bin(n - 1, k - 1) + bin(n - 1, k)
  END
```

b) Ackermann-Funktion

Als Beispiel für eine rekursive Funktionsdefinition komplexerer Art wird immer wieder das Beispiel einer Funktion genommen, die als Extrapolation der Folge immer stärker wachsenden Funktionen: Summe, Produkt, Potenz, etc. aufgefasst werden kann. Das ist die wie folgt definierte Ackermann'sche Funktion A:

$$A(m,n) = \begin{cases} n+1; & \textit{falls } m = 0 \\ A(m-1,1); & \textit{falls } m > 0, n = 0 \\ A(m-1, A(m,n-1)); & \textit{falls } m, n > 0 \end{cases}$$

Auch diese Definition lässt sich unmittelbar in eine Funktionsdeklaration verwandeln:

```
FUNCTION a (m, n: integer): integer;
  BEGIN
    IF m = 0
      THEN a := n + 1
      ELSE
        IF n = 0
          THEN a := a(m - 1, 1)
          ELSE a := a(m - 1, a(m, n - 1))
  END
```

Für diese Funktion ist es bereits viel schwieriger zu sehen, wie (und dass überhaupt) jede Berechnung nach endlich vielen Schritten einen Wert liefert. (Es ist sehr instruktiv, einmal

$A(1,3)$ „per Hand" auszurechnen!) Der Versuch, $A(m, n)$ zu berechnen, scheitert bereits
für relativ kleine Argumente an der ungeheuren Rekursionstiefe, die zur Berechnung der
Funktionswerte nötig ist. Man kann zeigen, dass die Ackermann'sche Funktion auch iterativ (unter Verwendung eines „Stapels") berechnet werden kann. Wir wollen hier auf
den Nachweis, dass die Berechnung von $A(m, n)$ für beliebige natürliche Zahlen m und
n nach endlich vielen Schritten zu einem Ergebnis führt, verzichten. Für einige Paare
kleiner Argumente kann man sich davon relativ leicht experimentell überzeugen, indem
man den Computer die Werte ausrechnen lässt und sich evtl. wieder durch Einbau eines
write-statements jeden rekursiven Aufruf der Funktion A protokollieren und so auch den
Rechengang mitteilen lässt.

c) Ulams Funktion
Wir geben hier die rekursive Formulierung eines Problems an, das in allgemeinerer Form
1931 von Collatz präsentiert und später auch von Kakutani und Hasse untersucht wurde;
es ist auch als Ulams Funktion bekannt:

Ulams Verfahren zur Veränderung einer natürlichen Zahl n:

Fall 1	$\{n$ ist gerade$\}$: Wende Ulams Verfahren auf $\dfrac{n}{2}$ an.
Fall 2	$\{n$ ist ungerade$\}$:
Fall 2.1	$\{n \neq 1\}$: Wende Ulams Verfahren auf $3n+1$ an.
Fall 2.2	$\{n = 1\}$: Beende das Verfahren mit dem Wert 1.

Wendet man Ulams Verfahren beispielsweise auf die Zahl 3 an, so muss es der Reihe nach
auf folgende Zahlen angewandt werden, bevor es mit dem Wert 1 stoppt:

$$3, 10, 5, 16, 8, 4, 2, 1.$$

Einige Beispiele lassen die Vermutung aufkommen, dass das Ulam'sche Verfahren für jede
natürliche Zahl n nach endlich vielen Schritten mit dem Wert 1 stoppt. Jedoch ist es bis
heute nicht gelungen, diese „Ulam'sche Vermutung" zu beweisen.

Wir können nun leicht eine Funktion *ulam* rekursiv entsprechend obiger Veränderungs-
vorschrift deklarieren:

```
FUNCTION ulam (n: integer): integer;
  BEGIN
    IF NOT odd(n) {n ist gerade}
      THEN ulam := ulam(n DIV 2)
      ELSE {n ist ungerade}
```

```
     IF n <> 1
        THEN ulam := ulam(3 * n + 1)
        ELSE ulam := 1
  END
```

Obwohl wir nicht wissen, ob diese Funktion für jede natürlich Zahl als Wert eines aktuellen Parameters einen Funktionswert liefert, ist die Deklaration natürlich durchaus zulässig. Die wie angegeben deklarierte Funktion darf in einem Programm für beliebige zu den formalen Parametern passende aktuelle Parameter aufgerufen werden. Es ist jedoch die (zumindest theoretische) Möglichkeit nicht auszuschließen, dass ein Aufruf der Funktion *ulam* für bestimmte natürliche Zahlen als Argumente eine nicht abbrechende Folge von rekursiven Aufrufen in Gang setzt. Dies ist zugleich ein Beispiel für den Fall, dass eine formal zulässige Funktionsdeklaration nicht auch inhaltlich vernünftig sein muss: Man sollte sich stets vergewissern, ob der durch eine Funktionsdeklaration beschriebene Berechnungsprozess für beliebige Argumente schließlich abbricht, also auch für solche, an die man vielleicht zunächst nicht gedacht hat.

So liefert z. B. die folgende Funktion

```
FUNCTION f (n: integer): integer;
  BEGIN
    IF n = 0
      THEN f := 17
      ELSE f := f(n - 1)
  END
```

für alle nicht negativen ganzen Zahlen den Wert 17. Für negative ganze Zahlen bricht der Berechnungsprozess jedoch offensichtlich nie ab.

d) Jeep-Problem

Als Beispiel für ein komplexeres Problem, bei dessen Lösung sich die Verwendung einer rekursiv definierten Funktion auf natürliche Weise ergibt, wollen wir das folgende, manchem Leser vielleicht als Denksportaufgabe bekannte **Jeep-Problem** lösen:

Ein Fahrer möchte mit seinem Jeep eine Wüste durchqueren, in der es keine Tankstellen gibt. Der Fahrer startet an einem Punkt, an dem sich ein großes Tanklager befindet. Er steht nun vor der Aufgabe, sich in der Wüste selbst Tanklager anzulegen, auf die er dann bei seiner Wüstendurchquerung zurückgreifen kann.

Wir nehmen an, dass der Jeep eine Tankkapazität (einschließlich Reservekanistern) von c Litern Treibstoff hat und v Liter Treibstoff je 100 km verbraucht. Der Jeepfahrer hat sich nun folgende Strategie zur Wüstendurchquerung ausgedacht: Er legt sich nicht gleichzeitig viele Depots an verschiedenen Punkten der Wüste an, sondern errichtet immer wieder, ausgehend von einem Depot, ein Stück weiter ein nächstes, das möglichst den ganzen Vorrat des vorigen Depots aufnimmt. Genauer: Er fährt vom Ausgangspunkt A zu einem

Punkt *B* und lädt dort genau so viel Treibstoff ab, dass er mit dem Rest gerade noch nach *A* zurückkehren kann, also dort dann mit leerem Tank ankommt. Dann füllt er seinen Tank in *A* wieder auf und wiederholt das Verfahren solange, bis das Tanklager *A* erschöpft ist. Natürlich darf der Punkt *B* nicht zu weit von *A* entfernt liegen, weil sonst am Punkt *B* nur wenig Treibstoff ausgeladen werden kann. Der Fahrer überlegt sich, dass es vielleicht zweckmäßig sein könnte, den Punkt *B* so zu wählen, dass durch (mehrmaliges) Hin- und Herfahren zwischen den Punkten *A* und *B* insgesamt genau eine Tankfüllung verbraucht wird, also am Punkt B ein Tanklager mit *k* – 1 Tankfüllungen angelegt werden kann, wenn am Punkt *A* ein Tanklager mit *k* Tankfüllungen vorhanden ist. Am Punkt *B* könnte er sich dann ganz entsprechend verhalten und von *B* aus ein Tanklager *C* mit *k* – 2 Tankfüllungen anlegen und dazu wiederum genau eine Tankfüllung verbrauchen usw. Der Fahrer möchte nun wissen, was die bei dieser Strategie maximal zu überwindende Distanz ist, und ob sie zur Wüstendurchquerung ausreicht.

Wir wollen mit *maxent*(*k*, *v*, *c*) die maximale Entfernung in Vielfachen von 100 km bezeichnen, die ein Jeep mit Tankkapazität *c*, einem Verbrauch von *v* Litern je 100 km und *k* Tankfüllungen in der oben beschriebenen Weise zurücklegen kann.

Offenbar kann der Jeep mit einer Tankfüllung (also *c* Litern) genau $\frac{c}{v}$ Vielfache von 100 km zurücklegen, d. h.:

(1) $maxent(1, v, c) = \dfrac{c}{v}$

Nehmen wir nun an, wir wüssten bereits, wie viele Vielfache von 100 km der Jeep mit *k* Tankfüllungen zurücklegen kann. Dann können wir doch die maximale Strecke, die der Jeep mit *k*+1 Tankfüllungen zurücklegen kann, ermitteln, indem wir die maximale Strecke *x* = *dist*(*k*,*v*,*c*) bestimmen (in Vielfachen von 100 km), die der Jeep durch Hin- und Herfahren zwischen einem Depot mit *k* + 1 Tankfüllungen und dem (neuen) Depot mit *k* Tankfüllungen überbrücken kann:

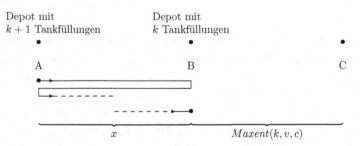

Der Jeep fährt immer mit vollem Tank vom Punkt *A* (mit anfangs *k* +1 Tankfüllungen) los und lädt am Punkt *B* gerade so viel Treibstoff aus, dass er noch zum Punkt *A* zurückkehren kann und dort mit leerem Tank eintrifft; wenn er die letzte Tankfüllung von *A* nach *B* transportiert hat, kehrt er natürlich nicht mehr nach *A* zurück. Der Jeep muss folglich zurücklegen:

▶   (k + 1) mal die Strecke von A nach B
     k mal die Strecke von B nach A

Weil wir angenommen haben, dass x die Entfernung zwischen A und B ist, wird insgesamt die Entfernung $(2k + 1) \cdot x$ zurückgelegt. Dafür darf der Jeep genau eine Tankfüllung verbrauchen; also gilt:

$(2k + 1) \cdot x \cdot v = c$

Daraus ergibt sich:

$$dist\left(k,v,c,\right) = x = \frac{c}{(2k+1)\cdot v}$$

Damit ist:

(2) $maxent(k + 1, v, c) = dist(k, v, c) + maxent(k, v, c)$

Natürlich sollte der Fahrer des Jeeps auch noch wissen, wie viel Treibstoff er am Depot mit (schließlich) k Tankfüllungen zwischendurch ausladen darf, um noch zum Depot mit (anfangs) $k + 1$ Tankfüllungen zurückkehren zu können. Offenbar ist das gerade die Menge $aus(k, v, c)$ mit:

$$aus(k, v, c) = c - \text{Verbrauch auf der Strecke } 2 \cdot x$$
$$= c - v \cdot 2 \cdot dist(k, v, c)$$

Damit haben wir alle benötigten Werte beisammen:

Wir können $maxent(k, v, c)$ ermitteln und für alle j mit $1 \le j \le k$ zugleich die Werte von $aus(j, v, c)$ und $dist(j, v, c)$ als Fahrangabe für den Fahrer berechnen.

```
PROGRAM jeep (input, output);
VAR
  k, j: integer;
  v, c: real;
  {es wird die maximale distanz ermittelt, die ein jeep mit tankkapa-
  zitaet c (in litern) mit k tankfuellungen bei einem verbrauch von v
  litern je 100 km zuruecklegen kann; die distanz wird zusammen mit
  angaben ueber die anlage von depots ausgegeben}
FUNCTION dist (k: integer; v, c: real): real;
  BEGIN
    dist := c / ((2 * k + 1) * v)
  END;
```

```
FUNCTION aus (k: integer; v, c: real): real;
  BEGIN
    aus := c - 2 * v * dist(k, v, c)
  END;
FUNCTION maxent (k: integer; v, c: real): real;
  BEGIN
    IF k = 1
      THEN maxent := c / v
      ELSE maxent := dist(k - 1, v, c) + maxent(k - 1, v, c)
  END;
BEGIN {hauptprogramm}
  writeln('jeep-problem.');
  writeln('bitte die werte fuer k, v, c eingeben: ');
  readln(k, v, c);
  {hier kann die ausgabe der anfangswerte eingefuegt werden}
  FOR j := 1 TO k-1 DO
    {hier kann eine aufbereitung der ausgabe stattfinden;
     im wesentlichen werden die werte fuer die distanz und die
     auszuladende benzinmenge ausgegeben:}
    writeln(100 * dist(k - j, v, c), 'km, ', aus(k - j, v, c), '
    ltr');
  write ('maximale entfernung: ', maxent(k, v, c) * 100, 'km')
END {hauptprogramm}.
```

Bei Eingabe der Werte

```
8  7.2  40
```

liefert das Programm bei einer entsprechenden Ausgabeaufbereitung die folgende Ausgabe:

```
benzinvorrat:     320.00 liter
tankfuellung:      40.00 liter
verbrauch:          7.20 liter/100 km
```

fahrstrecke		benzin-vorrat	(liter)	distanz	pro fahrt auszuladen
von depotnr.	nach depotnr.	anfang	ende	km	liter
1	2	320.00	280.00	37.04	34.67
2	3	280.00	240.00	42.74	33.85
3	4	240.00	200.00	50.51	32.73
4	5	200.00	160.00	61.73	31.11

5	6	160.00	120.00	79.39	28.57
6	7	120.00	80.00	111.11	24.00
7	8	80.00	40.00	185.19	13.33
8	ziel	40.00	00.00	555.56	00.00

```
die mit 8 tankfuellungen zu ueberwindende
entfernung betraegt 1123.25 km
```

5.4.2   Indirekte Rekursion

Ein bekanntes Streichholzspiel ist das (in vielen Varianten gespielte) **Spiel Nim**:

▶ Gegeben sind drei Reihen mit l, m und n Streichhölzern. Das Spiel wird von zwei Spielern gespielt, die abwechselnd am Zuge sind. Ein Zug besteht aus dem Wegnehmen von mindestens einem und höchstens allen Streichhölzern einer Reihe. Gewonnen hat, wer im letzten Zug alle Streichhölzer wegnehmen kann (sodass also in keiner Reihe noch Hölzer übrigbleiben).

Eine Spielsituation ist für den Spieler, der jeweils am Zuge ist, völlig charakterisiert durch die Anzahl (l, m, n) von Streichhölzern in den drei Reihen. Wir wollen eine Situation eine **Gewinnsituation** für den ziehenden Spieler nennen, wenn er, unabhängig davon, wie sein Gegner zieht, stets eine Folge von Zügen so machen kann, dass er gewinnt. Die Menge der Gewinnsituationen lässt sich völlig natürlich wie folgt rekursiv beschreiben (dabei nennen wir eine Situation eine **Verlustsituation**, wenn sie nicht Gewinnsituation für den Spieler ist, der am Zuge ist):

(0)   Die Situation (0,0,0) ist Verlustsituation.
(1)   Eine Situation (l, m, n) ist Gewinnsituation, wenn sie durch einen Zug in eine Verlustsituation überführbar ist.
(2)   Nur die so erklärten Situationen sind Gewinnsituationen.

Wir deklarieren nun eine Funktion *gewsit* derart, dass ein Aufruf von *gewsit(l, m, n)* den Wert *true* liefert, wenn (l, m, n) eine Gewinnsituation ist, und *false* sonst. Wir können diese Funktion der rekursiven Definition der Gewinnsituationen entsprechend in erster Näherung wie folgt deklarieren:

```
FUNCTION gewsit (l, m, n: integer): boolean;
```

```
BEGIN
  IF {alle drei zahlen l, m, n sind 0}
    THEN gewsit := false
    ELSE
      IF {es gibt einen zug von (l, m, n) in eine situation
      (l', m', n'), fuer die gewsit(l', m', n') = false ist}
        THEN gewsit := true
        ELSE gewsit := false
END
```

Ein Zug besteht im Wegnehmen von $i > 0$ Hölzern aus der ersten, zweiten oder dritten Reihe. Wegnehmen von Hölzern aus der ersten Reihe führt zu einer Verlustsituation genau dann, wenn gilt: Für wenigstens ein i mit $0 < i \le l$ ist *gewsit*$(l - i, m, n) = false$. Entsprechendes gilt in den anderen Fällen. Um das zu überprüfen, können wir eine Funktion *test* verwenden, die folgendes leistet:

```
FUNCTION test (l, m, n: integer): boolean;
  {liefert den wert true genau dann, wenn es von der situation
  (l, m, n) einen zug in eine situation (l', m', n') gibt, fuer die gewsit
  (l', m', n') = false ist}
```

Nehmen wir an, wir hätten die Funktion *gewsit* bereits deklariert, so kann *test* so deklariert werden:

```
FUNCTION test (l, m, n: integer): boolean;
  VAR
    wert: boolean;
    i: integer;
  BEGIN
    wert := false;
    FOR i := 1 TO l DO
      IF NOT wert
        THEN
          IF NOT gewsit(l - i, m, n)
            THEN wert := true;
    FOR i := 1 TO m DO
      IF NOT wert
        THEN
          IF NOT gewsit(l, m - i, n)
            THEN wert := true;
    FOR i := 1 TO n DO
      IF NOT wert
        THEN
```

```
      IF NOT gewsit(l, m, n - i)
         THEN wert := true;
   test := wert
END
```

Wir haben hier die Funktion *gewsit* unter Rückgriff auf die Funktion *test* und diese wiederum unter Rückgriff auf die Funktion *gewsit* deklariert. Das ist ein Beispiel für einen komplizierten Fall einer rekursiven Funktionsdeklaration, eine sogenannte **indirekte** Rekursion. Wenn wir die beiden Funktionen innerhalb eines Hauptprogramms deklarieren, so können wir nicht die eine vollständig vor der anderen deklarieren. Pascal erlaubt es, eine Funktion aufzurufen, die erst später deklariert wird, wenn eine sogenannte Vorausdeklaration (forward declaration) vorgenommen wird: Eine Vorausdeklaration besteht aus dem Funktionskopf, gefolgt von der Direktive *forward* anstelle des in einer üblichen Funktionsdeklaration auftretenden Blocks. Die eigentliche Funktionsdeklaration folgt erst später im Programmtext. Im Funktionskopf dieser eigentlichen Funktionsdeklaration werden die Liste der formalen Parameter und der Werttyp der Funktion weggelassen. Vorausdeklaration und die (eigentliche) Funktionsdeklaration müssen innerhalb desselben Blocks auf gleicher Stufe erfolgen. Wir können damit die Gewinnsituation des Spiels Nim wie folgt ermitteln:

```
PROGRAM gewsitnim (input, output);
{fuer ein tripel (l, m, n) nicht negativer, ganzer zahlen wird festge-
stellt, ob es eine gewinnsituation des spiels nim darstellt}
VAR
  l, m, n: integer;
FUNCTION test (l, m, n: integer): boolean; forward;
FUNCTION gewsit (l, m, n: integer): boolean;
  BEGIN
    IF {alle drei zahlen l, m, n sind 0:}
    l + m + n = 0
      THEN gewsit := false
      ELSE
        IF test(l, m, n)
          THEN gewsit := true
          ELSE gewsit := false
  END {gewsit};
FUNCTION test;
  {funktionsblock wie beschrieben};
BEGIN {gewsitnim}
  writeln('bitte zahlentripel fuer nim eingeben: ');
  readln(l, m, n);
  IF gewsit(l, m, n)
    THEN writeln(l, m, n,' ist gewinnsituation')
```

```
    ELSE writeln(l, m, n,' ist verlustsituation')
END {gewsitnim}.
```

Natürlich könnte man statt der in der Funktion *gewsit* auftretenden Abfrage

```
IF test(l, m, n)
  THEN gewsit := true
  ELSE gewsit := false
```

auch einfach

```
gewsit := test(l, m, n)
```

schreiben. Wir haben uns jedoch bewusst an die Struktur gehalten, die sich durch die Entwicklung des Programms durch schrittweise Verfeinerung ergeben hat.

5.5   Prozeduren

Häufiger als Funktionen werden bei der Entwicklung größerer Programme Prozeduren verwendet. Prozeduren haben zwar eine große formale Ähnlichkeit mit Funktionen, sie unterscheiden sich jedoch in einem wesentlichen Punkt von Funktionen: Ein Prozeduraufruf ist eine selbständig ausführbare Anweisung und nicht Teil eines Ausdrucks wie ein Funktionsaufruf. Gerade diese Eigenschaft macht es möglich, Prozeduren als Unterprogramme aufzufassen. Sie erlauben damit eine klare Gliederung und schrittweise Entwicklung eines Programms. Wir erläutern das an einem einfachen **Beispiel.**

Eine unbekannte, gerade Anzahl von ganzen Zahlen (mindestens zwei Zahlen) soll paarweise gelesen werden. Jedes Zahlenpaar stelle einen (ungekürzten) Bruch dar. Dieser **Bruch soll gekürzt und dem ungekürzten Bruch gegenübergestellt** ausgegeben werden.

Diese Aufgabe lässt sich (in erster Näherung) wie folgt lösen:

```
PROGRAM bruechekuerzen (input, output);
VAR
  p, q: integer; {zur aufnahme des naechsten zahlenpaars}
  {hier sind spaeter weitere vereinbarungen einzufuegen}
BEGIN {bruechekuerzen}
  REPEAT
    eingabelesenundschreiben(p, q);
    kuerzen(p, q);
    ausgabeschreiben(p, q)
  UNTIL eof
END {bruechekuerzen}.
```

Das Programm besteht im Wesentlichen aus drei aufeinanderfolgenden, immer wieder aus-zuführenden, komplexen Anweisungen, die wir zwar mit Namen bezeichnet haben, die auf ihre Wirkung schließen lassen, die wir aber zunächst nicht näher erklärt haben. Es handelt sich hier um drei Prozeduraufrufe. Jeder dieser Prozeduraufrufe kann als selbständig aus-führbares statement aufgefasst werden. Um zu wissen, welche Wirkung ein Prozeduraufruf hat, müssen wir zunächst die **Prozedurdeklaration** (procedure declaration) angeben.

Prozedurdeklarationen müssen im Deklarationsteil eines Programms im Anschluss an Konstanten, Typen- und Variablendeklarationen stehen. Eine Prozedurdeklaration ist ähnlich wie eine Funktionsdeklaration aufgebaut: Sie besteht aus einem Prozedur-kopf (procedure heading) und einem Block (block). Der Prozedurkopf enthält nach dem Schlüsselwort *PROCEDURE* den Namen der Prozedur (procedure identifier), gefolgt von einer Liste von in Klammern eingeschlossenen formalen Parametern (formal parameter list). Der Block besteht aus Deklarations- und Anweisungsteil und enthält genau den Pro-grammteil, der beim Aufruf einer Prozedur aktiviert wird.

procedure declaration

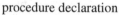

procedure heading

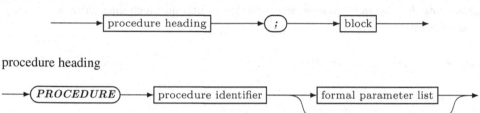

Ein **Prozeduraufruf** (procedure statement, procedure call) besteht in der Nennung des Prozedurnamens, gefolgt von der in Klammern eingeschlossenen Liste der aktuellen Para-meter. Er bewirkt die Ausführung der Anweisungen der Prozedur. Die Zuordnung der aktuellen Parameter zu den formalen Parametern richtet sich nach der Reihenfolge des Aufschreibens. **Anzahl** der formalen und der aktuellen Parameter und jeweils deren **Typ** müssen **übereinstimmen.**

In unserem Beispiel wollen wir durch einen Aufruf der Prozedur *eingabelesenund-schreiben* erreichen, dass das nächste Zahlenpaar gelesen, zur weiteren Bearbeitung im Programm bereitgehalten, und in übersichtlicher Form auf das Ausgabemedium geschrie-ben wird. Dazu könnten wir diese Prozedur versuchsweise wie folgt deklarieren:

```
PROCEDURE eingabelesenundschreiben (x, y: integer);
  BEGIN
    writeln('bitte naechstes paar zaehler/nenner eingeben: ');
    readln(x, y);
    writeln('ungekuerzter bruch: ', x, '/', y)
  END
```

Man beachte den Unterschied dieser Deklaration zu einer Funktionsdeklaration: Wir haben weder einen Typ der Prozedur vereinbart, noch dem Prozedurnamen einen Wert im Block der Prozedur zugewiesen. Die Wirkung eines Aufrufs dieser Prozedur können wir mithilfe des für Funktionsaufrufe entworfenen Modells beschreiben: Ein Aufruf *eingabelesenundschreiben(p, q)* bewirkt, dass für die formalen Parameter x und y der Prozedur *eingabelesenundschreiben* zwei Speicherplätze bereitgestellt werden, die mit den Werten der aktuellen Parameter p und q initialisiert werden. Leider haben wir aber p und q vor dem Prozeduraufruf keine Werte zugewiesen! Daher ist der Aufruf in dieser Form nicht vernünftig. Wir könnten versuchen, das dadurch zu beheben, dass wir vor dem Aufruf von *eingabelesenundschreiben(p, q)* den Variablen p und q irgendwelche festen Werte zuweisen oder diese Prozedur gleich für zwei feste Werte aufrufen, z. B. in der Form *eingabelesenundschreiben(0, 0)*. Dann wird der Prozeduraufruf zwar formal korrekt und bewirkt wirklich das Lesen und Schreiben eines (nächsten) Paares natürlicher Zahlen. Nach Beendigung des Prozeduraufrufs stehen die beiden gelesenen Zahlen jedoch nicht mehr zur Verfügung und können folglich auch nicht gekürzt und ausgegeben werden. Eine Lösung scheint jedoch zu sein, das read-statement aus der Prozedur *eingabelesenundschreiben* herauszunehmen und nur noch eine write-Anweisung auszuführen:

```
PROGRAM bruechekuerzen (input, output);
VAR
  p, q: integer;
PROCEDURE eingabeschreiben (x, y: integer);
  BEGIN
    writeln('ungekuerzter bruch: ', x, '/', y)
  END;
{hier sind deklarationen fuer die prozeduren kuerzen und ausgabeschrei-
ben einzufuegen}
BEGIN {bruechekuerzen}
  REPEAT
    writeln('bitte naechstes paar zaehler/nenner eingeben: ');
    readln(p, q);
    eingabeschreiben(p, q);
    kuerzen(p, q);
    ausgabeschreiben(p, q)
  UNTIL eof
END {bruechekuerzen}.
```

Das Kürzen eines Bruchs geschieht bekanntlich dadurch, dass man Zähler und Nenner des Bruchs jeweils durch ihren größten gemeinsamen Teiler teilt. Wenn wir das (aus Kap. 3 bekannte) Verfahren zur Berechnung des größten gemeinsamen Teilers zunächst nicht im Detail angeben, können wir *kuerzen* wie folgt deklarieren:

```
PROCEDURE kuerzen (x, y: integer);
  VAR
    teiler: integer;
  FUNCTION ggt (u, v: integer): integer;
    {hier ist ein block zur berechnung des groessten gemeinsamen teilers
    von u und v einzufuegen}
  BEGIN {kuerzen}
    teiler := ggt(x, y);
    x := x DIV teiler;
    y := y DIV teiler
  END {kuerzen}
```

Machen wir uns wieder klar, was beim Aufruf *kuerzen(p, q)* geschieht: Es wird ein neuer Block angelegt und es werden Speicherzellen bereitgestellt, die unter den lokalen Namen *x, y, teiler* und *ggt* ansprechbar sind. Die Speicherzellen *x* und *y* werden mit den Werten der aktuellen Parameter *p* und *q* als Anfangswerten initialisiert. Nach Ausführung der drei Wertzuweisungen stehen in *x* und *y* Zähler und Nenner des gekürzten Bruchs bereit. Die im umfassenden Block reservierten Speicherzellen *p* und *q* enthalten noch die ungekürzten Ausgangswerte. Bevor mit der nächsten Anweisung des Hauptprogramms fortgefahren wird, wird nun der zur Ausführung der Anweisung des Blocks *kuerzen* hilfsweise bereitgestellte Speicherbereich wieder beseitigt. Damit sind die gekürzten Werte nicht mehr zugänglich und können durch Aufruf der Prozedur *ausgabeschreiben* nicht ausgegeben werden. Natürlich könnten wir auch aus dieser Schwierigkeit einen Ausweg finden: Es genügt, das Schreiben des gekürzten Bruches in die Prozedur *kuerzen* hineinzunehmen. Damit ist jedoch die anfangs angestrebte Programmstruktur völlig aufgelöst.

Während es also für selbstdeklarierte **Funktionen** sehr wünschenswert ist, dass ein Funktionsaufruf die aktuellen Parameter unverändert lässt und (sofern keine globalen Variablen vorkommen) alle Anweisungen des Blocks der Funktionsdeklaration eine nach außen (d. h. im aufrufenden Programm) nicht sichtbare Wirkung hervorrufen, außer der Tatsache, dass ein Funktionswert an den Funktionsnamen im aufrufenden Programm abgeliefert wird, so ist gerade dies für **Prozeduren** höchst unerwünscht: Wir benötigen offenbar eine Möglichkeit, ein „Resultat" an das aufrufende Programm zu übermitteln. Das ist neben der bereits bekannten Möglichkeit der Manipulation globaler Variablen unter Verwendung einer anderen Art von Parametern, den **variable-Parametern**, möglich. Diese Parameter werden von den bisher ausschließlich verwendeten, sogenannten formalen **value-Parametern** dadurch unterschieden, dass ihnen das Schlüsselwort *VAR* vorangestellt wird. (Der Name „value-Parameter" deutet an, dass diese Parameter beim Aufruf durch aktuelle Parameter ersetzt werden, die einen zuvor ermittelten **Wert** haben.) Wir erhalten damit zusätzliche Möglichkeiten zur Bildung formaler Parameterlisten:

formal parameter list

parameter group

Deklarieren wir nun die Prozedur *kuerzen* so, dass x und y formale variable-Parameter sind, also der Prozedurkopf die Gestalt

```
PROCEDURE kuerzen (VAR x, y: integer)
```

erhält und die Deklaration im Übrigen unverändert bleibt, so hat ein Aufruf *kuerzen(p, q)* im Programm *bruechekuerzen* eine völlig andere Wirkung: Die formalen Parameter x und y werden beim Aufruf als **Synonyme** für die aktuellen Parameter betrachtet. Das hat zur Folge, dass jede Änderung der Werte der formalen Parameter unmittelbar als eine Änderung der Werte der aktuellen Parameter angesehen werden kann. Als „Resultat" des Aufrufs *kuerzen(p, q)* haben wir dann, wie gewünscht, die gekürzten Werte von p und q und nicht mehr die Ausgangswerte in den Speicherzellen p und q. Die Auffassung, formale variable-Parameter als Synonyme für die jeweils aktuellen Parameter zu betrachten, setzt voraus, dass die aktuellen Parameter selbst Variablen sind, und denselben Typ wie die formalen Parameter haben. Sie können also nicht Ausdrücke sein. Ein Aufruf der Form

```
kuerzen(p DIV 2, q DIV 2)
```

ist also inkorrekt, wenn die formalen Parameter der Prozedur *kuerzen* variable-Parameter sind. Der Aufruf ist (formal) korrekt, wenn die formalen Parameter value-Parameter sind. Anders ausgedrückt: Formale value-Parameter können und sollten benutzt werden, um einem Unterprogramm **Eingangsdaten** zu übermitteln. **Ergebnisse** lassen sich nicht mithilfe von value-Parametern an das aufrufende Programm übergeben. Das ist nur mit variable-Parametern möglich (oder unter Benutzung globaler Variablen, s.u.).

Kehren wir zu unserem Beispiel zurück und nehmen wir an, dass durch einen Aufruf von *kuerzen(p, q)* die Werte von p und q im gewünschten Sinne verändert wurden. Dann können wir die Ausgabe der gekürzten Werte veranlassen durch einen Aufruf von *ausgabeschreiben(p,q)* für die wie folgt deklarierte Prozedur *ausgabeschreiben:*

```
PROCEDURE ausgabeschreiben (x, y: integer);
  BEGIN
    writeln('gekuerzter bruch:   ',x, '/', y)
  END
```

Das ergibt insgesamt folgendes Programm:

```
PROGRAM bruechekuerzen (input, output);
VAR
  p, q: integer;
PROCEDURE eingabeschreiben (x, y: integer);
  BEGIN
    writeln('ungekuerzter bruch: ',  x, '/', y)
  END;
PROCEDURE kuerzen (VAR x, y: integer);
  VAR
    teiler: integer;
  FUNCTION ggt (u, v: integer): integer;
  {liefert den groessten gemeinsamen teiler von u und v}
    BEGIN
      WHILE u <> v DO
        IF u > v
          THEN u := u - v
          ELSE v := v - u;
        ggt := u
    END {ggt};
  BEGIN {kuerzen}
    teiler := ggt(x, y);
    x := x DIV teiler;
    y := y DIV teiler
  END {kuerzen};
PROCEDURE ausgabeschreiben (x, y: integer);
  BEGIN
    writeln('gekuerzter bruch: ', x, '/', y)
  END;
BEGIN {bruechekuerzen}
  REPEAT
    writeln('bitte naechstes paar zaehler/nenner eingeben: ');
    readln(p, q);
    eingabeschreiben(p, q);
    kuerzen(p, q);
```

```
      ausgabeschreiben(p, q)
  UNTIL eof
END {bruechekuerzen}.
```

Die Benutzung von variable-Parametern erlaubt es uns auch, an der ursprünglichen Absicht festzuhalten und eine Prozedur *eingabelesenundschreiben* zum Lesen und Ausgeben des nächsten Zahlenpaars zu verwenden:

```
PROCEDURE eingabelesenundschreiben (VAR x, y: integer);
  BEGIN
    writeln('bitte naechstes paar zaehler/nenner eingeben: ');
    readln(x, y);
    writeln('ungekuerzter bruch: ', x, '/', y)
  END
```

Ebenso könnten wir in der Prozedur *ausgabeschreiben* variable-Parameter verwenden. Eine natürliche Lösung für das Problem des Brüchekürzens in der von uns anfangs angestrebten Form durch Aufruf dreier (zunächst nicht spezifizierter) Prozeduren erhält man also nicht, wenn man in den Prozeduren value-Parameter, sondern nur, wenn man variable-Parameter verwendet.

Wir wollen festhalten, dass variable-Parameter nicht nur zur Ausgabe, sondern auch zur Eingabe von Daten in Unterprogramme benutzt werden können. Die Eingangsdaten werden aber i. a. durch das Unterprogramm, d. h. durch die Anweisungen der aufgerufenen Prozedur, verändert.

Wenn die von einem Unterprogramm benötigten Eingangsdaten nicht aufbewahrt werden müssen, ist die Benutzung von variable-Parametern meistens ökonomischer, weil weniger Speicherplatz benötigt wird. Wir erläutern das am folgenden, nur in seinen für diesen Punkt wesentlichen Teilen spezifizierten Programmbeispiel:

```
PROGRAM beispiel (input, output);
CONST
  m = {eine sehr grosse zahl};
TYPE
  basistyp = {irgendein typ};
  reihe = ARRAY [1.. m] OF basistyp;
VAR
  a, b: reihe;
  {evtl. weitere vereinbarungen}
PROCEDURE transformiere (x: reihe; VAR y: reihe);
  {hier folgt ein block, in dem aus den werten von x (und evtl. y)
  neue werte fuer y berechnet werden}
BEGIN {beispiel}
```

```
{anweisungen, die allen elementen von a (und evtl. b)
einen anfangswert zuweisen}
transformiere(a, b)
END {beispiel}.
```

Die Prozedur *transformiere* besitzt einen formalen value-Parameter x zur Aufnahme von Eingangsdaten und einen formalen variable-Parameter y, der ebenfalls Eingangsdaten für das Unterprogramm aufnehmen kann, der aber insbesondere zur Übertragung von „Ergebnissen" an das aufrufende Programm *beispiel* benötigt wird.

Was geschieht bei einem Aufruf von *transformiere(a,b)*? Wir haben gesagt, dass für value-Parameter von Prozeduren entsprechend dem in Abschn. 5.3 zunächst nur für Funktionen entwickelten Modell beim Aufruf Speicherplätze bereitgestellt werden. Sie werden mit den Werten der aktuellen Parameter initialisiert und sind im Unterprogramm, d. h. im Anweisungteil der Prozedur, über lokale Namen ansprechbar. Folglich wird beim Aufruf von *transformiere(a,b)* eine sehr große Zahl m von Speicherzellen $x[1]$, ..., $x[m]$ bereitgestellt und mit den Werten $a[1]$, ..., $a[m]$ initialisiert.

Die Vorstellung, variable-Parameter als Synonyme für die jeweils aktuellen Parameter aufzufassen, würde in unserem Modell bedeuten, dass beim Aufruf von *transformiere (a,b)* **kein** Speicherplatz für den formalen variable-Parameter y bereitgestellt werden muss. Vielmehr würde in den Anweisungen der Prozedur *transformiere* der Name y überall als Synonym für den Namen b aufgefasst werden können. Dadurch würden die für das Hauptprogramm reservierten Speicherzellen $b[1]$, ..., $b[m]$ im Unterprogramm direkt zugänglich.

Diese Vorstellung gibt zwar die Wirkung eines Prozeduraufrufs richtig wieder, entspricht aber nicht ganz den „wirklichen" Verhältnissen. „In Wirklichkeit" werden nämlich auch für die formalen variable-Parameter beim Aufruf Speicherplätze reserviert. Diese Speicherplätze werden aber nicht mit den Werten der aktuellen Parameter initialisiert, sondern erhalten als Werte jeweils einen **Verweis** (eine sogenannte **Referenz**) auf den zugehörigen aktuellen Parameter. Das kann z. B. der Name oder die Adresse der Speicherzelle sein, die den Wert des aktuellen Parameters enthält. Man erhält so über die als lokale Namen aufzufassenden formalen variable-Parameter beim Aufruf eine indirekte Zugriffsmöglichkeit auf die Speicherzellen, die die Werte der aktuellen Parameter enthalten.

Dieser beim Aufruf einer Prozedur für die formalen variable-Parameter ablaufende Prozess des Verknüpfens von formalen und aktuellen Parametern heißt daher auch **Referenzaufruf** (**call by reference**).

Dass ein Referenzaufruf und damit die Verwendung formaler variable-Parameter in Prozeduren speicherplatzgünstiger ist als die Verwendung von value-Parametern hängt damit zusammen, dass der beim Referenzaufruf zur Aufnahme der Verweise bereitgestellte Speicherplatz i. a. viel geringer ist als der zur Aufnahme einer „Kopie" der aktuellen Parameter benötigte Speicherplatz.

Betrachten wir noch einmal unser obiges Programm *beispiel*: Wenn der Basistyp nicht einer der Standardtypen, sondern ein komplexerer Typ ist, bietet die Verwendung von variable-Parametern statt value-Parametern sicherlich Speicherplatzvorteile. Müssen also die von einer Prozedur benötigten Eingangsdaten nicht aufbewahrt werden und nach Ausführung der Prozedur im Hauptprogramm nicht mehr unverändert vorliegen, so kann man sie ohne weiteres über variable-Parameter ansprechen.

Wir haben bereits beiläufig darauf hingewiesen, dass Prozeduren auch globale Variable beeinflussen können. Auch Prozeduraufrufe können damit Seiteneffekte haben. Das ist nicht ganz so kritisch wie im Falle von Funktionen, da die Manipulation globaler Variablen durch Prozeduren in gewissen Situationen im Einklang mit der Auffassung steht, einen Prozeduraufruf als eine komplexere, selbstdefinierte Anweisung zu interpretieren.

So könnten wir beispielsweise das Problem des Kürzens von Brüchen auch so lösen, dass wir drei parameterlose (sogenannte **reine**) Prozeduren aufrufen, deren Wirkung ausschließlich auf der Manipulation globaler Variablen beruht:

```pascal
PROGRAM bruechekuerzen2 (input, output);
VAR
  p, q: integer; {p und q sind globale variable}
PROCEDURE eingabelesenundschreiben;
  BEGIN
    writeln('bitte naechstes paar zaehler/nenner eingeben: ');
    readln(p, q);
    write('ungekuerzter bruch: ', p, '/', q)
  END;
PROCEDURE kuerzen;
  VAR
    teiler: integer;
  FUNCTION ggt (u, v: integer): integer;
    {block, der die funktion ggt definiert}
  BEGIN {kuerzen}
    teiler := ggt(p, q);
    p := p DIV teiler;
    q := q DIV teiler
  END {kuerzen};
PROCEDURE ausgabeschreiben;
  BEGIN
    writeln('gekuerzter bruch: ', p, '/', q)
  END;
BEGIN {bruechekuerzen2}
  REPEAT
    eingabelesenundschreiben;
    kuerzen;
```

```
     ausgabeschreiben
   UNTIL eof
END {bruechekuerzen2}.
```

Wir werden auf die wichtigen Unterschiede zwischen variable- und value-Parametern, lokalen und globalen Variablen im nächsten Abschnitt noch einmal zurückkommen.

5.6 Rekursive Prozeduren

Es ist möglich, im Anweisungsteil einer Prozedur auch die im Prozedurkopf genannte Prozedur aufzurufen. Wir kennen diese Möglichkeit zur **rekursiven** Deklaration bereits von Funktionen. Rekursive Prozeduren bieten sich immer dann als natürliche Lösungen eines Problems an, wenn bereits das Problem rekursiv formuliert ist. Bevor wir einige Beispiele dafür angeben, wollen wir die Wirkung eines rekursiven Prozeduraufrufs zusammen mit den Unterschieden zwischen lokalen und globalen Variablen und den verschiedenen Parametertypen an einem eigens zu diesem Zweck ausgewählten Beispiel erläutern:

```
PROGRAM puzzle (input, output);
VAR
  x, n: integer;
PROCEDURE p (z: integer);
  VAR
    s: integer;
  BEGIN
    s := 2;
    IF z <= n
      THEN
        BEGIN
          z := z + s;
          p(z)
        END;
    write(z)
  END {p};
BEGIN {puzzle}
  readln(n);
  x := 2;
  p(x);
  write(x)
END {puzzle}.
```

Für die Eingabe 4 liefert das Programm die Ausgabe 6 6 4 2.

Aus der statischen Blockstruktur ist ablesbar, dass alle auftretenden Namen wohldefiniert sind. Im Anweisungsteil der Prozedur *p* tritt der globale Variablenname *n* auf; alle anderen in *p* auftretenden Variablennamen sind lokal (oder formal) für den Block *p*. Der im Anweisungsteil der Prozedur *p* auftretende Prozedurname *p* kann als globaler Name für diesen Block angesehen werden, der im umfassenden Block *puzzle* vereinbart ist.

Wir erläutern den bei Ausführung dieses Programms ablaufenden Prozess mithilfe des bereits in Abschn. 5.3 eingeführten Modells: Nach Eintritt in das Hauptprogramm werden Speicherzellen *n* und *x* bereitgestellt und mit der ersten gelesenen Zahl (das sei etwa 4) und dem Wert 2 gefüllt. Dann erfolgt der Aufruf der Prozedur *p* für den aktuellen Parameter *x*. Er bewirkt die Bereitstellung eines neuen Blocks von Speicherzellen mit den lokalen Namen *z* und *s*; *z* wird mit dem Wert des aktuellen Parameters *x* und *s* mit dem Wert 2 durch die erste Wertzuweisung im Anweisungsteil von *p* gefüllt. Nunmehr liegt folgende Situation vor:

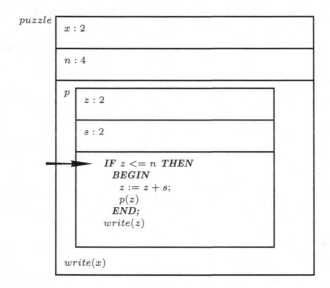

Weil der Inhalt der Speicherzelle *z* kleiner ist als der Inhalt der Speicherzelle *n* im *p* umfassenden Block *puzzle*, wird der Inhalt von *z* um den Inhalt von *s* erhöht und *p(z)* erstmals rekursiv aufgerufen. Also wird wieder ein Block von Speicherzellen innerhalb von *p* angelegt usw., wie wir das schon aus Abschn. 5.3 von der Behandlung rekursiv definierter Funktionen kennen. Nach drei weiteren rekursiven Aufrufen von *p* liegt schließlich folgende Situation vor (dabei haben wir wiederum die zu früheren Zeitpunkten aufgetretenen Speicherinhalte als durchgestrichene Zahlen angegeben):

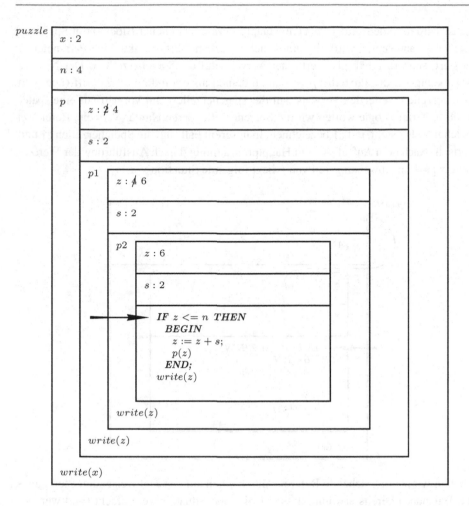

Weil nun im Block *p2* der Inhalt der Speicherzelle *z* größer ist als der Inhalt der Speicherzelle *n* im äußersten Block, wird als nächstes das write-statement im Block *p2* ausgeführt und *p2* beseitigt, dann das write-statement in *p1* ausgeführt und *p1* beseitigt, dann das write-statement in *p* ausgeführt und *p* beseitigt, und zum Schluss das write-statement im Block *puzzle* ausgeführt und das Programm beendet. Es wird also die Ausgabe 6 6 4 2 erzeugt.

Wir überlegen uns nun, welche Auswirkungen es hat, wenn wir den Parameter *z* der Prozedur *p* nicht als value-Parameter, sondern als variable-Parameter vereinbaren, wenn der Prozedurkopf im Programm *puzzle* also folgende Gestalt hat:

```
PROCEDURE p (VAR z: integer);
```

Zunächst wird nach dem Aufruf $p(x)$ im Hauptprogramm ein neuer Block p mit Speicherzellen z und s angelegt, z wird allerdings nicht mit dem Wert das aktuellen Parameters x initialisiert, sondern erhält als Wert einen Verweis auf die Speicherzelle x. Der Name z im Anweisungsteil der Prozedur p ist nun zu deuten als ein indirekter Zugriff (über den in Speicherzelle z stehenden Verweis) auf die Speicherzelle x. Im Vorgriff auf eine später eingeführte Terminologie wollen wir die Speicherzelle, deren Name (Verweis, Referenz) in Speicherstelle z steht, mit $z{\uparrow}$ bezeichnen. In unserem Fall sind die Speicherzellen $z{\uparrow}$ und x identisch. Nach dem Aufruf $p(x)$ im Hauptprogramm und nach Ausführung der Wertzuweisung $s := 2$ im Anweisungsteil von p liegt folgende Situation vor:

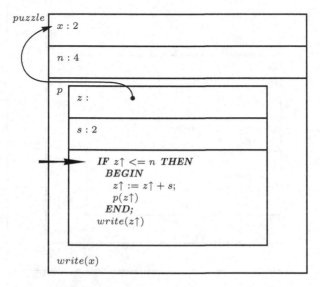

Hier haben wir die in z stehende Referenz durch einen auf das Ziel weisenden Pfeil angedeutet. Wir haben bereits erwähnt, dass wir dieselbe Situation vereinfacht (und weniger „realitätsnah") auch so darstellen können:

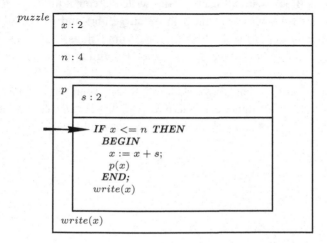

In jedem Fall wird vor dem nächsten, d. h. dem ersten rekursiven, Aufruf von p der Inhalt der Speicherzelle x im Block *puzzle* von *2* auf *4* geändert. Es dürfte damit klar sein, dass die nach dem zweiten rekursiven Aufruf von p noch auszuführenden write-statements sämtlich den inzwischen auf *6* geänderten Wert der Speicherzelle x ausdrucken. D. h., bei gleicher Eingabe erhalten wir in diesem Fall die Ausgabe 6 6 6 6.

Wir wollen nun ein „klassisches" Problem behandeln, das eine natürliche Lösung mithilfe rekursiver Prozeduren besitzt.

5.6.1 Türme von Brahma

Dieses Problem geht auf eine hinterindische Sage zurück: In einem im Dschungel verborgenen hinterindischen Tempel sind Mönche seit Beginn der Zeitrechnung damit beschäftigt, einen Stapel von 50 goldenen Scheiben mit nach oben hin abnehmendem Durchmesser, die durch einen goldenen Pfeiler in der Mitte zusammengehalten werden, durch sukzessive Bewegungen jeweils einer einzigen Scheibe auf einen anderen goldenen Pfeiler umzuschichten. Dabei dürfen sie einen dritten Pfeiler als Hilfspfeiler benutzen, müssen aber darauf achten, dass niemals eine Scheibe mit größerem Durchmesser auf eine mit kleinerem Durchmesser zu liegen kommt.

Die Sage berichtet, dass das Ende der Welt gekommen ist, wenn die Mönche ihre Aufgabe beendet haben.

Die folgenden Figuren zeigen auf anschauliche Weise eine Lösung des Problems für den Fall, dass nur drei Scheiben umzuschichten sind:

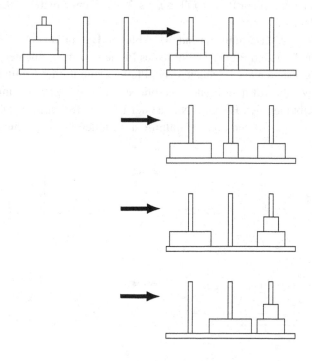

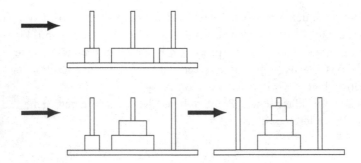

Wenn wir die Stapel von links nach rechts der Reihe nach mit den Ziffern 1, 2, 3 bezeichnen, so können wir diese Lösung auch als Folge von Bewegungen der jeweils obersten Scheibe eines Stapels i auf einen Stapel j wie folgt beschreiben:

▶   Bewege oberste Scheibe vom Pfeiler 1 zum Pfeiler 2
Bewege oberste Scheibe vom Pfeiler 1 zum Pfeiler 3
Bewege oberste Scheibe vom Pfeiler 2 zum Pfeiler 3
Bewege oberste Scheibe vom Pfeiler 1 zum Pfeiler 2
Bewege oberste Scheibe vom Pfeiler 3 zum Pfeiler 1
Bewege oberste Scheibe vom Pfeiler 3 zum Pfeiler 2
Bewege oberste Scheibe vom Pfeiler 1 zum Pfeiler 2

Wir wollen uns nun ganz allgemein überlegen, wie man n Scheiben abnehmender Größe von einem Pfeiler i auf einen Pfeiler j $(1 \leq i, j \leq 3, i \neq j)$ entsprechend der angegebenen Vorschrift umschichten kann.

Sei k der dritte, zur Verfügung stehende Hilfspfeiler. Dann können wir das Problem, n Scheiben vom Pfeiler i zum Pfeiler j mithilfe des Pfeilers k umzuschichten doch so lösen: Wir schichten die obersten $n-1$ Scheiben vom Pfeiler i zum Pfeiler k mithilfe des Pfeilers j; dann bringen wir die auf dem Pfeiler i verbliebene einzige (anfangs unterste) Scheibe (als einzige Scheibe) auf den Pfeiler j. Nun ist der Pfeiler i frei und wir können die $n-1$ Scheiben vom Pfeiler k auf den Pfeiler j mithilfe des Pfeilers i umschichten:

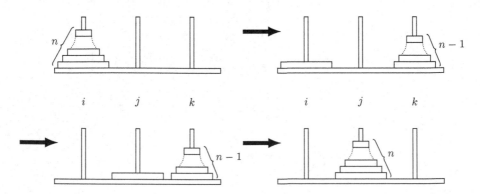

Wir definieren also eine Prozedur *umschichten* so, dass ein Aufruf *umschichten* (*n, i, j, k*) bewirkt, dass *n* Scheiben vom Pfeiler *i* zum Pfeiler *j* mithilfe des Pfeilers *k* so umgeschichtet werden, dass niemals eine größere auf einer kleineren Scheibe zu liegen kommt.

Aufgrund der obigen Überlegung kann die Prozedur *umschichten* offenbar wie folgt deklariert werden:

```
PROCEDURE umschichten (n, i, j, k: integer);
{schichtet n scheiben vom pfeiler i zum pfeiler j mithilfe des pfeilers
k um, falls n > 0 ist}
  BEGIN
    IF n > 0
      THEN
        BEGIN
          umschichten(n - 1, i, k, j);
          {transportiere eine scheibe vom pfeiler i zum pfeiler j};
          umschichten(n - 1, k, j, i)
        END
  END {umschichten}
```

Wir müssen noch angeben, wie das Transportieren genau einer Scheibe vom Pfeiler *i* zum Pfeiler *j* abläuft. Das einzige, was hier physisch zu geschehen hat, ist eine Meldung nach außen über die auszuführende (oder ausgeführte) Bewegung. Das erledigt die Prozedur *scheibe:*

```
PROCEDURE scheibe (i, j: integer);
  BEGIN
    writeln('bewege oberste scheibe vom pfeiler ', i,' zum pfeiler ',
    j)
  END {scheibe}
```

Man kann diese Prozedur sowohl innerhalb der Prozedur *umschichten* wie auch auf gleicher Ebene im Hauptprogramm vor der Prozedur *umschichten* deklarieren. Wir entscheiden uns (willkürlich) für die letzte Möglichkeit.

Das folgende Programm liest eine natürliche Zahl $n \geq 0$ und druckt die zur Umschichtung von *n* Scheiben vom Pfeiler 1 auf den Pfeiler 2 mithilfe des Pfeilers 3 auszuführenden Bewegungen aus.

```
PROGRAM tuermevonbrahma (input, output);
VAR
  n: integer; {n >= 0}
PROCEDURE scheibe (i, j: integer);
```

```
BEGIN
  writeln('bewege oberste scheibe vom pfeiler ', i,' zum pfeiler ',
  j)
END {scheibe};
PROCEDURE umschichten (n, i, j, k: integer);
  BEGIN
    IF n > 0
      THEN
        BEGIN
          umschichten(n - 1, i, k, j);
          scheibe(i, j);
          umschichten(n - 1, k, j, i)
        END
  END {umschichten};
BEGIN {tuermevonbrahma}
  writeln('anzahl der scheiben: ');
  readln(n);
  umschichten(n, 1, 2, 3)
END {tuermevonbrahma}.
```

Wir haben für beide Prozeduren ausschließlich formale value-Parameter vorgesehen.
Keiner der Parameter *n, i, j, k* kann ohne zusätzlichen Änderungen im Programm als formaler variable-Parameter vereinbart werden, weil in jedem Falle wenigstens einmal ein
Ausdruck als aktueller Parameter auftritt. Vereinbart man zusätzlich *i, j, k* im Hauptprogramm als Variablen vom Typ *integer* und initialisiert man sie im Anweisungsteil durch
die Wertzuweisungen

```
i := 1;
j := 2;
k := 3
```

so kann man die gleichnamigen formalen Parameter in den Prozeduren *scheibe* und
umschichten auch als variable-Parameter vereinbaren, wenn man die Prozedur *umschichten* im Hauptprogramm durch

```
umschichten(n, i, j, k)
```

aufruft. Die Verwendung von variable-Parametern bringt aber kaum einen (Speicherplatz-)
Vorteil, weil die Typen der Prozedurparameter einfache Typen sind.

5.7 Funktionen und Prozeduren als Parameter

Wir haben bisher zwei verschiedene Arten formaler Parameter in Prozedur- und Funktionsdeklarationen kennengelernt: value-Parameter und variable-Parameter.

Nun sind aus der Mathematik auch Funktionen als Argumente von Funktionen eines gewissermaßen „höheren" Typs wohlbekannt: Wir kennen beispielsweise die **Integralfunktion** I, die je zwei reellen Zahlen a und b, $a < b$, und jeder im Intervall $[a, b]$ integrierbaren Funktion f den Wert des bestimmten Integrals $\int_b^a f(z) \, dz$ zuordnet, kurz:

$$I(a,b,f) = \int_b^a f(z) \, dz$$

Weitere Beispiele sind:

Ableitungsfunktion: Sie ordnet jeder reellen Zahl x und jeder in x differenzierbaren Funktion f den Wert der ersten Ableitung von f an der Stelle x zu:

$$A(f,x) = f'(x)$$

Summenfunktion: Sie ordnet jeder natürlichen Zahl n und jeder auf den natürlichen Zahlen definierten Funktion f die Summe der ersten n Funktionswerte zu:

$$Summe(n,f) = \sum_{i=1}^{n} f(i)$$

Produktfunktion: Sie ordnet n und f das Produkt der ersten n Funktionswerte zu:

$$Produkt(n,f) = \prod_{i=1}^{n} f(i)$$

Funktionen dieser Art können in Pascal deklariert werden, weil als formale Parameter auch Funktionen zugelassen sind. Wir geben als Beispiel die Deklaration der Summenfunktion in der in Standard-Pascal vorgeschriebenen Form:

```
FUNCTION summe (n: integer; FUNCTION f (i: integer): real): real;
{berechne fuer ein n >= 1 und eine einstellige, reellwertige funktion f
die summe f(1) + ... + f(n)}
  BEGIN
    IF n = 1
      THEN summe := f(1)
      ELSE summe := f(n) + summe(n - 1, f)
  END
```

Wir haben hier sogar eine rekursive Funktionsdeklaration mit einem formalen Funktionsparameter vor uns. Funktionen können nicht nur Funktionen als formale Parameter haben, sondern auch Prozeduren. Dasselbe gilt für Prozeduren: Auch sie können formale Funktions- und Prozedurparameter haben.

Formale Funktions- und Prozedurparameter verlangen beim **Aufruf** einen Funktionsnamen bzw. einen Prozedurnamen als aktuellen Parameter. Die meisten Implementationen lassen allerdings nur selbstdefinierte und keine Standardnamen von Funktionen und Prozeduren als aktuelle Parameter zu.

Wir geben ein Beispiel einer Prozedur, die einen formalen Prozedurparameter hat. Das Beispiel ist nur soweit ausgeführt, wie es zur Erläuterung einer Prozedur mit Prozedurparametern nötig ist:

```
PROGRAM prozedurparameter (input, output);
VAR
  zeit: real; {in stunden}
  muede: boolean; {globale variable fuer alle prozeduren}
PROCEDURE feiern (x: real);
  BEGIN
    IF x > 12.0
      THEN muede := true
      ELSE writeln(x, ' stunden feiern')
  END {feiern};
PROCEDURE arbeiten (y: real);
  BEGIN
    IF y > 8.0
      THEN muede := true
      ELSE
        IF y > 4.0
          THEN feiern(y - 4.0)
          ELSE feiern(y)
  END {arbeiten};
PROCEDURE konditionfeststellen
  (dauer: real; PROCEDURE aktivsein (z: real));
  BEGIN
    IF dauer > 24.0
      THEN muede := true
      ELSE aktivsein(dauer)
  END {konditionfeststellen};
BEGIN {hauptprogramm}
  writeln('zeit eingeben: ');
  readln(zeit);
  muede := false;
  IF {es ist samstag oder sonntag}
    THEN konditionfeststellen(zeit, feiern)
    ELSE konditionfeststellen(zeit, arbeiten);
```

```
IF muede
  THEN writeln('sofort ins bett')
END {hauptprogramm}.
```

Als mögliche formale Parameterlisten in Funktions- und Prozedurdeklarationen können in Standard-Pascal auftreten:

formal parameter list

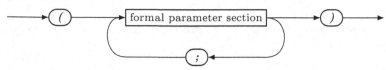

formal parameter section

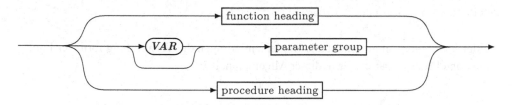

parameter group

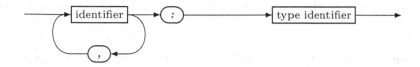

Die in diesen Funktions- und Prozedurköpfen verwendeten formalen Parameter gelten aber **nicht** als lokal verfügbare Namen. Zwischen formalen Funktions- und Prozedurparametern und den an ihrer Stelle beim Aufruf auftretenden aktuellen Funktions- und Prozedurnamen muss nun eine **Verträglichkeitsbedingung** gelten: Man darf nur solche Funktionsnamen bzw. Prozedurnamen als aktuelle Parameter nehmen, für die folgendes gilt:

• aktueller und formaler Funktionsparameter haben verträgliche formale Parameterlisten und gleichen Werttyp, bzw.
• aktueller und formaler Prozedurparameter haben verträgliche formale Parameterlisten.

Dabei heißen zwei formale Parameterlisten **verträglich**, wenn sie gleich lang sind, also aus der gleichen Anzahl formaler Parameter bestehen, und darüber hinaus die formalen Parameter der Reihe nach paarweise zueinander **passen** in folgendem Sinne:

a) beide Parameter sind value-Parameter vom gleichen Typ, oder

b) beide Parameter sind variable-Parameter vom gleichen Typ, oder

c) beide Parameter sind formale Prozedurparameter mit verträglichen formalen Parameterlisten, oder

d) beide Parameter sind formale Funktionsparameter mit verträglichen formalen Parameterlisten und gleichem Werttyp.

Ein Beispiel für zwei verträgliche formale Parameterlisten sind die beiden folgenden:

```
(x, y, z: real; VAR i: integer; FUNCTION f (n: real): boolean;
PROCEDURE p (VAR r, s: integer))
```

und

```
(a, b, c: real; VAR zahl: integer; FUNCTION wert (u: real): boolean;
PROCEDURE q (VAR i, j: integer))
```

Leider lassen noch immer nicht alle Implementierungen die Verwendung formaler Funktions- und Prozedurparameter in dieser Allgemeinheit zu.

5.8   Besonderheiten

Wir stellen noch einige Besonderheiten zusammen, die im Zusammenhang mit Funktionen und Prozeduren beachtet werden müssen, aber sich zum größten Teil auf erst später Erklärtes beziehen.

Werttypen von Funktionen: Es ist nicht möglich, Funktionen mit Werten von zusammengesetztem Typ zu deklarieren. Vielmehr muss der Werttyp (result type) einer selbstdeklarierten Funktion stets Name eines einfachen Typs (simple type identifier) oder Name eines Zeigertyps (pointer type identifier) sein. (Der Zeigertyp kann natürlich auf Objekte eines zusammengesetzten Typs verweisen!)

result type

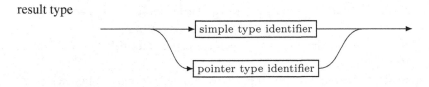

Variable-Parameter:

a) Formale variable-Parameter verlangen beim Aufruf eine Variable. Diese Variable kann allerdings Komponente eines arrays (vgl. Kap. 4) oder die zu einer Zeigervariablen p

gehörige Variable $p\uparrow$ vom jeweiligen Basistyp sein (vgl. Kap. 7). In diesem Fall wird beim Aufruf eine evtl. notwendige Indexberechnung oder Adressrechnung (de-referencing) einmal durchgeführt, und zwar vor Ausführung des Blocks der Funktion bzw. Prozedur.

b) Um komplexere Adressrechnungen bei Funktions- und Prozeduraufrufen zu vermeiden, sollte man keine beliebigen Komponenten strukturierter Typen als aktuelle variable-Parameter verwenden. Komponenten gepackter Strukturen (vgl. Kap. 4) und das tag-Feld von records mit Varianten (vgl. Kap. 6) dürfen nicht als aktuelle variable-Parameter auftreten.

c) Variablen vom file-Typ dürfen nur als variable-, nicht als value-Parameter auftreten.

Verschiedene Direktiven: Funktions- und Prozedurdeklarationen können an Stelle des Blocks den Standardnamen *forward* enthalten, um Vorausdeklarationen möglich zu machen. Dies ist ein Beispiel einer sogenannten **Direktive.** Manche Implementationen erlauben weitere Direktiven, um z. B. auch externe Prozeduren und Funktionen, die sogar in anderen Programmiersprachen geschrieben sein können, benutzen zu können: Man ersetzt in einem solchen Fall den Block einer Funktions- oder Prozedurdeklaration z. B. durch die Direktive *external* oder *fortran* oder *algol*. Die Menge der zulässigen Direktiven ist implementationsabhängig.

Standardfunktionen und Standardprozeduren: Jede Implementierung soll mindestens die im Report genannten Standardfunktionen bereitstellen. Darüber hinaus können weitere Standardfunktionen angeboten werden.

Als Standardprozeduren kennen wir bislang nur die Ein- und Ausgabeprozeduren und die Prozeduren zum Packen bzw. Entpacken von Feldern, die sich von den selbstdeklarierten Prozeduren noch dadurch unterscheiden, dass sie keine feste Stellenzahl vorschreiben und auch unterschiedliche Typen bei aktuellen Parametern zulassen (mit Ausnahme der Prozedur *page*). Darüber hinaus gibt es weitere Standardprozeduren, nämlich:

Prozeduren zur Manipulation von files: *get, put, reset, rewrite,* vgl. Kap. 6, und Prozeduren zur dynamischen Speicherverwaltung: *new, dispose,* vgl. Kap. 7.

Dynamische array-Parameter: Nach der bisher von uns angegebenen Pascal-Syntax sind die Parametertypen bei der Definition von Funktionen und Prozeduren als Typnamen anzugeben. Funktionen und Prozeduren können nur mit aktuellen Parametern genau dieser Typen aufgerufen werden. Es gibt aber Probleme, die sich durch einen einzigen Algorithmus mit „geringfügig" geänderten Parametern lösen lassen. Ein Beispiel für solch ein Problem ist die Bildung des Skalarprodukts zweier Vektoren (vgl. Abschn. 4.4.1):

Bei den Vereinbarungen

```
TYPE
  vektor1 = ARRAY [1.. 100] OF real;
  vektor2 = ARRAY [1.. 20] OF real;
```

kann die Berechnung des Skalarprodukts zweier Vektoren des Typs *vektor1* bzw. des Typs *vektor2* durch die folgenden Funktionen angegeben werden:

```
FUNCTION skalarprodukt1 (VAR a, b: vektor1): real;
  VAR
    sk: real;
    i: 1 .. 100;
  BEGIN
    sk := 0;
    FOR i := 1 TO 100 DO sk := sk + a[i] * b[i];
    skalarprodukt1 := sk
  END;
FUNCTION skalarprodukt2 (VAR a, b: vektor2): real;
  VAR
    sk : real;
    i: 1.. 20;
  BEGIN
    sk := 0;
    FOR i := 1 TO 20 DO sk := sk + a[i] * b[i];
    skalarprodukt2 := sk
  END
```

Der in beiden Funktionen verwendete Algorithmus ist derselbe; der einzige Unterschied besteht in der Länge des Vektors, also im Typ des Funktionsparameters. Viele Pascal-Implementationen haben keinen Mechanismus vorgesehen, der es erlaubt, mit nur **einer** Funktionsdefinition das Skalarprodukt dieser verschieden langen Vektoren zu definieren. Innerhalb eines Programms mag dieser Nachteil noch erträglich sein; man denke aber etwa an Bibliotheksprozeduren und -funktionen, die für verschiedene Benutzer anwendbar sein sollen und deswegen möglichst „ allgemein" gehalten werden müssen: hier ist es wünschenswert, etwa nur eine einzige Funktion für die Berechnung des Skalarprodukts reellwertiger Vektoren vorzusehen, die für verschieden lange Vektoren aufgerufen werden kann.

Diese Möglichkeit gibt es optional in Standard-Pascal. Das bedeutet, dass manche, aber nicht alle, Pascal-Implementationen diese Möglichkeit vorsehen. Als Parametertyp kann ein Typname oder ein array-Gerüst (conformant array schema) verwendet werden. Der Index des arrays wird mit formalen Parametern für den kleinsten und größten Indexwert sowie deren Typ angegeben.

parameter group

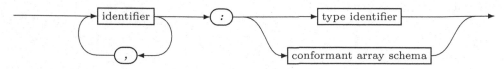

conformant array schema

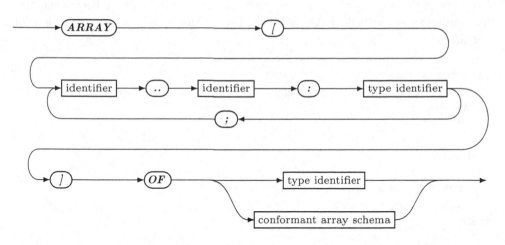

Die Namen für untere und obere Grenzen der array-Indizes stehen als lokale Namen im Block der Funktion oder Prozedur zur Verfügung. Allerdings dürfen sie nur wie Konstanten verwendet werden; insbesondere dürfen sie also nicht auf der linken Seite einer Zuweisung auftreten. Array-Gerüste dürfen in der letzten Strukturierungsebene auch gepackt sein. Damit sind insbesondere die string-Typen für array-Gerüste verwendbar:

```
PACKED ARRAY [m .. n: integer] OF char
```

Die Syntaxdefinition ist entsprechend um das Schlüsselwort **PACKED** zu ergänzen.

Die Namen, die die Indexgrenzen des array-Gerüsts beschreiben, werden nicht als formale Parameter angesehen; beim Aufruf sind für diese Namen somit keine aktuellen Namen (oder Literale) anzugeben. Aktuelle Parameter für array-Gerüste sind arrays passenden Typs; das heißt, dass die Komponententypen des aktuellen arrays und des array-Gerüsts passen müssen, und dass der aktuelle Indextyp zum Indextyp des array-Gerüsts passen muss, wobei Unter- und Obergrenze der aktuellen Indizes im Bereich liegen müssen, der durch den Indextyp des array-Gerüsts spezifiziert ist. Aktuelle Parameter für formale value-Parameter eines array-Gerüst-Typs können neben Variablen auch Konstanten (bei string-Typen) sein. So ist beispielsweise

```
fehlermeldung('gelesener Wert zu klein!')
```

ein korrekter Aufruf der Prozedur *fehlermeldung* mit dem Prozedurkopf

```
PROCEDURE fehlermeldung
  (PACKED ARRAY [m .. n: integer] OF char)
```

Kehren wir nun zurück zum Beispiel der Berechnung des Skalarprodukts. Wir verwenden das Konzept des array-Gerüsts, um eine Funktion *skalarprodukt* für die Berechnung des Skalarprodukts zweier beliebig langer reellwertiger Vektoren mit ganzzahligen Indizes zu definieren:

```
FUNCTION skalarprodukt
  (VAR a, b: ARRAY [unten .. oben: integer] OF real): real;
  VAR
    i: integer;
    sk: real;
  BEGIN
    sk := 0;
    FOR i := unten TO oben DO sk := sk + a[i] * b[i];
    skalarprodukt := sk
  END
```

Ein array-Gerüst darf sowohl für variable-Parameter als auch für value-Parameter verwendet werden; formale Parameter sind (in dieser Reihenfolge) *a, b*, aber **nicht** die Indexgrenzen *unten* und *oben*.

Wir betrachten beispielhaft die Deklarationen

```
VAR
  v1, w1: vektor1;
  v2, w2: vektor2;
```

und setzen voraus, dass für $v1$, $w1$, $v2$ und $w2$ Werte eingelesen werden. Dann ist das Ausgeben des Skalarprodukts von $v1$ und $w1$ und von $v2$ und $w2$ durch die beiden write-statements

```
write(skalarprodukt(v1, w1))
```

und

```
write(skalarprodukt(v2, w2))
```

möglich.

Weitere strukturierte Datentypen; das with-statement

6

Pascal erlaubt nicht nur die strukturierte Bildung komplexerer Anweisungen, sondern auch die zusammengesetzter Datentypen; aus Kap. 4 ist ein solcher strukturierter Typ, der array-Typ, bereits bekannt. Wir wollen in diesem Kapitel alle übrigen strukturierten Datentypen erläutern. Zunächst werden wir jedoch an einige allgemeine Eigenschaften von Datentypen erinnern bzw. diese erklären.

Datentypen werden, soweit sie nicht standardmäßig definiert sind, im Deklarationsteil von Pascal-Programmen beschrieben und (wahlweise) mit einem Namen versehen. Da wir uns im Folgenden für die Datentypen selbst interessieren, nicht für ihre Namen, werden wir die Möglichkeit der Angabe eines Typs über dessen Namen nicht ständig explizit erwähnen.

Ein Typ (**type**) beschreibt die **Menge aller Werte** (Wertebereich), die eine Variable dieses Typs annehmen kann, und legt zugleich die für Variable dieses Typs **zulässigen Operationen** fest; er ist entweder ein **einfacher Typ** (simple type), ein **strukturierter Typ** (structured type) oder ein **Zeigertyp** (pointer type). Einfache Typen sind die Standardtypen *integer, real, boolean, char*, für die Standardoperationen, -prozeduren und -funktionen definiert sind, und die Aufzählungstypen (enumerated types) und Ausschnittstypen (subrange types). Strukturierte Typen sind der Feldtyp (array type), der Mengentyp (set type), der Verbundtyp (record type) und der Dateityp (file type), hier insbesondere der Standardtyp *text*. Der Zeigertyp bleibt der Behandlung im folgenden Kapitel vorbehalten. Dieses **Typkonzept** lässt sich anschaulich wie folgt darstellen:

© Springer Fachmedien Wiesbaden GmbH, ein Teil von Springer Nature 2018
T. Ottmann, P. Widmayer, *Programmierung mit PASCAL*,
https://doi.org/10.1007/978-3-658-18121-5_6

Typen:

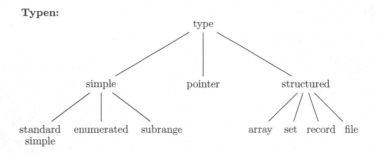

Standardtypen: standard simple　: *integer, real, boolean, char*

file　　　　　　　: *text*

Alle einfachen Typen und der array-Typ sind schon eingehend behandelt worden (vgl. Kap. 2 und 4). Die in diesem Kapitel behandelten Typen sind der **set-Typ,** der **record-Typ** und der **file-Typ.**

Ein strukturierter Typ wird beschrieben durch die **Strukturierungsmethode**, die mit Schlüsselworten angegeben wird, und die **Typen der Komponenten.** Jeder strukturierte Typ kann mithilfe des Schlüsselwortes *PACKED* am Anfang der Typbeschreibung als gepackter strukturierter Typ definiert werden. Die Wirkung einer solchen Angabe bezüglich Zugriffszeit und Speicherplatz ist im Abschn. 4.5 erläutert worden. Die folgenden Betrachtungen bleiben auf **ungepackte** strukturierte Typen beschränkt.

Die Definition der ungepackten strukturierten Typen wird allgemein angegeben als

unpacked structured type

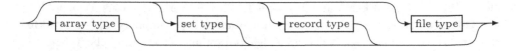

Der aus Kap. 4 bekannte array-Typ ermöglicht die Zusammenfassung einer festen Anzahl von Komponenten des gleichen Typs, wobei einzelne Komponenten über den array-Index angesprochen werden; die mathematische Entsprechung ist die Folge fester Länge. Auch zum **Konzept der Menge** aus der Mathematik gibt es in Pascal ein Analogon (mit einigen Einschränkungen), den set-Typ.

6.1　Der set-Typ

Der **set-Typ** ermöglicht die Zusammenfassung einer **variablen Anzahl von Komponenten,** die (im Gegensatz zur mathematischen Idee) **vom gleichen Typ** sein müssen. Er wird beschrieben durch die Schlüsselworte *SET OF* und die Angabe des Typs der Komponenten (**Basistyp,** base type):

set type

Der Basistyp muss dabei ein einfacher Typ außer dem Typ *real* sein. Jede Menge von Werten des Basistyps ist dann möglicher Wert einer Variablen vom set-Typ. Die Menge der durch den set-Typ beschriebenen Werte ist somit die **Potenzmenge** (Menge aller Teilmengen) der Menge der Werte des Basistyps. Wir werden im folgenden Variablen (und Konstanten) vom set-Typ auch einfach als sets bezeichnen. In aller Regel werden Implementationen eine Beschränkung der Anzahl der Werte des Basistyps festlegen; diese kann so restriktiv sein, dass der Einsatz von sets bei der Programmierung unattraktiv wird.

Mengen können nur als Ganzes angesprochen werden; die Auswahl einzelner Elemente (wie etwa über den Index bei Feldern) ist **nicht** möglich. Eine **Konstante vom set-Typ** (eine Menge) wird beschrieben durch eine in eckige Klammern eingeschlossene Aufzählung von Elementen bzw. Elementbereichen, die ggf. durch Kommata getrennt werden:

set

list element

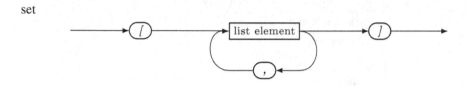

Die Angabe eines Listenelements der Gestalt *a..b* ist äquivalent zur Aufzählung der Werte des Basistyps zwischen *a* und *b*, einschließlich dieser Werte selbst (falls *a > b* ist, gibt es keinen solchen Wert).

Beispiele für Mengen des Typs **SET OF** *char* sind:

[ ]	ist die leere Menge;
['a', 'x', ';']	ist die Menge der Elemente 'a', 'x' und ';';
['a' .. 'z', '0' .. '9']	ist die Menge der Kleinbuchstaben und Ziffern;
[pred(chr(ord('c') − 1)) .. 'c']	ist die Menge der Buchstaben 'a' bis 'c'.

Mit den Deklarationen

```
TYPE
  zutaten = (essiggurke, mandeln, mehl, honig, zucker, milch, eier);
  nachtisch = SET OF zutaten;
```

```
VAR
   lebkuchenbrot, speiseeis: nachtisch;
```

sind die Zuweisungen

```
lebkuchenbrot := [mandeln .. eier];
speiseeis := [mandeln, zucker .. eier]
```

zulässig.

Für die Manipulation von Mengen stehen in Pascal außerdem folgende **Operatoren** für die üblichen Operationen an Mengen zur Verfügung (in der Spalte „Operation" sind auch die in der Mathematik gebräuchlichen Operatoren mit der entsprechenden Bedeutung angegeben):

Operator	Operation	Operandentypen	Ergebnistyp
+	Vereinigung $\cup$	Mengentyp t	t
*	Durchschnitt $\cap$		
−	Differenz $\setminus$		
<=	$\subseteq$		*boolean*
	Inklusion		
>=	$\supseteq$		
=	Gleichheit =		
<>	Ungleichheit ≠		
IN	Element $\in$	einfacher Typ s außer *real*; *SET OF* s	

Die Operatoren haben gerade die aus der Mathematik bekannte Bedeutung. Ausdrücke können mithilfe dieser Operatoren in der im Kap. 2 beschriebenen Weise gebildet werden; Beispiele für solche Ausdrücke sind mit den oben angegebenen Vereinbarungen und Zuweisungen die folgenden:

```
[zucker .. eier] + [mandeln]
lebkuchenbrot * (speiseeis + [honig])
lebkuchenbrot - speiseeis
NOT ([mandeln] <= [mehl])
lebkuchenbrot >= speiseeis + [mehl]
[10, 9, 8, 7, 6, 5] = [5, 6, 7, 8, 9, 10]
[10 .. 5] <> [5 .. 10]
NOT essiggurke IN speiseeis
```

(man überlege sich, dass alle logischen Ausdrücke den Wert *true* haben).

Die Angabe von Konstanten vom Mengentyp im Programm ist auch dann möglich, wenn keine Menge des entsprechenden Typs vereinbart ist; allerdings müsste die Vereinbarung einer solchen Menge zulässig sein: die genannten Elemente müssen von einem einfachen Typ außer dem Typ *real* sein, und die implementationsabhängige Beschränkung der Mengengröße muss eingehalten werden (diese Bedingung wollen wir im Folgenden als erfüllt ansehen).

Die Mengen

```
[1 .. 10]
[1 .. 10, 2 .. 20]
[5 .. 8, 7]
[false .. chr(5) < 'a']
```

dürfen demnach ohne weitere Vereinbarungen in einem Programm auftreten; unzulässig ist dagegen die Angabe von

```
[5.7, 5.8, 5.9]
[10 / 5 .. 10]
['a' .. 'z', 5 .. 10, 12]
```

Diese Möglichkeit des Einsatzes von Mengen erleichtert das Aufschreiben gewisser logischer Ausdrücke beträchtlich und macht deren Auswertung gleichzeitig effizienter. Die Prüfung, ob ein Zeichen ein Buchstabe ist oder nicht, die bisher in der Form

```
(ch >= 'a') AND (ch <= 'z')
```

geschrieben wurde, kann einfacher und klarer durch

```
ch IN ['a' .. 'z']
```

angegeben werden.

Ein weiteres Beispiel für die Nützlichkeit von Mengenkonstanten betrifft das case-statement. Hier kann der Gefahr, dass der Wert des Selektors nicht in einer case-constant-list auftritt, wirksam begegnet werden, indem zunächst das Enthaltensein des Selektors in der Menge der case-constants geprüft wird.

Will man etwa, abhängig vom Wert einer *note*, die als Variable vom Typ *integer* vereinbart ist, einen entsprechenden Text ausgeben, falls die Note ausreichend oder besser ist, so kann dies folgendermaßen geschehen:

```
IF note IN [1 .. 4]
  THEN
    CASE note OF
```

```
    1: write('sehr gut');
    2: write('gut');
    3: write('befriedigend');
    4: write('ausreichend')
  END
ELSE write('fehler: note ist zu schlecht')
```

Das dem **ELSE** folgende statement kann anstelle der Meldung eines Fehlers auch zum anderweitigen Bearbeiten derjenigen Alternativen dienen, die nicht als case-constants auftreten (etwa weil die Aufzählung dieser Alternativen sehr aufwendig wäre).

Andere Hilfsmittel als die genannten Operatoren gibt es in Pascal zur Manipulation von Mengen nicht; insbesondere gibt es **keine Standardfunktionen** oder **-prozeduren** mit Parametern vom Mengentyp. Viele der beim Arbeiten mit Mengen auftretenden Aktionen müssen, teilweise recht mühsam, vom Programmierer selbst beschrieben werden, so z. B. das Durchlaufen einer Menge (die sukzessive Behandlung aller Elemente der Menge), die Ein- und Ausgabe von Mengen, die Auswahl eines Elements aus einer Menge etc.. Meist empfiehlt es sich, für diesen Zweck Prozeduren bzw. Funktionen selbst zu definieren.

Als Beispiel für den Umgang mit Mengen in Pascal wollen wir ein Programm entwickeln, das die folgende **Aufgabe** erledigt:

▶ Die in einem als Eingabe vorliegenden Text auftretenden Buchstaben und Ziffern sollen in sortierter Reihenfolge (alphabetisch bzw. aufsteigend sortiert) ausgegeben werden; ein mehrfaches Auftreten dieser Zeichen und das Auftreten anderer Zeichen sollen nicht berücksichtigt werden.

Wir werden dieses Problem lösen, indem wir zu einer anfangs leeren Menge jeden gelesenen Buchstaben und jede gelesene Ziffer hinzufügen; das Hinzufügen eines Zeichens, das schon Elemente der Menge ist, hat dabei natürlich keine Auswirkung. Mit

```
{vereinbarungen}
TYPE
  menge = SET OF char;
VAR
  m: menge;
  ch: char
```

können wir das Aufbauen der Menge beschreiben als

```
{menge bilden}
m := [ ];
REPEAT
  read(ch);
```

```
   IF ch IN ['a' .. 'z', '0'.. '9']
      THEN m := m + [ch]
UNTIL eof
```

Für die Ausgabe der so gebildeten Menge werden wir eine Prozedur angeben. Sie bewirkt, dass alle relevanten Zeichen durchlaufen und genau diejenigen ausgegeben werden, die in der Menge vorhanden sind:

```
{ausgabeprozedur}
PROCEDURE buchstabenziffernausgabe (m: menge);
  VAR
    ch: char; {Laufvariable lokal deklarieren}
  BEGIN
    writeln('aufgetretene buchstaben: ');
    FOR ch := 'a' TO 'z' DO
      IF ch IN m
        THEN write(ch:3);
    writeln;
    writeln('aufgetretene ziffern: ');
    FOR ch := '0' TO '9' DO
      IF ch IN m
        THEN write(ch:3);
    writeln
  END
```

Das vollständige Programm ergibt sich wieder durch Zusammensetzen der bereits angegebenen Programmteile:

```
PROGRAM textanalyse (input, output);
{vereinbarungen};
{ausgabeprozedur} ;
BEGIN {menge bilden};
  buchstabenziffernausgabe(m)
END.
```

Durch die implementationsabhängige Beschränkung der Anzahl der Werte des Basistyps eines set-Typs wird man häufig gezwungen sein, Probleme, die sich auf natürliche Weise mithilfe von Mengen lösen ließen, anders anzugehen. In manchen Fällen mag es hilfreich sein, den „Trick" anzuwenden, eine solche Menge in Gestalt von Teilmengen zulässiger Größe als Feld von Mengen darzustellen.

Sowohl sets als auch arrays erlauben in Pascal lediglich die Zusammenfassung von Daten des gleichen Typs. Objekte der realen Welt sind dagegen durch **Informationen verschiedener Art** charakterisiert: beim Wein etwa interessieren der Jahrgang, die Rebsorte, das Anbaugebiet, die Qualitätsstufe, der Preis, etc. Zur Zusammenfassung solch verschiedener Daten gibt es in Pascal den Datentyp record.

6.2   Der record-Typ

6.2.1   Records ohne Varianten

Ein **record-Typ** (**Satztyp, Verbundtyp**) beschreibt eine **feste Anzahl** von **Komponenten,** die **verschiedene Typen** haben können. Verbundkomponenten werden auch als **Felder** (**fields**) eines Verbunds bezeichnet; sie sind durch den Kontext von den arrays, die ebenfalls als Felder bezeichnet werden, zu unterscheiden (in diesem Abschnitt steht der Begriff Feld stets für eine Verbundkomponente). Ein Feld wird beschrieben durch einen Namen (**field identifier**), gefolgt von einem Doppelpunkt und dem Typ des Feldes. Ein Verbundtyp wird erklärt durch Angabe des Schlüsselworts *RECORD*, gefolgt von einer Liste von Feldbeschreibungen, die ggf. durch Strichpunkte zu trennen sind, und abgeschlossen durch das Schlüsselwort *END*:

record type

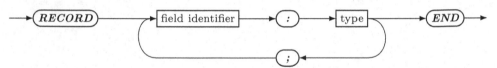

Eine Definition eines Verbundtyps *wein* ist damit beispielsweise die folgende:

```
TYPE
  wein = RECORD
          jahrgang: 1900 .. 2000;
          rebsorte: (riesling, sylvaner, burgunder);
          anbaugebiet: (rheinpfalz, baden, elsass);
          qualitaet: (kabinett, spaetlese, auslese);
          preis: real
        END
```

Die Felder haben die Gestalt von Variablendeklarationen in einem Programm; entsprechend ist auch das Zusammenziehen von Feldern des gleichen Typs erlaubt, wobei die Namen, durch Kommata getrennt, eine Liste (**field identifier list**) bilden:

record type

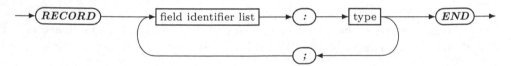

field identifier list

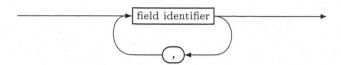

Die Feldnamen müssen **innerhalb der Definition eines record-Typs eindeutig** sein; ihre Reihenfolge ist dabei unbedeutend. Als Typen von Feldern sind beliebige Typen zulässig, also insbesondere wieder record-Typen. Wir werden im folgenden Variable vom record-Typ auch kurz als records bezeichnen. Die Komponenten einer Variablen eines Verbundtyps (also die Felder) werden durch den Variablennamen, gefolgt von einem Punkt und dem Feldnamen (**record selector**), angesprochen: sie werden in jeder Hinsicht wie Variable des Feldtyps behandelt (**selektierte Variable, field designator**).

Mit der Vereinbarung

```
VAR hausmarke: wein
```

sind die Anweisungen

```
hausmarke.rebsorte := riesling;
hausmarke.anbaugebiet := elsass;
hausmarke.jahrgang := 1979;
IF hausmarke.preis < 6.50
   THEN write('preiswert')
   ELSE write('teuer')
```

korrekt. Bei geschachtelten records ist der Zugriff auf Felder von Feldern entsprechend, also durch mehrfache Selektion, möglich. Betrachten wir als Beispiel die Variable $x1$, die folgendermaßen vereinbart ist:

```
VAR
  x1: RECORD
        x2: RECORD
              x3: integer;
              x4: boolean
            END;
        x5: char
      END
```

Dann hat die selektierte Variable $x1.x2$ selbst wieder einen record-Typ. Folglich ist $x1.x2.x3$ wieder eine selektierte Variable, und zwar vom Typ *integer*. Damit sind beispielsweise folgende Anweisungen korrekt:

```
x1.x2.x3 := 1704;
x1.x2.x4 := false;
IF x1.x5 = 'a'
   THEN x1.x2.x4 := NOT x1.x2.x4
```

Der Zwang zur Angabe des Feldnamens lässt die Auswahl des Felds als Ergebnis von Operationen im Programm nicht zu (vgl. dagegen Indexberechnungen bei arrays). Dies ist ein weiterer wesentlicher Unterschied zum array-Typ; er beruht auf der Forderung, dass der Typ einer aus einem strukturierten Typ ausgewählten Komponente vor der Ausführung des Programms bekannt sein muss.

Da Feldnamen nur im Zusammenhang mit vereinbarten record-Variablen im Programm eingesetzt werden können, wird die Eindeutigkeit der Feldnamen lediglich **innerhalb** der Definition eines record-Typs gefordert. Insbesondere darf eine Variable eines record-Typs den gleichen Namen haben wie ein Feld. Damit sind die Vereinbarungen

```
TYPE
   a = RECORD
          a1: integer;
          a2: boolean;
          a3: 'a' .. 'z'
       END;
VAR
   a1, a2: a;
   a3: char;
```

und die Anweisungen

```
read(a3);
read(a1.a1, a2.a1);
IF a3 IN ['a' .. 'z']
   THEN a1.a3 := a3
```

zulässig; aus Gründen der Transparenz von Programmen sollten derartige Konstruktionen allerdings vermieden werden.

Außer der **Zuweisung** zwischen Variablen des gleichen record-Typs gibt es **keine Operatoren, Funktionen** oder **Prozeduren** für Werte von record-Typen. Insbesondere ist die Ein- und Ausgabe von Werten von record-Typen vom Programmierer selbst zu beschreiben. Für Daten vom Typ *wein* lässt sich eine Ausgabeprozedur wie folgt angeben, wenn man die Prozeduren *rwrite, awrite* und *qwrite* für die Ausgabe der Aufzählungstypen voraussetzt:

```
PROCEDURE weinwrite(marke: wein);
   BEGIN
      writeln(marke.jahrgang);
```

```
    rwrite(marke.rebsorte);
    awrite(marke.anbaugebiet);
    qwrite(marke.qualitaet);
    write('euro ', marke.preis)
  END
```

Da im ganzen Prozedurblock lediglich mit Feldern des record *marke* operiert wird, wäre die einmalige Angabe dieser Tatsache dem fortwährenden Aufschreiben des Vorspanns *marke.* vor dem entsprechenden Feld vorzuziehen. Dies ist in Pascal mithilfe des **with-statement** zu bewerkstelligen.

6.2.2   Das with-statement

Es beginnt mit dem Schlüsselwort **WITH**, gefolgt vom Namen einer Variablen eines record-Typs, dem Schlüsselwort **DO** und einem statement:

with-statement

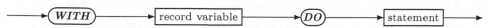

In dem auf das **DO** folgenden statement, das im allgemeinen ein compound statement sein wird, kann ein Feld der angegebenen record-Variablen allein durch den Feldnamen bezeichnet werden; **die Feldnamen gelten als** für das statement **lokal vereinbart** (mit allen Konsequenzen bezüglich der Schachtelung von Gültigkeitsbereichen).

Die im vorangehenden Abschnitt definierte Prozedur *weinwrite* ist damit einfacher zu schreiben:

```
PROCEDURE weinwrite2 (marke: wein);
  BEGIN
    WITH marke DO
      BEGIN
        writeln(jahrgang);
        rwrite(rebsorte);
        awrite(anbaugebiet);
        qwrite(qualitaet);
        write('euro ', preis)
      END
  END
```

Zuweisungen an die record-Variable selbst sind innerhalb eines with-statement **nicht** gestattet. Wenn die record-Variable mittels Indizierung eines arrays (oder mithilfe eines Zeigers, vgl. Kap. 7) beschrieben wird, so erfolgen die zur Auswertung nötigen Schritte **vor** der Ausführung des statement.

Wir geben ein **Beispiel** für die Verwendung von records: Das Verzeichnis aller **Mitglieder eines Vereins** mit höchstens 300 Mitgliedern sei als array dargestellt. Jedes Element des arrays repräsentiere ein Mitglied; es sei als record mit Komponenten für den Namen, die Anschrift und das Eintrittsjahr in den Verein angegeben. Der Name bestehe aus der Anrede, dem Vornamen und dem Nachnamen, die Anschrift aus Straße, Hausnummer, Postleitzahl und Wohnort.

Diese Situation wird durch die folgenden Vereinbarungen beschrieben:

```
CONST
  maxanzahl = 300;
TYPE
  person = RECORD
             name: RECORD
                     anrede: (herr, frau, frl);
                     vorname, nachname:
                     PACKED ARRAY [1 .. 10] OF char
                   END;
             anschrift: RECORD
                          strasse, wohnort:
                          PACKED ARRAY [1 .. 16] OF char;
                          hausnr, plz: integer
                        END
           END;
VAR
  mitglieder: ARRAY [1 .. maxanzahl] OF
                RECORD
                  personalien: person;
                  eintrittsjahr: 0 .. 2000
                END;
```

Der Grund für die vielfältige Schachtelung der records ist der Wunsch, Komponenten, die selbst records sind, außer in der eigenen Typdefinition auch in anderem Zusammenhang verwenden zu können. Daher haben wir zum Beispiel den record-Typ *person* ohne Einschluss der Komponente *eintrittsjahr* definiert, obwohl diese für die Beschreibung der Mitglieder wesentlich ist. Damit ist es möglich, neue Typen, die zwar vom Typ *person*, aber nicht vom *eintrittsjahr* Gebrauch machen, unter Rückgriff auf den Typ *person* zu definieren. Darüber hinaus können Variable des Typs *person* in Zuweisungsoperationen eingesetzt werden. Man kann dann beispielsweise eine Variable *jugendlicher* eines record-Typs wie folgt definieren.

```
VAR
  jugendlicher: RECORD
                  personalien: person;
                  alter: 1 .. 18
                END
```

Sollen die Daten eines Vereinsmitglieds auf die Variable *jugendlicher* übertragen werden, so kann dies (bei entsprechenden Voraussetzungen) durch die folgenden Zuweisungen geschehen:

```
jugendlicher.personalien := mitglieder[12].personalien;
jugendlicher.alter := 17
```

Desgleichen ist auch die Zuweisung von „Datenblöcken" von Mitgliedern untereinander möglich: Stimmen etwa bei zwei Mitgliedern die Anschriften überein (z. B. bei Ehegatten), so kann die Anschrift des einen Mitglieds mittels der Anschrift des anderen Mitglieds definiert werden, z. B. durch

```
mitglieder[12].personalien.anschrift := mitglieder[11].personalien.
anschrift
```

Natürlich muss auch hier die Komponente *anschrift* der record-variablen *mitglieder[11]* schon einen definierten Wert haben.

Die Aufnahme eines neuen Mitglieds in den Verein kann unter Verwendung des with-statements durch die Initialisierung der array-Komponente mit der nächsten freien Nummer (etwa 196) erfolgen, zum Beispiel als

```
WITH mitglieder[196] DO
  BEGIN
    eintrittsjahr := 1623;
    WITH personalien DO
      BEGIN
        WITH name DO
          BEGIN
            anrede := herr;
            vorname := 'blaise   ';
            nachname := 'pascal   ';
          END;
        WITH anschrift DO
          BEGIN
            hausnr := 67;
            plz := 75000;
            strasse := 'cardinal-lemoine';
            wohnort := 'paris       ';
          END
      END
  END;
```

Man beachte, wie viel aufwendiger diese Formulierung ohne with-statement gewesen wäre:

```
{...}
mitglieder[196].personalien.name.anrede := herr;
mitglieder[196].personalien.name.vorname := 'blaise ';
{...}
```

Anstelle der **Schachtelung von with-statements**

```
WITH var1 DO
  WITH var2 DO
    {...}
      WITH varn DO
```

ist es erlaubt, kürzer

```
WITH var1, var2 {...}, varn DO
```

zu schreiben. Da bei der Schachtelung von Gültigkeitsbereichen die Reihenfolge der Schachtelung eine wesentliche Rolle spielt, gilt dies auch für die Reihenfolge der Nennung der Variablen in der Variablenliste des with-statement. Damit ist das with-statement definiert als

with-statement

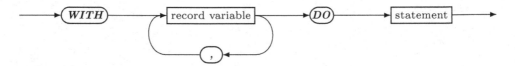

Nach den Regeln für Gültigkeitsbereiche kann die oben angegebene Initialisierung auch einfach wie folgt vorgenommen werden:

```
WITH mitglieder[196], personalien, name, anschrift DO
  BEGIN
    eintrittsjahr := 1623;
    anrede := herr;
    vorname := 'blaise    ';
    nachname := 'pascal    ';
    strasse := 'cardinal-lemoine';
    hausnr := 67;
    wohnort := 'paris         ';
    plz := 75000
  END
```

Man beachte, dass mit *mitglieder[196]* in der Liste der record-Variablen die Felder *perso-nalien* und *eintrittsjahr* wie lokale Variable zu behandeln sind, mit der Angabe von *perso-nalien* die Felder *name* und *anschrift* etc.

Insbesondere bewirkt bei den Vereinbarungen

```
TYPE
  x = RECORD
          y: RECORD
                 y: integer;
                 z: boolean
             END;
          z: integer
      END;
VAR
  v: x;
```

die Anweisung

```
WITH v, y DO s,
```

dass bei Angabe von *y* bzw. *z* im statement *s v.y.y* bzw. *v.y.z* angesprochen wird; *v.z* ist daher in *s* nur explizit angebbar, etwa:

```
WITH v, y DO
  BEGIN
    y := 5;
    z := true;
    v.z := y
  END
```

Die Verwendung solcher lediglich lokal eindeutiger Namen kompliziert häufig, wie auch im angegebenen Beispiel, das Verständnis von Programmen erheblich, wenn sie auch formal zulässig ist.

In der Realität wird oft der Wunsch nach einer Beschreibungsmöglichkeit für Objekte, die sich von Fall zu Fall ein wenig unterscheiden, auftreten; so will man vielleicht im Mitgliederverzeichnis eine Angabe über den Familienstand des Mitglieds machen, und bei verheirateten Mitgliedern den Namen des Ehegatten und eine Information darüber, ob dieser auch Vereinsmitglied ist, angeben; bei ledigen Mitgliedern soll vermerkt werden, ob diese einen eigenen Hausstand führen oder nicht. Statt nun alle möglichen Informationen als Felder eines record-Typs zu vereinbaren und jeweils nur die benötigten zu verwenden, kann man in Pascal Varianten eines record angeben, wobei jeweils nur im speziell zutref-fenden Fall die entsprechenden Felder belegt werden.

6.2.3   Records mit Varianten

Durch die Angabe eines varianten Teils in der Definition eines record-Typs ist es möglich, sowohl eine **unterschiedliche Anzahl** als auch **verschiedene Typen** von Feldern in diesem record zu beschreiben und ein für die Auswahl der Variante entscheidendes Feld (**tag field**) anzugeben. Der variante Teil steht, wenn er auftritt, hinter dem festen (invarianten) Teil, der allerdings auch ganz fehlen kann (records ohne Varianten sind also ein spezieller Fall der records mit Varianten). Wir erweitern die Definition des record-Typs zu

record type

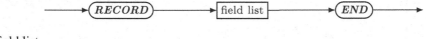

field list

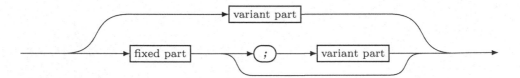

fixed part

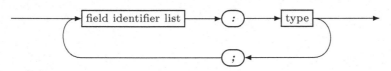

variant part

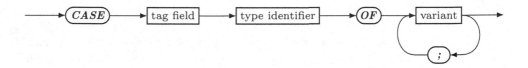

tag field

variant

Ein Beispiel für die Definition eines record-Typs mit festem und variantem Teil ist die am Ende des letzten Abschnitts beschriebene Erweiterung des record-Typs *person:*

```
TYPE
  famstd = (verh, verw, gesch, led);
  person = RECORD
             name:
               RECORD
                 {vgl. beschreibung im vorangehenden abschnitt}
               END;
             anschrift:
               RECORD
                 {vgl. beschreibung im vorangehenden abschnitt}
               END;
           CASE familienstand: famstd OF
             verh:
                 (gattenname: PACKED ARRAY [1 .. 10] OF char;
                  gatteistmitglied: boolean);
             led:
                 (hausstand: boolean)
           END;
```

Man beachte, dass für den varianten Teil kein eigenes *END* erforderlich ist, da dieser ohnehin durch das zum *RECORD* gehörende *END* abgeschlossen wird. Das tag-field, in unserem Beispiel das Feld *familienstand*, ist ein Feld des Satzes, das mit den entsprechenden Werten (des Typs *famstd* im Beispiel) belegt werden kann; es ist durch die Angabe nach *CASE* definiert. Die im Verbund aktuell gewählte Variante wird bestimmt durch den Wert des tag-field.

Der Zugriff auf Varianten, die nicht zum aktuellen Wert des tag-field gehören, ist zwar prinzipiell zulässig und in manchen Fällen auch als (übler?) Programmiertrick verwendbar, im Allgemeinen aber nicht ratsam. Da die Wirkung eines derartigen Zugriffs von der Implementation abhängt, werden wir auf seine Verwendung verzichten.

Die in den case-constant-lists auftretenden case-constants (**Variantenkonstanten**) müssen eindeutig sein; nach dem Pascal-Report müssen nicht alle möglichen Werte des tag-field als Variantenkonstanten auftreten. Das Pascal-Manual dagegen schreibt vor, dass jeder Wert des tag-field auch als Variantenkonstante auftritt. Es ist sicherlich der bessere Programmierstil, in diesem Punkt dem Pascal-Manual zu folgen. Für einen Wert des tag-field gilt gerade diejenige Variante als **gewählt**, in deren case-constant-list dieser Wert auftritt (tritt er nirgends auf, so ist keine der Varianten ausgewählt); man bezeichnet das tag-field daher als **Variantenselektor**.

Setzen wir die Deklaration einer Variablen *mitglieder* wie im letzten Abschnitt (vgl. Abschn. 6.2.2) voraus, aber nunmehr mit der geänderten Definition des Typs *person*, so lässt sich die dort angegebene Initialisierung von *mitglieder[196]* ergänzen durch Hinzunahme der folgenden Anweisung:

```
WITH mitglieder[196], personalien DO
  BEGIN
    familienstand := verh;
    gattenname := 'unbekannt  ';
    gatteistmitglied := false
  END
```

Alle Feldnamen innerhalb eines Verbunds (also auch diejenigen **aller Varianten**) müssen eindeutig sein.

Das Ausgeben des Gattennamen im obigen Beispiel ist z. B. durch

```
WITH mitglieder[196], personalien DO
  IF familienstand = verh
    THEN write(gattenname)
```

möglich.

Zur Ausgabe eines Wertes eines record-Typs mit Varianten wird man im Allgemeinen jedoch mittels des case-statements den Wert des Variantenselektors prüfen und eine Ausgabe abhängig von dessen Wert vornehmen:

```
WITH mitglieder[196], personalien DO
  CASE familienstand OF
    verh: BEGIN
             write('name des ehegatten: ');
             writeln(gattenname);
             IF gatteistmitglied
                THEN writeln('gatte ist mitglied')
                ELSE writeln('gatte ist nicht mitglied')
          END;
    led: IF hausstand
            THEN write('fuehrt eigenen hausstand');
    verw, gesch:
  END
```

Das tag-field kann in der Definition eines record-Typs mit Varianten gemäß Pascal-Report auch fehlen; die Wahl der Variante muss dann irgendwie aus dem Kontext, etwa der Reihenfolge der Bearbeitung mehrerer records, ableitbar sein. Diese Konstruktion führt allerdings leicht zu undurchsichtigen Programmen und ist daher im Allgemeinen nicht zu empfehlen.

Wir haben uns bei der Zusammenfassung mehrerer Mitgliederdaten zu einer Mitgliederdatei damit beholfen, ein array von records zu definieren; da dieses array eine festgelegte Größe hat, die wir nicht bei jedem Mitgliederzu- bzw. -abgang ändern wollen, werden wir im allgemeinen einen Teil des reservierten Speicherplatzes nicht benötigen oder aber den Speicherbereich erweitern müssen. Was wir uns hier eigentlich wünschen ist ein Datentyp, der, im Gegensatz zum array, eine **variable Anzahl von Komponenten** vorsieht. Der set-Typ ist dafür nicht geeignet, da er als Basistyp nur einfache Typen akzeptiert und die Anzahl der Elemente häufig stark beschränkt ist. Der in Pascal definierbare Typ mit dieser Eigenschaft ist der **file-Typ** (Datei), den wir bereits von der Ein- und Ausgabe kennen (*input, output*).

6.3   Der file-Typ

Eine **beliebig lange Folge von Komponenten des gleichen Typs** ist in Pascal durch den Datentyp file darstellbar. Die Länge der Folge kann während des Programmlaufs variieren; eine Begrenzung der Länge besteht nicht. Der **Zugriff** zu einem Element erfolgt, im Gegensatz zum array oder record, nicht durch die Angabe eines die Auswahl vornehmenden Werts (Index oder Feldname), sondern **allein durch die aktuelle Position** in der Folge; die Folgenelemente können nur aufeinanderfolgend (**sequentiell**) bearbeitet werden (beim array oder record: wahlfrei, direkt). Dieses Konzept wird als **sequential file** (sequentielle Datei) bezeichnet und ist auf Computern z. B. durch das Speichermedium Magnetband realisiert. Aus dieser Realisierung stammen weitere Eigenschaften; so ist z. B. selbst die sequentielle Bearbeitung der Elemente nur mit Einschränkungen möglich (Elemente dürfen bei einem Durchlauf entweder nur gelesen oder nur geschrieben werden, und vor jedem neuen Durchlauf ist eine ausgezeichnete Anfangssituation herzustellen (Umspulen des Bandes)). Wir werden künftig Variable vom file-Typ kurz als files bezeichnen.

Die Übernahme bereits existierender files von außen ins Programm bzw. die Übertragung von files nach außen (**external files**) ist in Standard-Pascal so vorgesehen, wie wir das von *input* und *output* schon kennen: Die Namen aller externen Dateien werden im Programmkopf vermerkt. Verwendet man solche nicht vordefinierten externen Dateien, so muss man diese außerdem im Programm spezifizieren. Ein solcher Programmkopf hat dann etwa die Gestalt

```
PROGRAM updatefile (input, oldfile, newfile);
```

wenn *oldfile* und *newfile* als vom file-Typ vereinbarte Variablen sind. Viele Pascal-Implementationen verwenden allerdings einen völlig anderen Mechanismus zur Zuordnung externer Dateien an (interne) Dateinamen. Der Programmkopf behält dann seine Gestalt, d. h., lediglich die Dateien *input* und *output* werden dort aufgeführt. Im Programm wird dann mithilfe einer Standardprozedur mit einer (internen) file-Variablen und dem Namen einer (externen) Datei als Parameter die Zuordnung hergestellt (*assign, reset, rewrite* je nach Implementation). Wir werden auf die für external files zu beachtenden Gesichtspunkte nicht näher eingehen, weil in Standard-Pascal dafür keine weiteren Vorkehrungen getroffen sind, sondern lediglich die Handhabung von files innerhalb eines Programms erläutern.

6.3.1   Die Beschreibung und Manipulation von files im Allgemeinen

Ein file-Typ wird beschrieben durch die Schlüsselworte **FILE OF**, gefolgt von einem beliebigen Typ:

file type

Zu jedem Zeitpunkt ist nur die durch die aktuelle file-Position bestimmte Komponente verfügbar; zu diesem Zweck ist mit der Definition einer Variablen v vom Typ **FILE OF** t automatisch eine **Puffervariable** (**buffer variable**) $v\uparrow$ vom Typ t zur Aufnahme des Werts der aktuellen file-Komponente vereinbart (sie wirkt wie ein **Fenster**, hinter dem sich stets gerade eine file-Komponente befindet):

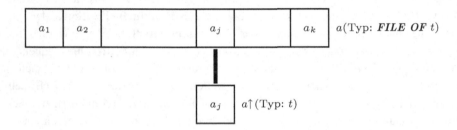

Der Zugriff auf diese eine Komponente ist allerdings nicht, wie etwa beim array, ohne Einschränkung erlaubt; ein file kann, bei der ersten Komponente beginnend, entweder nur inspiziert (**gelesen**) oder nur verändert (**geschrieben**) werden. Man spricht daher auch von den **Zuständen** (**Lesezustand, Schreibzustand**) eines files. Zur Handhabung von files gibt es in Pascal Anweisungen (**file handling procedures**) für die **Zustandsänderung**, verbunden mit der **Positionierung des Fensters an den file-Anfang,** und für die **Bewegung des Fensters** in einer Richtung.

Darüber hinaus zeigt die bereits bekannte Funktion *eof* mit dem Namen einer file-Variablen als Parameter das Ende dieses files an: ist f eine Variable eines file-Typs, so liefert die Funktion $eof(f)$ den Wert *true*, wenn das Fenster hinter der letzten file-Komponente steht, sonst den Wert *false* (im in obiger Abbildung dargestellten Fall hat $eof(a)$ den Wert *false*):

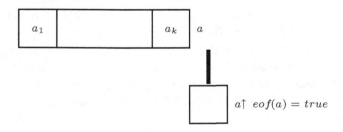

Mit der **Standardprozedur** *reset(f)* wird das Fenster des files f an den Anfang (auf die erste Komponente) zurückbewegt und f in den **Lesezustand** gebracht. Ist f leer (besteht f aus 0 Komponenten), so liefert *eof(f)* den Wert *true* und $f\uparrow$ ist undefiniert; ist f nicht leer, so liefert *eof(f)* den Wert *false* und $f\uparrow$ hat den Wert der ersten Komponente, *reset(a)* führt im obigen Beispiel zu folgender Situation (die Pfeilrichtung zeigt die Richtung des Informationsflusses an):

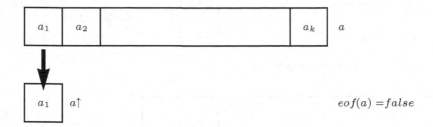

Die durch die Operation *reset(b)* für ein leeres file b erzielte Situation lässt sich damit wie folgt darstellen:

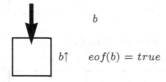

Die **Standardprozedur** *rewrite(f)* bewirkt, dass file f gelöscht (f wird zum leeren file) und in den **Schreibzustand** gebracht wird. Das Fenster steht am Anfang von f, und *eof(f)* liefert den Wert *true*. *rewrite(a)* im obigen Beispiel führt zur folgenden Situation:

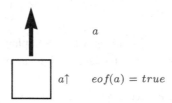

Das Vorrücken des Fensters zur nächsten Komponente eines files f und das (automatische) Übertragen des Werts dieser Komponente in die Puffervariable $f\uparrow$ wird im **Lesezustand** mit der **Prozedur** *get(f)* erreicht, falls das Fenster nicht bereits hinter dem file-Ende steht. Hat beim Aufruf von *get(f) eof(f)* bereits den Wert *true*, so ist die Wirkung dieses Aufrufs nicht definiert (bei fast allen Rechenanlagen wird die Programmausführung abgebrochen). Gibt es eine solche nächste Komponente nicht, so ist der Wert der Puffervariablen undefiniert, und *eof* wird *true*.

Von der Situation

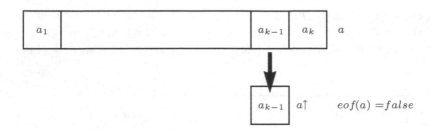

führt ein Aufruf von *get(a)* zur Situation

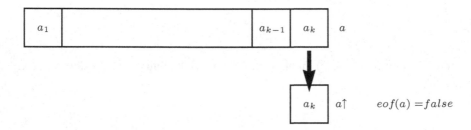

Ein weiterer Aufruf von *get(a)* führt zur Situation

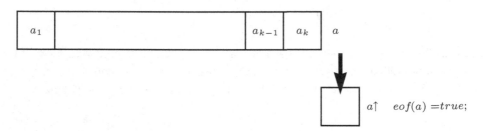

Ein weiterer Aufruf von *get(a)* ist ein Fehler. Manche Implementationen von Pascal erlauben es, solche Fehler im Programm abzufangen; bei anderen führt ein solcher Fehler dagegen zum Programmabbruch.

Es ist zu beachten, dass die Prozedur *get* nur für files aufgerufen werden darf, die sich im Lesezustand befinden (vgl. Prozedur *reset*).

Das Aufbauen von files geschieht mithilfe der **Prozedur put**, die nur für files im **Schreibzustand** aufgerufen werden darf (vgl. Prozedur *rewrite*). Ein Aufruf von *put(f)* für ein file *f* bewirkt, dass der Wert der Puffervariablen *f↑* an *f* angehängt wird; dazu muss vor Ausführung des Prozeduraufrufs das Fenster hinter der bisher letzten Komponente des files *f* stehen, *eof(f)* also den Wert *true* haben. *eof* behält nach der Ausführung von *put* den Wert *true*, und der Wert der Puffervariablen wird undefiniert (das Fenster rückt an die nächste Komponente). Die Wirkung eines Aufrufs *put(f)* ist gemäß Pascal-Manual ein Fehler, wenn *eof(f)* vor diesem Aufruf den Wert *false* hat.

Allerdings verwenden manche Pascal-Implementationen den Wert der Funktion *eof* ganz anders; beispielsweise liefert *eof* im Schreibzustand für ein file gerade dann den Wert *true*, wenn auf dem externen Speichermedium (z. B. Diskette) nicht mehr genügend Platz ist.

In der durch *rewrite(a)* und die Zuweisung eines Wertes *x* des entsprechenden Typs an *a↑* herbeigeführten Situation

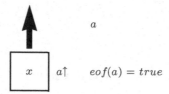

führt ein Aufruf *put(a)* zur Situation

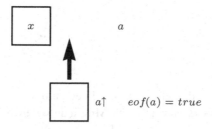

In dieser Situation, also unmittelbar nach Ausführung von *put(a)*, ist der Wert der Puffervariablen *a↑* undefiniert. Eine Zuweisung von *y* an *a↑* und ein weiterer Aufruf *put(a)* führen zu

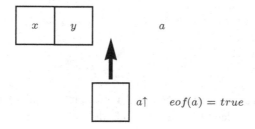

Die bisher beschriebenen Prozeduren und Funktionen für den Umgang mit files sind im Hinblick auf externe Speichermedien konzipiert worden (genauer: Medien, die sequentiellen Zugriff gestatten). Die meisten Pascal-Implementationen, insbesondere auf dialogfähigen Kleinrechnern, erlauben außerdem einige andere Dateioperationen, wie etwa den direkten Zugriff auf Komponenten (ähnlich dem Zugriff beim array), und außerdem das Manipulieren interaktiver Dateien (etwa beim Benutzer-Maschinen-Dialog). Die entsprechenden Ergänzungen des file-Konzepts sind aber implementationsspezifisch; Einzelheiten sind den jeweiligen Handbüchern zu entnehmen. Wir wollen uns hier auf die grundlegenden Konzepte, die bereits mit Standard-Pascal erklärt sind, beschränken.

Wir wollen als Beispiel für die Verwendung von files das Mitgliederverzeichnis von Abschn. 6.2.3 in vereinfachter Form vom array zum file übertragen. Wir nehmen an, dass Mitglieder lediglich mit Namen und Vornamen angegeben sind, und dass ein Verzeichnis der Mitglieder in Form eines array bereits bestehe; wir geben dann lediglich ein Programmstück an, das ein Mitgliederverzeichnis als file erstellt. Setzen wir die Definitionen

```
CONST
  max = 300;
TYPE
  mitglied = RECORD
                  vorname, name: PACKED ARRAY [1 .. 10] OF char
              END;
  verzarray = ARRAY [1 .. max] OF mitglied;
  verzfile = FILE OF mitglied;
VAR
  altverz: verzarray;
  neuverz: verzfile;
  anzahl, i: 1 .. max;
  j: integer;
```

voraus, wobei *anzahl* die aktuelle Mitgliederzahl angibt und die Komponenten 1 bis *anzahl* des Feldes *altverz* mit den Mitgliederdaten belegt sind, so lässt sich das gewünschte Programmstück angeben als

```
{uebertragen der mitgliederdaten vom array zum file}
{neuverz in schreibzustand bringen}
rewrite(neuverz);
FOR i := 1 TO anzahl DO
  BEGIN {uebertrage daten von mitglied i zum file}
    neuverz↑ := altverz[i];
    put(neuverz)
  END
```

Will man etwa die Anzahl der Mitglieder mit Namen Müller feststellen, so kann dies durch einmaliges Lesen des files (Lesezustand, file-Anfang) und entsprechendes Zählen mittels einer Variablen geschehen; wir setzen die Vereinbarung der Variablen *j* vom Typ *integer* voraus:

```
{anzahl der mitglieder mit namen mueller feststellen}
{neuverz in lesezustand bringen}
reset(neuverz);
{bisher haben 0 mitglieder den namen mueller}
j:= 0;
{lesen aller mitglieder, also bis end-of-file}
```

```
WHILE NOT eof(neuverz) DO
  BEGIN {verarbeite aktuelle komponente}
    IF neuverz↑.name = 'mueller '
      THEN j := j + 1;
    {hole naechste komponente}
    get(neuverz)
  END;
write(j, ' mitglieder heissen mueller.')
```

Es ist ein offensichtlicher Nachteil, dass das Ändern von file-Komponenten nicht ohne Kopieren des ganzen files möglich ist; um eine Komponente eines files zu ändern (bzw. zu entfernen bzw. einzufügen), muss das file bis zur entsprechenden Stelle kopiert werden, die eine Komponente geändert übernommen (bzw. weggelassen bzw. hinzugenommen) werden, der Rest des files kopiert werden, und im allgemeinen das ganze kopierte file wieder in das ursprüngliche file zurückkopiert werden. Kopieren ist dabei das sukzessive Lesen des zu kopierenden files und das sukzessive Schreiben der Kopie.

Beispiel: Verschmelzen von Folgen
Als weiteres Beispiel wollen wir das **Problem** betrachten, zwei **aufsteigend sortierte Folgen** von Objekten zu einer neuen, ebenfalls aufsteigend sortierten Folge zu **verschmelzen.** Jede der Folgen soll als file dargestellt werden, und als Komponententyp sei ein beliebiger Typ zugelassen, auf dem eine vollständige Ordnung definiert ist (also einer der Typen *real, integer, boolean, char,* ein Aufzählungs-, Ausschnitts- oder string-Typ). Bezeichnen wir die beiden zu verschmelzenden Folgen mit f bzw. g und die Resultatsfolge mit h, so löst das folgende **Verfahren** das obige Problem:

1. Solange weder f noch g zu Ende bearbeitet ist, betrachte zunächst das jeweils erste Element von f und g als aktuelles Element und führe die folgenden Operationen aus:

   Vergleiche das aktuelle Element von f mit dem von g. Ist dasjenige von f das kleinere, dann übertrage es nach h und nimm das nächste Element von f als aktuelles; sonst übertrage das Element von g nach h und nimm das nächste Element von g als aktuelles.

2. Übertrage den Rest von f nach h, falls erforderlich.
3. Übertrage den Rest von g nach h, falls erforderlich.

Man mache sich die Wirkung des Verfahrens klar, indem man es auf Folgen f und g von ganzen Zahlen anwendet, etwa auf $f = 12, 13, 25$ und $g = -7, 0, 12, 15, 17$.
   Ausgehend von der Definition

```
TYPE folge = FILE OF elementtyp
```

wobei *elementtyp* einer der oben angegebenen Typen ist, geben wir eine Prozedur für das Mischen zweier Folgen zu einer dritten an unter Verwendung geeigneter Prozeduren, die wir später definieren:

```
PROCEDURE mische (VAR f, g, h: folge):
  BEGIN
    reset(f);
    reset(g);
    rewrite(h);
    WHILE NOT (eof(f) OR eof(g)) DO
      IF f↑<g↑
        THEN uebertrage(f, h)
        ELSE uebertrage(g, h);
    restuebertrage(f, h);
    restuebertrage(g, h)
  END
```

Die Prozedur *uebertrage(von, nach)* muss das aktuelle Element von Datei *von* nach Datei *nach* übertragen und das Fenster für Datei *von* verschieben:

```
PROCEDURE uebertrage (VAR von, nach: folge);
  BEGIN
    nach↑ := von↑;
    put(nach);
    get(von)
  END
```

Durch *restuebertrage(von, nach)* müssen alle restlichen Elemente von *von* nach *nach* übertragen werden:

```
PROCEDURE restuebertrage (VAR von, nach: folge);
  BEGIN
    WHILE NOT eof(von) DO
      uebertrage(von, nach)
  END
```

Wenn die Prozeduren *uebertrage* und *restuebertrage* lediglich von der Prozedur *mische* aufgerufen werden, kann man die Prozedurvereinbarungen auch anders angeben: anstatt alle drei Prozeduren auf dem gleichen Niveau in der genannten Reihenfolge zu definieren, vereinbart man *uebertrage* und *restuebertrage* innerhalb der Prozedur *mische*. Die Definition von *mische* hat dann die folgende Gestalt:

```
PROCEDURE mische (VAR f, g, h: folge);
  PROCEDURE uebertrage (VAR von, nach: folge);
    BEGIN
      nach↑ := von↑;
      put(nach);
      get(von)
    END;
  PROCEDURE restuebertrage (VAR von, nach: folge);
    BEGIN
      WHILE NOT eof(von) DO
        uebertrage(von, nach)
    END;
  BEGIN {mische}
    {anweisungsteil der prozedur mische}
  END; {mische}
```

Treten files als Parameter von Prozeduren oder Funktionen auf, so müssen sie laut Standard-Pascal als **variable-Parameter** vereinbart sein. Das ist auch natürlich: für value-Parameter muss beim Aufruf eine Zuweisung des Werts des formalen an den aktuellen Parameter vorgenommen werden; die Zuweisung ist aber für files nicht definiert.

Neben der Möglichkeit, selbst file-Typen zu definieren, gibt es in Pascal einen vordefinierten file-Typ, den **Standardtyp text** (dies ist der einzige strukturierte Standardtyp); files vom Typ *text* werden als Textfiles bezeichnet.

6.3.2 Textfiles

Ein **Text** ist in Pascal eine Folge von Zeilen, die aus Druckzeichen bestehen. Denkt man sich also den Wertebereich des Standardtyps *char* um das (nicht druckbare) **Zeilenende-Zeichen** (end-of-line character) erweitert, so ist der Standardtyp *text* erklärt als

```
TYPE text = FILE OF char
```

Wir kennen bereits solche Textfiles aus Kap. 2: *input* und *output* sind Standardnamen für Variablen des Typs *text* (die einzige Standard-Variablen in Pascal); sie werden als durch

```
VAR input, output: text
```

vereinbart betrachtet. Allerdings haben wir für das Arbeiten mit *input* bzw. *output* nie die Prozedur *get* bzw. *put* und *reset* bzw. *rewrite* verwendet. Die Anwendung von *reset* oder *rewrite* auf *input* oder *output* ist auch in Standard-Pascal nicht zulässig (wohl aber bei vielen Implementationen), da weder eine Änderung des Zustands noch ein Zurücksetzen an den Anfang des files erwünscht ist (meist aus technischen Gründen); *input* befindet sich automatisch stets im Lesezustand, *output* im Schreibzustand. Die Prozeduraufrufe *get(input)* bzw. *put(output)* sind dagegen völlig korrekt; wir haben sie lediglich deshalb nicht verwendet, weil für Textfiles komfortablere Prozeduren für das Lesen bzw. Schreiben zur Verfügung stehen, nämlich die in Kap. 2 als Anweisungen vorgestellten **Standardprozeduren *read, readln, write* und *writeln***. Sie können mit der gleichen Bedeutung wie für *input* und *output* (vgl. Kap. 2) auf **selbstdefinierte Textfiles** angewandt werden. Dann muss allerdings der **file-Name als erster Parameter** in der entsprechenden Parameterliste auftreten. Das Entsprechende gilt für die **Standardfunktion *eoln*** und die **Standardprozedur *page***; letztere ist nur auf Textfiles anwendbar, die eine Seiteneinteilung besitzen (Drucker, Bildschirm o. ä.). Damit sind die folgenden Prozedur- bzw. Funktionsaufrufe jeweils paarweise äquivalent:

read(input, x1, ..., xn)	und *read(x1, ..., xn)*
readln(input)	und *readln*
write(output, p1, ..., pn)	und *write(p1, ..., pn)*
writeln(output)	und *writeln*
eof (*input*)	und *eof*
eoln(input)	und *eoln*
page(output)	und *page*

Die Prozeduren *read, readln, write, writeln* schließen eine **automatische Typkonversion** ein: Parameter bei *read, readln* dürfen Namen von Variablen des Typs *real, integer* oder *char* sein; bei *write, writeln* dürfen dies Ausdrücke der genannten Typen, des Typs *boolean* oder eines string-Typs sein. Die Bedeutung der Typkonversion ist im Kap. 2 präzise erläutert worden; wir verzichten darauf, dies hier zu wiederholen.

Wir wollen jedoch die Wirkung eines Aufrufs der Prozedur *read* mit einem Textfile-Namen und dem Namen einer Variablen vom Typ *char* mithilfe von *get* erklären:

```
read(f, x)  ist äquivalent zu  x := f↑;
                    get(f)
```

wobei die Vereinbarungen

```
VAR
  f: text;
  x: char
```

vorausgesetzt werden. Analog ist

```
write(f, x)  äquivalent zu  f↑ := x;
                    put(f)
```

Die Puffervariable $f\uparrow$ eines Textfiles f muss bei Verwendung der Prozeduren *read* und *write* nicht explizit angegeben werden; der Umgang mit Textfiles wird auf diese Weise sowohl komfortabler als auch konzeptuell einfacher (man benötigt das Konzept der Puffervariablen für die Anwendung von *read* bzw. *write* nicht). Dies macht die **Anwendung der Prozeduren read und write auf files im Allgemeinen** (statt nur auf Textfiles) wünschenswert. Sie ist in Pascal auch in der Tat **zugelassen:** mit den Vereinbarungen

```
VAR
  f: FILE OF t;
  x: t
```

sind *read* bzw. *write* wie oben definiert.

Beispiel: Sortieren durch Verschmelzen
Betrachten wir als weiteres Beispiel für die Verwendung von files das **Problem,** eine Folge von als Eingabe vorliegenden Zahlen **zu sortieren** und in sortierter Reihenfolge auszugeben. Ein (rekursives) Verfahren, um dies zu bewerkstelligen, ist das

Sortieren durch Verschmelzen:

1. Falls die Folge nur aus einem Element besteht, so ist sie sortiert, und das Verfahren ist beendet; andernfalls setze das Verfahren mit Schritt 2 fort.
2. Zerteile die Folge in zwei möglichst gleich lange Folgen.
3. Wende das Verfahren „Sortieren durch Verschmelzen" auf jede der beiden Folgen an.
4. Verschmelze die beiden Folgen; die erhaltene Folge ist das Ergebnis.

Die Anzahl der Folgenelemente sei zu Beginn der Bearbeitung unbekannt; wir werden den Schritt 2 des Verfahrens (Zerteilung in 2 Folgen) realisieren, indem wir abwechselnd der ersten bzw. zweiten Teilfolge das nächste Folgenelement zuordnen. Zur Verdeutlichung des Verfahrens wollen wir dies auf die Folge der ganzen Zahlen 12, 17, −7, 0, 15 anwenden; ⟋ stehe für das Zerteilen, ⟍ für das Verschmelzen:

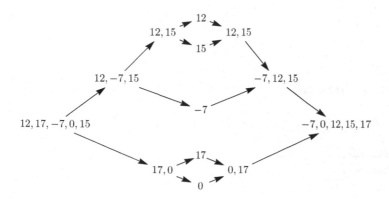

Zur Übertragung dieses Sortieralgorithmus in eine Pascal-Prozedur müssen wir uns lediglich die Schritte 1 und 2 genauer überlegen; Schritt 3 ist ein rekursiver Aufruf der Prozedur und Schritt 4 ein Aufruf der im vorangehenden Abschnitt definierten Prozedur *mische*.

Zur Realisierung von Schritt 1 müssen wir zunächst prüfen, ob die zu sortierende Folge leer ist. Wenn dies nicht der Fall ist, muss geprüft werden, ob die Folge aus genau einem Element besteht; dann nämlich bricht das Verfahren ab. Dazu wird das erste Element der Folge gelesen und die *eof*-Bedingung überprüft. Sind weitere Folgenelemente vorhanden, so wird die Ausführung der Schritte 2, 3 und 4 initiiert.

Im Schritt 2 werden die Folgenelemente abwechselnd auf die beiden Teilfolgen übertragen; das bereits gelesene erste Element darf dabei nicht vergessen werden.

Nennen wir die zu sortierende Folge *f*1, die beiden Teilfolgen *f*2 bzw. *f*3, und ein Folgenelement *x*, so lässt sich das Sortierverfahren grob angeben als

```
{mischsort}
{schritt1:}
reset(f1);
IF NOT eof(f1)
  THEN
    BEGIN {folge ist nicht leer}
      read(f1, x);
      IF NOT eof(f1)
        THEN
          BEGIN {folge enthaelt mehr als ein element}
            {schritt 2};
            {schritt 3};
            {schritt 4}
          END
    END
```

Wir formulieren Schritt 2 folgendermaßen:

```
{schritt2:}
rewrite(f2);
rewrite(f3);
write(f2, x);
flipflop := false;
WHILE NOT eof(f1) DO
  BEGIN
    read(f1, x);
    IF flipflop
      THEN write(f2, x)
      ELSE write(f3, x);
    flipflop := NOT flipflop
  END
```

Die Prozedur *mischsort* kann dann angegeben werden als

```
PROCEDURE mischsort (VAR f1: folge);
  VAR
    f2, f3: folge;
    x: elementtyp;
    flipflop: boolean;
  BEGIN
    reset(f1);
    IF NOT eof(f1)
      THEN
        BEGIN {folge ist nicht leer}
          read(f1, x);
          IF NOT eof(f1)
            THEN
              BEGIN {mehr als ein element}
                rewrite(f2);
                rewrite(f3);
                write(f2, x);
                flipflop := false;
                WHILE NOT eof(f1) DO
                  BEGIN
                    read(f1, x);
                    IF flipflop
                      THEN write(f2, x)
                      ELSE write(f3, x);
                    flipflop := NOT flipflop
                  END;
                mischsort(f2);
                mischsort(f3);
                mische(f2, f3, f1)
              END
        END
  END
```

Man beachte die Notwendigkeit des Zurücksetzens (*reset* bzw. *rewrite*) der files *f1, f2, f3!*

Mithilfe der Prozedur *mischsort* kann die **Aufgabe, eine beliebig lange Folge einzulesender ganzer Zahlen sortiert wieder auszugeben,** unter Ausnutzung der automatischen Typkonversion wie folgt gelöst werden:

1. Lies und übertrage die Zahlen auf ein file *f* des Typs **FILE OF** *integer*.
2. *mischsort(f)*
3. Ausgabe von *f*.

Wir formulieren dies folgendermaßen in Pascal:

```
PROGRAM sortieren (input, output);
TYPE
  elementtyp = integer;
  folge = FILE OF elementtyp;
VAR
  f: folge;
  x: elementtyp;
PROCEDURE mische (VAR f, g, h: folge);
  {wie in abschnitt 6.3.1}
PROCEDURE mischsort (VAR f1: folge);
  {wie oben}
BEGIN {lesen und uebertragen}
  rewrite(f);
  REPEAT {annahme: mindestens eine zahl wird eingegeben}
    readln(x);
    write(f, x)
  UNTIL eof;
  {sortieren}
  mischsort(f);
  {ausgabe}
  reset(f);
  WHILE NOT eof(f) DO
    BEGIN
      read(f, x);
      write(x)
    END
END.
```

Bei diesem Sortierprogramm ist es wesentlich, dass **nicht** jeder file-Variablen auch ein externes file zugeordnet werden muss: diese Zuordnung müsste sonst bei jedem rekursiven Aufruf der Prozedur *mischsort* für die lokalen file-Variablen *f2* und *f3* erfolgen! Deshalb, und auch schon aus Gründen der Verwaltung des externen Speicherplatzes (etwa auf Platte, Diskette) ist das Sortierprogramm für solche Pascal-Implementationen, die die Zuordnung externer Dateien zu (internen) file-Variablen zwingend fordern, nicht in der vorgestellten Form anwendbar.

Man beachte, dass die Verwendung von *read* bzw. *write* häufig klarer ist als die von Puffervariablen und *get* bzw. *put*; im Abschnitt {*ausgabe*} des Sortierprogramms hätten wir anstelle von

```
read(f, x)
write(x)
```

auch schreiben können

```
write(f1);
get(f)
```

Die Ersparnis der zusätzlichen Variablen x hätten wir dabei allerdings zu Lasten der Programmklarheit erzielt.

In Standard-Pascal wird gefordert, dass für Komponenten von files die Zuweisungsoperation erklärt ist. Da diese Operation für files selbst nicht erklärt ist, kann man **files als Komponenten von files** (*FILE OF FILE OF type*) in Standard-Pascal nicht verwenden. Kommen files als Komponenten anderer strukturierter Typen vor, so ist die Zuweisungsoperation für diese Typen **nicht** erklärt.

Der Zeigertyp

7

Die strukturierten Datentypen (array, set, record, file) erlauben es, mehrere Komponenten zu einer neuen Gesamtheit zusammenzufassen. Deren Struktur und beim array-, set- und record-Typ auch die Anzahl der Komponenten sind in der Typdefinition festgelegt; beim file ist diese Anzahl variabel, aber die Struktur besonders restriktiv. Man kann sich darüber hinaus noch viele andere Strukturen vorstellen. Anstatt jedoch eine Vielzahl von wünschenswerten Datenstrukturen einzeln vorzugeben, bietet Pascal die Möglichkeit, nach gewissen Regeln Strukturen selbst zu definieren. Dabei werden Beziehungen zwischen Komponenten durch **Zeiger (pointer)** hergestellt.

Im Zusammenhang mit Pointern wird in Pascal zugleich eine neue Art von Variablen eingeführt, deren Gültigkeit nicht an die Blockstruktur gebunden ist, sondern mithilfe von Standardprozeduren während der Programmausführung (**dynamisch**) in Kraft und auch wieder außer Kraft gesetzt werden kann. Bevor wir darauf eingehen, wollen wir uns zunächst das Wesen eines Zeigers klarmachen.

Ein Zeiger ist ein **Hinweis (Verweis, Referenz)** auf eine Stelle, an der sich ein (beliebig komplexes) Datum befinden kann. Dieser Hinweis ist selbst ein Datum, aber stets genau zu unterscheiden von dem Datum, auf das er weist. Der Unterschied zwischen Zeigern und Objekten, auf die Zeiger weisen, ist uns aus dem täglichen Leben wohlbekannt.

Wir geben einige Beispiele dafür:

- Die Anschrift einer Person ist ein Zeiger; er zeigt auf die entsprechende Wohnung, das Haus o. ä.
- Der (Zeige-) Finger des Lesers, der als Lesehilfe beim Lesen dieses Buches über den Text wandert, ist ein Zeiger; er zeigt auf die Textstelle, die der Leser gerade liest.[1]

---

[1] Die im obigen Text auftretende „1" ist ein Zeiger; er zeigt auf diese Fußnote. Die Bedeutung solcher Zeiger ist dem Leser offenbar geläufig.

© Springer Fachmedien Wiesbaden GmbH, ein Teil von Springer Nature 2018
T. Ottmann, P. Widmayer, *Programmierung mit PASCAL*,
https://doi.org/10.1007/978-3-658-18121-5_7

- Die Beschreibung

  „das achte Wort in der ersten Zeile des Abschn. 5.2 dieses Buches" ist ein Zeiger; er
  zeigt auf das Wort „Pascal".

Wir werden einen Zeiger grafisch als einen Punkt, von dem ein Pfeil ausgeht, darstellen;
die Pfeilspitze zeigt auf eine Stelle, die ein Datum aufnehmen kann:

Was ist der Typ eines Zeigers? In Pascal ist der Typ eines Zeigers durch den Typ der
Objekte, auf die er zeigen kann, festgelegt. (Demnach ist eine Personenanschrift von
anderem Typ als eine Hausanschrift!) Dies schlägt sich in der Definition von Zeigertypen
nieder: Ein **Zeigertyp** (**pointer type**) wird definiert durch einen Pfeil nach oben, gefolgt
von einem beliebigen Typ, der durch einen Typnamen angegeben werden muss:

pointer type

Bei den Vereinbarungen

```
TYPE
  t = integer;
  p = ↑t;
VAR
  p1: p;
```

nennt man p Zeigertyp mit **Bezugstyp** (domain type) t und $p1$ eine Variable vom Zeigertyp
p oder einfach eine **Zeigervariable.**

Eine Zeigervariable hat als mögliche Werte Zeiger auf Objekte (Werte) des
Bezugstyps. Jede Zeigervariable hat als einen möglichen Wert den „leeren", auf
nichts zeigenden Zeiger *NIL.* Wir werden ihn grafisch als Punkt ohne Pfeil darstellen.
Die Menge der möglichen Werte von $p1$ sind also Zeiger auf ganze Zahlen einschließlich *NIL.* Dabei wissen wir freilich nicht, was diese Zeiger denn „wirklich" sind. Es
ist manchmal hilfreich, sich vorzustellen, dass ein Zeiger die Adresse eines Speicherplatzes ist.

Mit der Vereinbarung einer Variablen eines Zeigertyps ist **nicht** etwa eine Variable des
Bezugstyps vereinbart und auch **kein** Speicherplatz für ein Objekt des Bezugstyps reserviert. Ein solcher Speicherplatz kann ausschließlich dynamisch mittels der Standardprozedur *new* erzeugt werden; seine Existenz ist unabhängig von Blöcken.

Die **Standardprozedur** *new* akzeptiert als Parameter eine Zeigervariable. Ein Aufruf bewirkt, dass ein Speicherplatz zur Aufnahme eines Objekts des Bezugstyps geschaffen wird und die Zeigervariable als Wert einen Zeiger auf diesen Speicherplatz erhält. Der durch einen Aufruf von *new* geschaffene Speicherplatz hat keinen eigenen Namen, sondern ist nur indirekt durch den Namen der Zeigervariablen ansprechbar.

Beispielsweise hat bei den oben genannten Vereinbarungen der Aufruf

```
new(p1)
```

die Schaffung eines Speicherplatzes zur Aufnahme eines Objekts des Bezugstyps *t* zur Folge; zugleich wird der Zeigervariablen *p1* als Wert ein Zeiger auf diesen Speicherplatz zugewiesen. Der Speicherplatz ist unter dem Namen *p1↑* ansprechbar, *p1↑* ist also wie eine Variable vom Bezugstyp *t* (also vom Typ *integer*) anzusehen und heißt daher auch **Bezugsvariable (referenced variable, identified variable)**. Nun ist etwa die Zuweisung

```
p1↑ := 17
```

zulässig. (Aber natürlich ist *p1 : = 17* **nicht** zulässig.)

Mit jeder Vereinbarung einer Zeigervariablen ist also zugleich die Möglichkeit zur Schaffung einer Bezugsvariablen des jeweiligen Bezugstyps gegeben. Die Bezugsvariable wird durch einen Aufruf von *new* geschaffen und benannt durch den Namen der Zeigervariablen, gefolgt von einem Pfeil nach oben:

referenced variable

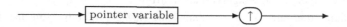

Bezugsvariablen haben also im Gegensatz zu allen bisherigen Variablen eine **dynamische** Existenz: Ihre Gültigkeit ist nicht an die Blockstruktur von Programmen gekoppelt, sondern kann ohne jede Bezugnahme auf die Programmstruktur dynamisch in Kraft (mit *new*) und auch wieder außer Kraft (mit *dispose*, s.u.) gesetzt werden.

Die bei den oben angegebenen Vereinbarungen nach Ausführung von

```
new(p1);
p1↑ := 17
```

entstandene Situation kann grafisch wie folgt dargestellt werden:

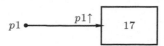

Man beachte, dass *p1* durch die Vereinbarung als Variable vom Zeigertyp *p* allein noch keinen Wert hat, insbesondere nicht den Wert **NIL.** Insofern unterscheidet sich die

Vereinbarung einer Variablen vom Zeigertyp nicht von derjenigen einer gewöhnlichen Variablen. Insbesondere sind Regeln über die Gültigkeit von Vereinbarungen wie für alle anderen Variablen zu beachten. Eine dynamische, d. h. nicht an die Blockstruktur des Programms gebundene, Existenz hat lediglich *p1*↑, aber nicht *p1*.

Zur Schaffung eines weiteren Speicherplatzes zur Aufnahme eines Objektes vom Bezugstyp *t*, also zur Schaffung einer weiteren Bezugsvariablen, könnte man *new(p1)* erneut aufrufen. Ein solcher zweiter Aufruf bewirkt aber, dass *p1* nunmehr einen neuen Wert bekommt, nämlich einen Zeiger auf diesen neu erzeugten Speicherplatz:

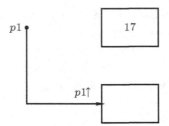

Die Bezugsvariable mit Wert *17* ist zwar noch gültig (ihre Gültigkeit ist nicht explizit außer Kraft gesetzt worden), aber der Bezug über den Zeiger ist verloren: wir können auf den Wert der Bezugsvariablen nicht mehr zugreifen. In dieser Situation gibt es also zwar zwei Bezugsvariablen, aber nur einen (den Bezug herstellenden) Zeiger. Der Zugriff auf die beim ersten Aufruf *new(p1)* erzeugte Bezugsvariable geht dann nicht verloren, wenn man entweder vor einem zweiten Aufruf von *new(p1)* einer von *p1* verschiedenen Zeigervariablen den Wert von *p1* zugewiesen hat oder aber die Prozedur *new* beim zweiten Mal für eine von *p1* verschiedene Zeigervariable aufruft.

Das Ziel, durch mehrere Aufrufe von *new* eine einzige, irgendwie zusammenhängende Struktur zu erzeugen, wird allerdings nur erreicht, wenn die durch einen Aufruf von *new* erzeugten Bezugsvariablen einen strukturierten Bezugstyp mit einem Zeigertyp als Komponententyp haben.

Natürlich sollen die Bezugsvariablen nicht nur Zeiger als Komponenten eines Wertes, sondern auch die „eigentlichen" Informationen enthalten können. Daher wählt man als Bezugstyp meist einen record-Typ; dieser besitzt eine Komponente vom Zeigertyp, der seinerseits den record-Typ als Bezugstyp hat.

Beispielsweise ist bei der Definition

```
TYPE
   btyp = RECORD
             info: integer;
             next: ↑btyp
          END
```

mit der Vereinbarung

```
VAR z: ↑btyp
```

das dynamische Erzeugen und Verketten von Speicherplätzen zur Speicherung von ganzen Zahlen wie folgt möglich:

Die Zeigervariable z ist (statisch) vereinbart; sie kann als Parameter für einen Aufruf der Prozedur *new* verwendet werden. Nach einem ersten Aufruf *new(z)* existiert die Bezugsvariable $z\uparrow$; ihr Typ ist der Bezugstyp *btyp*. Als Komponente der Variablen $z\uparrow$ gibt es die Variable $z\uparrow.next$ vom Zeigertyp ↑*btyp*. Also ist $z\uparrow.next$ ebenfalls eine Zeigervariable. Demnach ist ein zweiter Prozeduraufruf *new(z↑.next)* jetzt zulässig; er führt zu der Situation

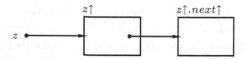

Durch fortgesetzte analoge Aufrufe der Prozedur *new* kann damit eine verkettete Liste von Variablen des record-Typs *btyp* erzeugt werden. Die *next*-Komponenten dieser Variablen (mit Ausnahme der letzten) haben bestimmte Werte, die *info*-Komponenten jedoch allein durch die Aufrufe von *new* (noch) nicht.

Das eben angegebene Verfahren zur Erzeugung einer verketteten Liste von Variablen eines (strukturierten) Bezugstyps hat den schwerwiegenden Nachteil, dass jede neu geschaffene Variable eigens benannt werden muss. Wir werden eine andere Technik zur Erzeugung verketteter Strukturen später näher beschreiben.

Man beachte, dass die oben angegebene Definition des Typs *btyp* **rekursiv** ist: Die Typdefinition des Typs *btyp* enthält eine Komponente vom Zeigertyp mit Bezugstyp *btyp*. Der Grundsatz der Reihenfolge der Definitionen muss für Zeigertypen nicht eingehalten werden: ein Typname darf als Bezugstyp eines Zeigertyps verwendet werden, bevor er definiert ist; er muss allerdings dann im gleichen Typdefinitionsteil definiert sein.

Es ist also korrekt, einen Typ *zeigertyp* als pointer-Typ mit Bezugstyp *btyp* und *btyp* als record-Typ mit einer Komponente vom Typ *zeigertyp* zu definieren:

```
TYPE
   zeigertyp = ↑btyp;
   btyp = RECORD
             info: integer;
             next: zeigertyp
          END
```

Es ist nicht zulässig, die Reihenfolge der Definitionen umzukehren.

Für Variablen eines Zeigertyps sind die Zuweisungsoperation und die relationalen Operationen der Gleichheit und der Ungleichheit (=,<>) erklärt.

Wir werden fortan auch einfach von Zeigern sprechen, wenn genau genommen Zeiger-variablen oder Werte derartiger Variablen gemeint sind.

Wir beschreiben als Beispiel ein Programm zur Lösung der folgenden **Aufgabe**:

▶ Es soll eine Folge ganzer Zahlen gelesen, mithilfe von Zeigern in einer verket-teten Liste gespeichert und anschließend in umgekehrter Reihenfolge wieder ausgegeben werden.

Wir werden zu diesem Zweck eine verkettete Liste mit einem Zeiger a auf den Lis-tenanfang (Anfangszeiger) definieren. Der Zeiger des letzten Listenelements soll, da er nicht auf weitere Elemente zeigt, den Wert **NIL** haben. Zu Anfang sei die Liste leer, d. h. sie bestehe aus dem Anfangszeiger a mit Wert **NIL**. Für jede gelesene Zahl wird dann ein neues Listenelement geschaffen, das an den Beginn der Liste als neues erstes Element angehängt wird. Der Anfangszeiger a kann als Parameter zum Aufruf der Prozedur *new* nicht dienen, da sonst der alte Wert von a verloren geht; wir werden also einen weiteren Zeiger p verwenden und durch *new(p)* ein jeweils neues Element erzeugen. Wie dieses Element an die bereits bestehende Liste angehängt werden muss, ist grafisch leicht zu sehen:

Ausgehend von den Vereinbarungen

```
{vereinbarungen}
TYPE
  ptr = ↑liste;
  liste = RECORD
            dat: integer;
            next: ptr
          END;
VAR
  a, p: ptr;
```

und z. B. der Situation

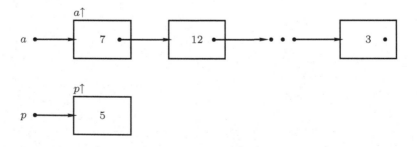

wird die Situation

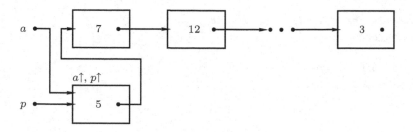

durch „**Umhängen**" von **Zeigern** erreicht:

```
p↑.next := a;
a := p
```

Der Hilfszeiger *p* ist nun für weitere Aufrufe der Prozedur *new* verfügbar. Das Programmstück für den Aufbau der Liste wollen wir dann wie folgt angeben:

```
{liste aufbauen}
{anfangswert setzen}
a := NIL;
REPEAT {lesen in neues element}
  new(p);
  write('naechstes Listenelement, bitte: ');
  readln(p↑.dat);
  {umhaengen}
  p↑.next := a;
  a := p
UNTIL eof
```

Durch die von uns gewählte Methode des Listenaufbaus stehen die gelesenen Zahlen bereits in umgekehrter Reihenfolge in der Liste, beginnend mit dem Element, auf das der Anfangszeiger weist. Die Ausgabe ist einfach zu beschreiben, wenn wir den Hilfszeiger *p* **durch die Liste schieben** („ **Durchhangeln**"):

```
{ausgabe der liste}
p := a;
WHILE p <> NIL DO
  BEGIN
    write(p↑.dat);
    p := p↑.next
  END
```

Das gewünschte Programm ergibt sich aus den angegebenen Teilen:

```
PROGRAM listenaufbau (input, output);
{vereinbarungen};
BEGIN
  {liste aufbauen};
  {ausgabe der liste}
END
```

Natürlich werden die mit Zeigern verknüpften Komponenten nicht immer von solch einfachem Typ wie im obigen Beispiel sein; insbesondere können records mit (geschachtelten) Varianten auftreten. Bei einem Aufruf der Prozedur *new* muss dann Speicherplatz
bereitgestellt werden, der für jede der Varianten ausreicht (das ist ja auch für statische
Variablen solcher record-Typen der Fall). Man kann sich jedoch auch schon beim Schaffen
eines solchen records auf eine Variante festlegen. Dies wird erreicht durch die **Angabe
eines weiteren Prozedurparameters,** nämlich einer **Konstanten** für den **Wert des
Variantenselektors.**
   Bei den Vereinbarungen

```
TYPE
  a = RECORD
        b: integer;
      CASE c: boolean OF
        true: (CASE d: boolean OF
                true: (e, f: ↑a);
                false: (g: integer));
        false: (h: char)
      END;
VAR
  x: ↑a;
```

sind die Aufrufe

```
new(x)
new(x, true)
new(x, false)
```

zulässig. Durch die Auswahl einer Varianten beim Aufruf von *new* ist diese Variante
für die Bezugsvariable ein für alle Mal fest gewählt. Es genügt also, wenn so viel
Speicherplatz bereitgestellt wird, wie für die gewählte Variante benötigt wird; allerdings geht kaum eine Pascal-Implementation wirklich so sparsam mit dem Speicherplatz um.

Darüber hinaus ist es möglich, **geschachtelte Varianten** durch Angabe einer **lücken-losen Folge von Konstanten** für Werte der Variantenselektoren zu berücksichtigen. Im obigen Beispiel sind die Aufrufe

```
new(x, true, true)
new(x, true, false)
```

ebenfalls zulässig.

Der Aufruf *new(x, false, true)* dagegen ist **nicht** zulässig (man überprüfe dies anhand der Definition des Typs *a*).

Die Wahl der Variante von auf diese Weise geschaffenen records liegt fest; die entsprechenden Werte dürfen während des Programmlaufs nicht geändert werden. Die Parameter für die Auswahl der Variante müssen Konstanten sein, damit ihr Wert vor dem Programmlauf feststeht. Die entsprechenden Variantenselektoren (tag-fields) haben durch den Aufruf der Prozedur *new* **noch keinen Wert** (dieser muss, wie üblich, zugewiesen werden).

Die Schaffung eines Elements vom oben angegeben Typ und die Zuweisung von Werten kann beispielsweise erfolgen als

```
new(x, true);
WITH x↑ DO
  BEGIN
    b := 1001;
    c := true;
    d := false;
    g := 0815
  END
```

Beispiel: Sortieren durch Einfügen

Betrachten wir als weiteres Beispiel für die Verwendung von pointern folgendes **Problem:**

▶   Eine Folge von einzulesenden Zahlen ist in aufsteigend sortierter Reihenfolge wieder auszugeben.

Wir modifizieren lediglich das Programm *listenaufbau,* indem wir die jeweils nächste Zahl nicht am Listenanfang, sondern an der Stelle einfügen, an die sie gemäß der Sortierung gehört. Das Einfügen eines neuen Elements zwischen zwei (zu findende) Elemente einer verketteten Liste ist nur dann ohne weiteres möglich, wenn die beiden gefundenen Listenelemente zugänglich sind. Zeigt je ein Hilfszeiger auf das eine bzw. andere Element, so ist diese Bedingung sicherlich erfüllt. Der Zugriff ist aber auch mit nur einem Hilfszeiger möglich, wenn dieser auf das näher am Listenanfang liegende Element zeigt:

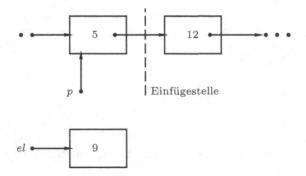

In der dargestellten Situation erreicht man bei den Vereinbarungen

```
TYPE
  ptr = ↑liste;
  liste = RECORD
              dat: real;
              next: ptr
          END;
VAR
  p, el: ptr;
```

das Einfügen eines neuen Listenelements durch Umhängen von Zeigern:

```
el↑.next := p↑.next;
p↑.next := el
```

Will man nur einen einzigen Zeiger durch die Liste wandern lassen, so ist das Finden der Einfügestelle durch „**Zurückhängen und Vorausschauen**" in der Liste möglich. Die Einfügestelle ist gefunden, wenn der Zahlenwert im auf *p*↑ folgenden Element (also in *p*↑. *next*↑) **erstmals** größer ist als der im einzufügenden Element *el*↑:

```
IF p↑.next↑.dat > el↑.dat
  THEN {einfuegen}
  ELSE {weiterhangeln}
```

Damit ist der Kern des Verfahrens beschrieben. Allerdings kann diese Art der Einfügung nur im Innern einer Liste angewandt werden, wenn also zwischen zwei bereits vorhandenen Elementen eingefügt werden soll. Wir müssen die Fälle, dass es noch keine zwei Elemente in der Liste gibt bzw. am Anfang bzw. am Ende der Liste eingefügt werden soll, separat betrachten.

Betrachten wir zunächst den Fall der leeren Liste. Das erste gelesene Element wird einfach als einziges Listenelement in die Liste aufgenommen. Wir erinnern an die im Kap. 3 getroffene Vereinbarung, Folgen von real- oder integer-Literalen über *input* stets so einzugeben, dass z. B. jedes Literal am Zeilenanfang beginnt; das letzte Literal wird unmittelbar durch die eof-Marke abgeschlossen. Damit ist zur Prüfung des Eingabeendes einfach der Wert der Funktion *eof* abzufragen. Wir nehmen auch hier wieder an, dass mindestens ein Wert eingegeben wird. Bevor das erste Literal gelesen wird, ist die Liste leer; die leere Liste wird durch den Anfangszeiger *a* vom Typ *ptr* mit Wert **NIL** dargestellt:

```
{initialisierung}
a := NIL;
```

Wir können eine einelementige Liste aus der leeren Liste aufbauen, indem wir das neue Element als neues erstes Listenelement der bisherigen (leeren) Liste voranstellen:

```
new(el);
readln(el↑.dat);
el↑.next := a;
a := el
```

Wenn es zum Zeitpunkt des Einfügens wenigstens ein Element in der Liste gibt, so kann das neue einzufügende Element entweder am Anfang, im Innern oder am Ende der Liste eingefügt werden müssen. Diese Fälle werden im Folgenden analysiert.

Wir beginnen das Durchsuchen der Liste mit dem Zeiger *p* am Listenanfang. Dann vergleichen wir den Wert des einzufügenden Elements mit dem des ersten Listenelements. Ist der Wert des neuen Elements kleiner als der des ersten Listenelements, so müssen wir das neue Element ganz am Anfang der Liste einfügen. Andernfalls durchlaufen wir die Liste mithilfe des Zeigers *p* und fügen das neue Element an der richtigen Stelle ein (entweder im Innern der Liste, wie bereits beschrieben, oder am Listenende, wie weiter unten angegeben):

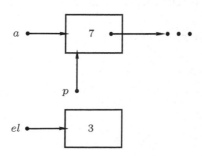

Wir können dies durch

```
IF a↑.dat > el↑.dat
   THEN {fuege am anfang ein}
     BEGIN
        el↑.next := a;
        a := el
     END
   ELSE {durchsuche die liste und fuege ein}
```

ausdrücken.

Wenn *p* am letzten Listenelement angekommen ist, so ist der Wert des einzufügenden Elements größer als alle Werte in der Liste. Das neue Element muss daher hinter dem letzten Element eingefügt werden:

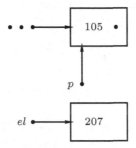

Das Einfügen kann dann einfach wie im Innern der Liste durch

```
el↑.next := p↑.next;
p↑.next := el
```

geschehen.

der so aufgebauten Liste ist als Teil {*ausgabe der liste*} im Programm *listenaufbau* weiter oben bereits angegeben worden.

Wir geben das ganze Programm für das Sortieren durch fortgesetztes Einfügen damit wie folgt an:

Programm: Sortieren durch Einfügen

```
PROGRAM einfuegesort (input, output);
TYPE
   ptr = ↑liste;
   liste = RECORD
             dat: real;
```

```pascal
                    next: ptr
            END;
VAR
  a, p, el: ptr;
  fertig: boolean;
BEGIN {bilde einelementige liste}
  a := NIL;
  new(el);
  write('erstes listenelement, bitte: ');
  readln(el↑.dat);
  el↑.next := a;
  a := el;
  WHILE NOT eof DO
    BEGIN {lies und fuege naechste zahl ein}
      new(el);
      write('naechstes listenelement, bitte: ');
      readln(el↑.dat);
      IF a↑.dat > el↑.dat
        THEN
          BEGIN {fuege am anfang ein}
            el↑.next := a;
            a := el
          END
        ELSE
          BEGIN
            p := a;
            fertig := false;
            WHILE (p↑.next <>  NIL)
              AND (NOT fertig) DO
              IF p↑.next↑.dat > el↑.dat
                THEN
                  BEGIN {fuege im innern ein}
                    el↑.next := p↑.next;
                    p↑.next := el;
                    fertig := true
                  END
                ELSE p := p↑.next;
            IF NOT fertig
              THEN
                BEGIN {fuege am ende ein}
                  el↑.next := p↑.next;
                  p↑.next := el
                END
          END
    END;
```

```
{ausgabe der liste}
p := a;
WHILE p <> NIL DO
  BEGIN
    write(p↑.dat);
    p := p↑.next
  END
END.
```

Wegen der Unabhängigkeit der Gültigkeit dynamisch erzeugter Variablen von der Blockstruktur ist der Einsatz von Prozeduren und Funktionen für die Manipulation verketteter
Strukturen auf besonders elegante Weise möglich. Funktionen können als Werte Zeiger
auf gesuchte Objekte abliefern; Prozeduren können Objekte schaffen, die nach Ausführung des Prozedurblocks noch existieren. Darüber hinaus sind rekursive Funktionen und
Prozeduren auf (rekursiv definierte) verkettete Strukturen besonders natürlich anwendbar.

Wir haben in den bisherigen Beispielen bewusst auf dieses Hilfsmittel verzichtet. Später
werden wir jedoch zeigen, wie viel klarer und knapper auch das Programm *einfuegesort*
mithilfe rekursiver Prozeduren formuliert werden kann.

Zunächst geben wir als Beispiel eine Funktion an, die in einer gemäß obigem Beispiel
aufgebauten Liste nach einem gewissen Objekt sucht und als Ergebnis einen Zeiger auf
dieses Objekt abliefert, falls es in der Liste auftritt, und die sonst den Wert *NIL* hat. (**Zeigertypen** sind, wie im Kap. 5 erwähnt, als **Ergebnistyp von Funktionen** zulässig.) Die
Liste sei dabei durch ihren Anfangszeiger, das Objekt durch seinen Zahlenwert charakterisiert. Wir wählen damit den Funktionskopf

```
FUNCTION stelle (x: real; p: ptr): ptr;
```

Zur Illustration wollen wir diese Funktion rekursiv definieren. Wir prüfen, ob das durch
den Anfangszeiger bezeichnete Objekt das gesuchte ist. Wenn dies der Fall ist, so wird
stelle durch den Wert *p* definiert; sonst ergibt sich der Wert von *stelle* durch Aufruf der
Funktion *stelle* für die restliche Liste. Sobald die Funktion *stelle* mit Zeigerwert *NIL*
aufgerufen wird, ist die Liste zu Ende bearbeitet, das gesuchte Element nicht gefunden
worden, und *stelle* soll den Wert *NIL* liefern:

```
FUNCTION stelle (x: real; p: ptr): ptr;
  BEGIN
    IF p = NIL
      THEN stelle := NIL
      ELSE
        IF p↑.dat = x
          THEN stelle := p
          ELSE stelle := stelle(x, p↑.next)
  END
```

Es fällt auf, dass sowohl im Fall $p = NIL$ als auch im Fall $p{\uparrow}.dat = x$ der Wert von *stelle* der des Zeigers p ist. Man hüte sich jedoch davor, diese beiden Bedingungen mit **OR** zu verknüpfen und den Funktionsblock **fehlerhaft** anzugeben als

```
BEGIN {fehlerhafter funktionsblock}
  IF (p = NIL) OR (p↑.dat = x)
    THEN stelle := p
    ELSE stelle := stelle(x, p↑.next)
END
```

Die Auswertung der beiden durch **OR** verknüpften Bedingungen ist im Allgemeinen zur Ermittlung des Wahrheitswerts der Gesamtbedingung erforderlich. Sobald aber $p = NIL$ gilt, existiert $p{\uparrow}$ nicht mehr und kann folglich nicht angesprochen werden.

Bei der Verwendung **verketteter Strukturen** als **dynamische Gebilde** spielt natürlich nicht nur das Einfügen, sondern auch das Entfernen von Elementen eine zentrale Rolle.

Beispiel: Entfernen von Elementen einer Liste

Wir wollen beispielhaft eine Prozedur beschreiben, die aus der oben definierten Liste ein Element mit gegebenem Wert entfernt, falls es dort auftritt, und sonst eine entsprechende Nachricht ausgibt. Als Prozedurparameter seien der Wert des zu entfernenden Elements und der Zeiger auf den Listenanfang gegeben, der gegebenenfalls zu ändern ist (wenn nämlich (zufällig) das erste Element entfernt werden muss). Wir wählen den Prozedurkopf

```
PROCEDURE entferne (x: real; VAR a: ptr),
```

und wollen uns zunächst auf eine nichtrekursive Formulierung dieser Prozedur beschränken. Das gegebene Element muss, um entfernt werden zu können, erst einmal gefunden sein. Realisieren wir das Suchen durch Aufruf von *stelle(x, a)*, so erhalten wir einen Zeiger auf das zu entfernende Element als Ergebnis (falls es ein solches gibt):

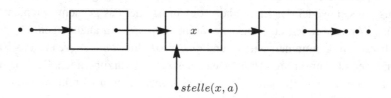

Das Entfernen von x aus der Liste wollen wir als einfaches Ändern eines Zeigers vornehmen; das x vorangehende Element soll mit dem x folgenden Element verknüpft werden:

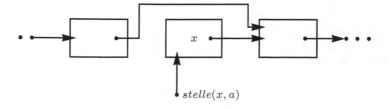

Man mache sich klar, dass das Element mit Wert x dann zwar **noch existiert,** sich aber **nicht mehr in der Liste** befindet.

Um diese Entfernung vornehmen zu können, muss sowohl das **vor** x als auch das **nach** x in der Liste stehende Element ansprechbar sein. Dazu können wir die Funktion *stelle* offenbar leider nicht benutzen. Wir werden daher dasjenige Element suchen, das **vor** x steht.

Sei p ein Zeiger, der durch die Liste wandert, so kann der Kern der Prozedur *entferne* angegeben werden als

```
IF p↑.next↑.dat = x
  THEN {entferne p↑.next↑}
  ELSE {suche weiter}
```

Dieser Teil des Verfahrens beschreibt zunächst lediglich die Vorgehensweise im Innern der Liste, d. h. das Entfernen eines Elements, das von zwei weiteren umgeben ist. Folglich sind die Fälle, dass das erste bzw. das letzte Listenelement zu entfernen ist bzw. dass die Liste aus weniger als drei Elementen besteht, separat zu betrachten. Wir gehen, fallweise unterschieden, wie folgt vor:

(1) Die Liste ist leer.
     Die Liste wird nicht verändert; das zu entfernende Element tritt in der Liste nicht auf.
(2) Die Liste ist nicht leer.
     Es wird geprüft, ob das erste Element zu entfernen ist. Wenn ja, so wird der Anfangszeiger auf den Wert des Zeigers des ersten Elements gesetzt (variable-Parameter); wenn nein, so wird ein Zeiger für das Durchlaufen der Liste auf den Anfangszeigerwert gesetzt und der Listendurchlauf initiiert.

Der Listendurchlauf besteht aus der Ausführung des oben angegebenen Kerns der Prozedur solange, bis entweder das Listenende erreicht ist oder das gesuchte Element entfernt worden ist. Wir verwenden eine logische Variable, *found*, um anzuzeigen, ob diese Entfernung bereits vorgenommen wurde, und eine Prozedur, *umhaenge*, um das Entfernen des gefundenen Elements durch Umhängen eines Zeigers vorzunehmen. Der Fall, dass das letzte Listenelement zu entfernen ist, wird bei diesem Verfahren korrekt mitberücksichtigt. Die Prozedur *entferne* lässt sich somit vollständig angeben:

Nichtrekursive Prozedur für das Entfernen

```
PROCEDURE entferne (x: real; VAR a: ptr),
  VAR
    p: ptr;
    found: boolean;
  PROCEDURE umhaenge (VAR p: ptr; VAR b: boolean),
```

```
    BEGIN {umhaenge}
      p := p↑.next;
      b := true
    END {umhaenge};
  BEGIN {entferne}
    found := false;
    IF a <> NIL
      THEN {liste ist nicht leer}
        IF a↑.dat = x
          THEN {erstes element ist zu entfernen}
            umhaenge(a, found)
          ELSE
            BEGIN {durchlaufen der liste}
              p := a;
              WHILE (p↑.next <> NIL)
                AND NOT found DO
                IF p↑.next↑.dat = x
                  THEN umhaenge(p↑.next, found)
                  ELSE p := p↑.next
            END {durchlaufen};
      IF NOT found
        THEN write('wert tritt nicht auf')
  END {entferne}
```

Man mache sich klar, dass die Wahl von **variable-Parametern** für die Prozedur *umhaenge* wesentlich ist; das entsprechende gilt für den Parameter *a* der Prozedur *entferne*. Man muss jedoch beachten, dass die Entfernung eines Listenelements nur dann korrekt vorgenommen wird, wenn man die Prozedur *entferne* für den eigentlichen Anfangszeiger der Liste aufruft, und nicht etwa für einen Hilfszeiger mit anfänglich gleichem Wert.

Sowohl die gedankliche Entwicklung der Prozedur *entferne* als auch ihre Formulierung in Pascal ist relativ kompliziert. Besonders unangenehm ist die Notwendigkeit, für ein und dieselbe Listenstruktur verschiedene Fälle separat zu betrachten. Wir werden deshalb eine alternative Definition dieser Prozedur, nämlich eine rekursive, angeben, die weitaus eleganter als die bisherige ist. Das Durchlaufen der Liste erfolgt nicht über zusätzliche Zeiger, sondern mithilfe der bereits in der Liste vorhandenen, die Listenstruktur konstituierenden „echten" Zeiger. Solange das gesuchte Element noch nicht gefunden ist, wird die Prozedur rekursiv für den in der Liste folgenden Zeiger aufgerufen. Zeigt der Zeiger auf das zu entfernende Element, so wird er auf das Folgeelement versetzt, und die Folge der rekursiven Aufrufe ist beendet. Sobald der Zeiger den Wert *NIL* hat, bricht die Folge der rekursiven Aufrufe mit einer entsprechenden Nachricht ab. Wir nennen die so beschriebene Prozedur *delete* und definieren sie als

rekursive Prozedur für das Entfernen

```
PROCEDURE delete (x: real; VAR a: ptr);
  BEGIN
    IF a = NIL
      THEN write('wert tritt nicht auf')
      ELSE
        IF a↑.dat = x
          THEN a := a↑.next
          ELSE delete(x, a↑.next)
  END
```

Man vergewissere sich, dass die Prozedur *delete* exakt dieselbe Wirkung hat wie die Prozedur *entferne*.

Auf der gleichen Programmiertechnik beruht die im Folgenden beschriebene Alternative zum Programm *einfuegesort:* Das Programm *einfuegesort2* arbeitet mit der rekursiven Prozedur *lokalisiere*, die auf einfachere Weise die Einfügestelle für ein neues
Element findet. Das Einfügen selbst wird durch die (nicht rekursive) Prozedur *einfuege*
vorgenommen:

Programm: Sortieren durch Einfügen (rekursiv)

```
PROGRAM einfuegesort2 (input, output);
TYPE
  ptr = ↑liste;
  liste = RECORD
              dat: real;
              next: ptr
          END;
VAR
  a, anfang: ptr;
  x: real;
PROCEDURE einfuege (x: real; VAR p: ptr);
  BEGIN
    {schafft neues element a↑;
    belegt dessen datenteil mit wert x;
    fuegt a↑ vor dem element, auf das p zeigt, ein}
    new(a);
    a↑.dat := x;
    a↑.next := p;
    p := a
  END;
```

```
PROCEDURE lokalisiere (x: real; VAR p: ptr);
  BEGIN
    {findet die stelle in der teilliste, die bei zeiger p beginnt,
    an der element mit wert x einzufuegen ist;
    fuegt dieses element durch aufruf der prozedur einfuege dort ein}
    IF p = NIL
      THEN {listenende erreicht, dort einfuegen}
        einfuege(x, p)
      ELSE
        IF p↑.dat > x
          THEN {einfuegestelle gefunden; dort einfuegen}
            einfuege(x, p)
          ELSE
            {loese das problem fuer die teilliste,
            die mit dem naechsten element beginnt}
            lokalisiere(x, p↑.next)
  END;
BEGIN
  {aufbau einer sortierten liste
  durch fortgesetztes einfuegen an der richtigen stelle}
  anfang := NIL;
  REPEAT {mindestens eine eingabe}
    write('naechstes listenelement, bitte: ');
    readln(x);
    lokalisiere(x, anfang)
  UNTIL eof;
  {ausgabe der sortierten liste}
  a := anfang;
  WHILE a <> NIL DO
    BEGIN
      write(a↑.dat);
      a := a↑.next
    END
END.
```

Man mache sich insbesondere die Wirkung der rekursiven Aufrufe der Prozedur *lokalisiere* in diesem Programm klar. Da die Prozedur *einfuege* nur im Block der Prozedur *lokalisiere* verwendet wird, hätte man sie auch dort lokal vereinbaren können. Allerdings wäre dann mit jedem rekursiven Aufruf von *lokalisiere* wegen der stets lokalen Definition der Prozedur *einfuege* ein erhöhter Verwaltungsaufwand durch den Rechner verbunden (vgl. Kap. 5).

Beim Einsatz von *delete* oder *entferne* wird, wie schon erwähnt, ein bestimmtes Element zwar aus der Liste entfernt, die Bezugsvariable aber nicht ungültig. Sie existiert bis zum Programmende weiter, belegt also nutzlos Speicherplatz im Computer. Die Gültigkeit einer mit der Prozedur *new* geschaffenen Bezugsvariablen wird in Pascal mit der **Prozedur** *dispose* außer Kraft gesetzt (der belegte Speicherplatz wird wieder freigegeben). Sie akzeptiert einen Parameter eines Zeigertyps und bewirkt, dass die Bezugsvariable ungültig wird; die Werte aller Zeigervariablen auf diese Bezugsvariable werden undefiniert. Allgemein gilt also, dass die durch *new(p)* geschaffene dynamische Bezugsvariable $p{\uparrow}$ solange existiert, bis ihre Existenz durch *dispose(p)* beendet wird oder das Programmende erreicht ist.

Wir modifizieren als Beispiel die Prozedur *delete* so, dass ein Element **nicht nur** aus der Liste **entfernt, sondern der zuvor belegte Speicherplatz auch wieder freigegeben** wird. Wir verwenden dazu einen Hilfszeiger, der als variable-Parameter angegeben wird, damit nicht bei jedem rekursiven Aufruf der Prozedur ein neuer Speicherplatz für ihn reserviert wird (aus dem gleichen Grund könnten wir den Wert x des Elements als variable-Parameter vereinbaren):

```
PROCEDURE delete2 (x: real; VAR a: ptr);
  {es wird die globale variable hilf vom typ ptr verwendet}
  BEGIN
    IF a = NIL
      THEN write('wert tritt nicht auf')
      ELSE
        IF a↑.dat = x
          THEN
            BEGIN
              hilf := a;
              a := a↑.next;
              dispose(hilf)
            END
          ELSE delete2(x, a↑.next)
  END
```

Ist das ungültig zu machende Element durch einen Aufruf der Prozedur *new* mit Variantenselektoren geschaffen worden, so muss auch *dispose* mit den **identischen** Variantenselektoren angegeben werden. Ein Aufruf der Prozedur *dispose* mit einem undefinierten Zeigerwert oder einem Zeiger mit Wert *NIL* ist ein Fehler.

Beispiel: Garbage collection

Anstatt die Gültigkeit nicht mehr benötigter dynamischer Variablen explizit zu beenden, empfiehlt es sich unter Umständen, vor allem beim häufigen Wechsel von Aufrufen der Prozeduren *new* und *dispose*, diese in einer besonderen Liste zu sammeln. Wenn dann ein neues Element benötigt wird, entnimmt man es nach Möglichkeit dieser Liste. Die Prozedur *new* wird dann nur aufgerufen, wenn keine solchen Elemente mehr vorrätig sind. Die Prozedur *dispose* wird überhaupt nicht aufgerufen. Wir wollen diese unter dem Begriff

„**garbage collection**" (**Abfallsammeln**) bekannte Programmiertechnik an einem Beispiel erläutern. Wir werden je eine Prozedur für das Erzeugen bzw. Zurückgeben von Elementen selbst definieren und diese Prozeduren anstelle von *new* bzw. *dispose* im Programm verwenden. Setzen wir die Definitionen

```
TYPE
  datentyp = {der gewuenschte typ};
  ptr = ↑objekt;
  objekt = RECORD
                 dat: datentyp;
                 next: ptr
            END;
VAR
  garbage: ptr;
```

voraus, so definieren wir folgende Prozeduren:

```
PROCEDURE gibzurueck (VAR p: ptr),
  {fuege das zurueckzugebende element an den anfang der liste garbage
  an}
  BEGIN
    p↑.next := garbage;
    garbage := p;
    {redundant:} p := NIL
  END;
PROCEDURE erzeuge (VAR p: ptr),
  BEGIN
    IF garbage = NIL
      THEN new(p)
      ELSE
        BEGIN
          {entnimm das erste element von der liste garbage}
          p := garbage;
          garbage := p↑.next;
          {redundant:} p↑.next := NIL
        END
  END
```

gibzurueck ist stets anstelle von *dispose* aufzurufen, *erzeuge* anstelle von *new; garbage* ist anfangs der Wert **NIL** zuzuweisen und sonst nirgends im Programm zu verwenden. Während nach einem Aufruf *new(p)* die dynamisch erzeugte Bezugsvariable *p↑* keinen definierten Wert hat, gilt dies natürlich nicht nach einem Aufruf *erzeuge(p)*. Wir haben innerhalb der Prozedur *erzeuge* der Zeigerkomponente der dynamisch erzeugten Variablen den Wert *NIL* zugewiesen, um wenigstens die Verbindung zur Liste *garbage* zu unterbrechen. Entsprechend hat nach einem Aufruf *dispose(p)* die Variable *p* keinen definierten Wert; da dies bei einem Aufruf *gibzurueck(p)* nicht gilt, haben wir wiederum *p* den Wert *NIL* zugewiesen, damit wenigstens die Verbindung zur Liste *garbage* unterbrochen ist.

Wir haben in den bisher angegebenen Beispielen nur Datenstrukturen verwendet, bei denen jede Komponente genau einen Zeiger auf eine andere Komponente besitzt, sogenannte **lineare Strukturen**. Aus der allgemeinen Beschreibung von Zeigern geht jedoch hervor, dass beliebige nichtlineare Strukturen definiert werden können. Eine Komponente besitzt dann mehrere Zeiger auf andere Komponenten. Obwohl viele wichtigen Datenstrukturen (insbesondere Bäume) von dieser Gestalt sind, werden wir im Rahmen dieses Einführungslehrbuchs nicht näher auf sie eingehen. Der interessierte Leser möge auf die reiche Auswahl an Büchern über Algorithmen und Datenstrukturen zurückgreifen.

Neben dem unbestrittenen Vorteil schließt die Verwendung von Zeigern in Pascal auch eine Gefahr ein. Während die Struktur aller anderen Datentypen durch die Pascal-Syntax festliegt, ist die von Zeigertypen vom Programmierer frei wählbar. Er muss daher auch selbst darauf achten, nur solche Strukturen zu definieren, die klar und sicher manipulierbar sind.

Marken und Sprünge

8

Die Programmiersprache Pascal unterstützt, wie bereits erwähnt, nachhaltig das **strukturierte Programmieren.** Das bedeutet: Probleme werden schrittweise gelöst unter Beschränkung auf wenige, als natürlich empfundene Sprachkonzepte. Die Strukturierung wird erreicht durch Verwendung der bisher behandelten statements, Prozeduren und Funktionen und Datentypen. Zeiger bilden allerdings eine gewisse Ausnahme. Sie erlauben es, abweichend von den vorgegebenen, regelmäßigen Strukturen, eigene, auch unregelmäßige, zu definieren. Es bleibt dabei dem Programmierer überlassen, angemessen von dieser Möglichkeit Gebrauch zu machen. Auch aufseiten der statements stellt Pascal ein Mittel zur Verfügung, die in aller Regel zufriedenstellende, in seltenen Fällen aber als unnatürlich empfundene starke Strukturierung zu durchbrechen: die **Sprunganweisung (goto-statement).** Sie bewirkt, dass die Bearbeitung des Programms an einer angegebenen, besonders zu markierenden Stelle im Programm fortgesetzt wird. Solche **Markierungen (Marken, labels)** dürfen **vor** Anweisungen auftreten. Eine Anweisung kann, muss aber nicht, von einer Marke angeführt werden; falls eine Marke vorausgeht, so ist sie von der Anweisung durch einen Doppelpunkt zu trennen. Formal gehört die Marke zur Anweisung, die damit wie folgt definiert ist:

statement

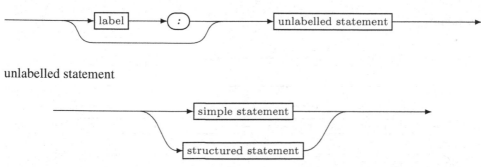

unlabelled statement

© Springer Fachmedien Wiesbaden GmbH, ein Teil von Springer Nature 2018
T. Ottmann, P. Widmayer, *Programmierung mit PASCAL*,
https://doi.org/10.1007/978-3-658-18121-5_8

Als **Marken** sind in Pascal **nur natürliche Zahlen** zugelassen:

label

Beispiele für markierte statements sind:

```
5: write('black or red label?')
6789: x := 7;
10: FOR i := 1 TO 10 DO x := x * i
```

Die **Länge von Marken** ist in Standard-Pascal auf 4 Dezimalziffern beschränkt.

Die **Sprunganweisung** selbst ist eine einfache Anweisung und besteht aus dem Schlüs-selwort **GOTO**, gefolgt von einer Marke (**Sprungziel**):

goto-statement

```
              ──────────────▶( GOTO )──────────────▶│ label │──────────────▶
```

Die Ausführung eines goto-statements bewirkt die **Fortsetzung des Programmablaufs an
der durch die Marke spezifizierten Stelle.** Natürlich können auch goto-statements selbst
markiert sein oder als Teile von zusammengesetzten Anweisungen auftreten.Beispiele sind:

```
5: read(x);
  IF eof
    THEN GOTO 1000;
  write(x);
1: GOTO 5;
1000: ;
```

Alle Marken müssen im Vereinbarungsteil des Blocks, in dem sie als Markierung eines statements auftreten, deklariert sein. Dies geschieht im **Markenvereinbarungsteil (label declaration part)**, der, wenn er auftritt, am Anfang des Vereinbarungsteils eines Blocks steht:

declaration part

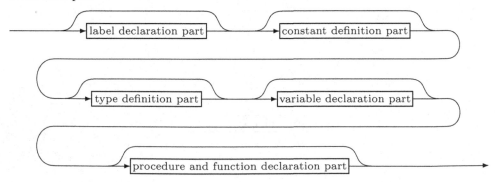

Der Markenvereinbarungsteil besteht aus dem Schlüsselwort *LABEL*, gefolgt von einer Aufzählung von Marken, die durch Kommata getrennt sind, und wird abgeschlossen durch einen Strichpunkt:

label declaration part

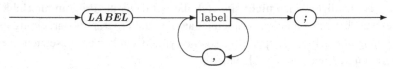

Beispiel:

```
LABEL 5, 1000, 1;
```

Eine vereinbarte Marke muss im **Anweisungsteil** des Blocks, in dem sie vereinbart ist, **genau eine Anweisung markieren.** Sie kann jedoch **beliebig oft als Sprungziel** in goto-statements auftreten. Der Gültigkeitsbereich einer Marke entspricht bezüglich der Verwendung im goto-statement (also als Sprungziel) dem Gültigkeitsbereich vereinbarter Namen: die Marke gilt im Block, in dem sie vereinbart ist, und in allen untergeordneten Blöcken, sofern sie dort nicht lokal wieder deklariert ist. Es ist also möglich, mit einem goto-statement in einen dem aktuellen Block übergeordneten Block zu springen, aber **nicht** in einen untergeordneten, weil die Marke, die dort ein statement markiert, auch in diesem untergeordneten Block vereinbart sein muss, und damit im aktuellen Block nicht bekannt ist. Ein Beispiel für einen Sprung in einen übergeordneten Block ist das folgende Programm:

```
PROGRAM sprungbeispiel (input, output);
LABEL
  0815;
VAR
  x: integer;
PROCEDURE transmit;
  BEGIN
    readln(x);
    write(x);
    IF eof
      THEN GOTO 0815;
    transmit
  END; {transmit}
BEGIN {hauptprogramm}
  transmit;
  0815:
END {hauptprogramm}.
```

Schon dieses sehr einfache Beispiel zeigt, dass die Programmierung mit Marken und Sprüngen relativ schnell schwer durchschaubare Programme hervorbringt, insbesondere bei Verflechtung verschiedener Blöcke.

Obwohl es in Pascal erlaubt ist, jedes beliebige statement mit einer Marke zu versehen, ist dies keineswegs sinnvoll. Die Wirkung eines Sprungs in das Innere einer strukturierten Anweisung ist im allgemeinen **nicht** sinnvoll; dies ist daher als Programmierfehler anzusehen, wenn auch nicht alle Pascal-Implementationen die Programmbearbeitung mit einer Fehlermeldung abbrechen. Beispiele für solche syntaktisch korrekt gesetzten, aber nicht anzusteuernden Marken sind die folgenden:

```
IF x = y
  THEN 5: write('ok')
  ELSE 6: write('not ok');
FOR i := 1 TO 10 DO
  246: read(a[i])
```

Es ist zu beachten, dass case-constants mit vereinbarten Marken nichts zu tun haben: sie sind Konstanten eines bestimmten Typs und gefährden die Eindeutigkeit von Marken nicht; sie sind insbesondere nicht mit Sprungbefehlen ansprechbar.

Der wichtigste Einsatzbereich für Marken und Sprünge in Pascal-Programmen ist die **Unterbrechung des normalen Programmablaufs,** etwa beim Lesen fehlerhafter Daten. Die Prüfung von Eingabedaten auf Korrektheit haben wir ohne Sprungbefehl mittels eines if-statement vorgenommen, was mitunter dazu geführt hat, dass fast das ganze Programm in der else-clause dieses if-statements stand. Die Konstruktion

```
BEGIN
  IF {unzulaessige eingabe}
    THEN {fehlermeldung}
    ELSE
      BEGIN
        {eigentliches programm}
      END
END
```

ist ohne Verlust an Klarheit zu ersetzen durch

```
LABEL 9999;
{...}
BEGIN
  IF {unzulaessige eingabe}
    THEN
      BEGIN
```

```
    {fehlermeldung};
    GOTO 9999
  END;
{eigentliches programm};
9999:
END
```

Die Marke 9999 markiert dabei die vor dem *END* stehende leere Anweisung, nicht etwa
END selbst (dies ist keine Anweisung).

Auch die von uns gewünschte Schleifenkonstruktion (vgl. Kap. 3) der folgenden Gestalt
lässt sich leicht simulieren:

```
SCHLEIFE {anweisungen1};
   ABBRUCH {bedingung};
   {anweisungen2}
SCHLEIFENENDE
```

Sie lässt sich etwa durch das folgende Konstrukt ersetzen:

```
WHILE true DO
  BEGIN
    {anweisungen1};
    IF {bedingung}
      THEN GOTO 1;
    {anweisungen2}
  END;
1: ;
```

Auch der vorzeitige Abbruch eines Schleifendurchlaufs, den wir, teilweise recht mühsam,
unter Verwendung logischer Variabler programmiert haben, lässt sich mit einem Sprungbefehl simulieren. Wollen wir etwa in einem array a mit Indizes 1 bis n den Index der
Komponente mit Wert x finden, so ist der Einsatz eines goto-statements innerhalb einer
for-Schleife durchaus akzeptabel:

```
FOR i := 1 TO n DO
  IF a[i] = x
    THEN GOTO 17;
17: ;
```

Generell sollte das goto-statement aber sparsam eingesetzt werden, weil Programme insgesamt an Klarheit der Struktur verlieren können. Wo die Verwendung von goto-statements natürlich erscheint, nämlich etwa beim Unterbrechen des normalen Ablaufs, lässt
sie sich jedoch durchaus rechtfertigen.

Anhang

9

9.1 Syntax

Die folgenden Syntaxregeln sind in der Form von Syntaxdiagrammen angegeben; deren Bedeutung ist im Abschn. 2.1 beschrieben. Referenzen auf das Auftreten von Syntaxvariablen sind im Stichwortverzeichnis zu finden. Die Syntaxdiagramme sind in einer Reihenfolge angegeben, die sich durch die Hierarchie in der Beschreibung ergibt.

program

program heading

identifier

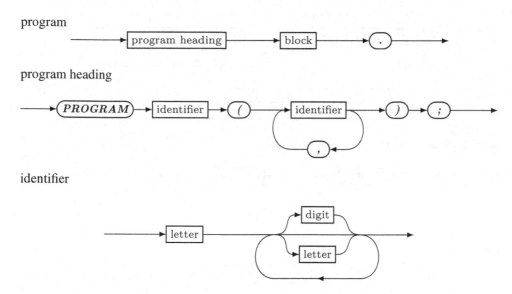

© Springer Fachmedien Wiesbaden GmbH, ein Teil von Springer Nature 2018
T. Ottmann, P. Widmayer, *Programmierung mit PASCAL*,
https://doi.org/10.1007/978-3-658-18121-5_9

letter

digit

block

declaration part

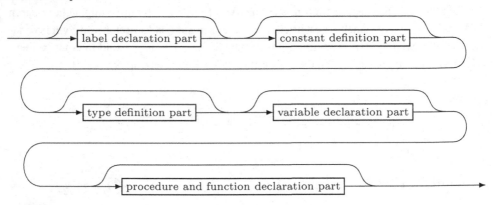

label declaration part

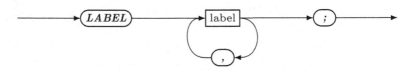

label

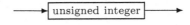

constant definition part

constant identifier

constant

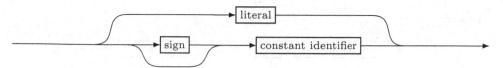

literal

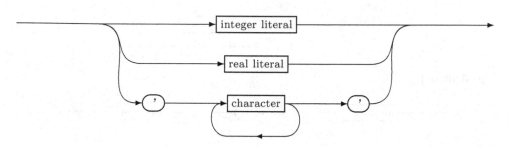

integer literal

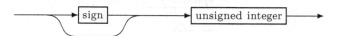

unsigned integer

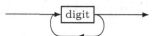

real literal

unsigned real

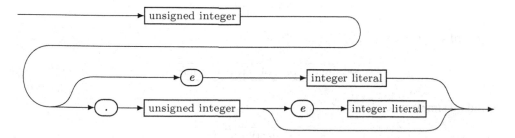

sign

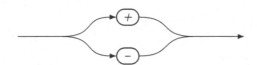

character

type definition part

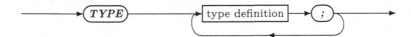

type definition

type

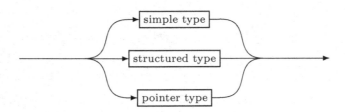

simple type

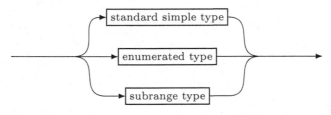

standard simple type

standard simple type identifier

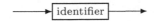

enumerated type

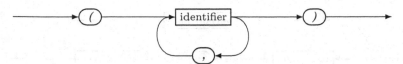

subrange type

structured type

unpacked structured type

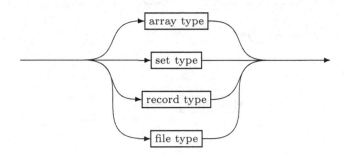

array type

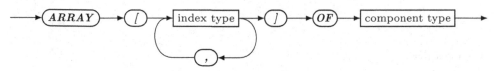

index type

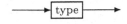

component type

record type

field list

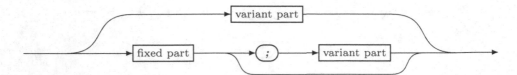

fixed part

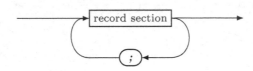

record section

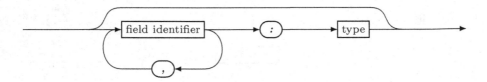

field identifier

variant part

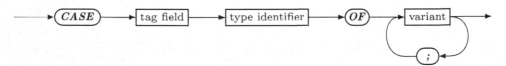

type identifier

tag field

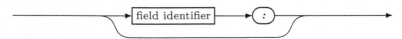

variant

case-constant-list

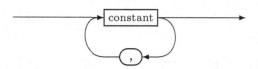

set type

base type

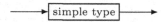

file type

pointer type

variable declaration part

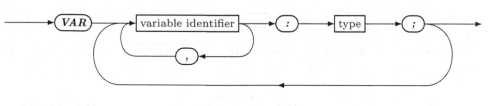

variable identifier

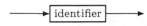

procedure and function declaration part

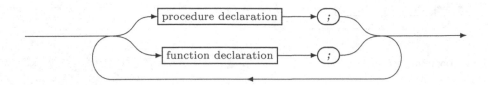

procedure declaration

procedure heading

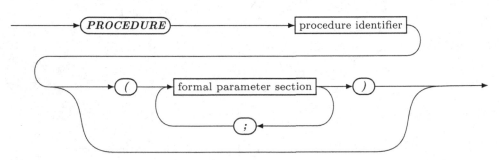

procedure identifier

formal parameter section

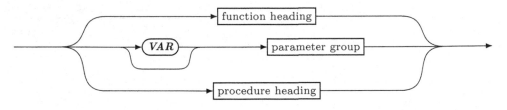

parameter group

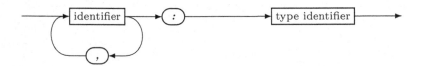

function declaration

function heading

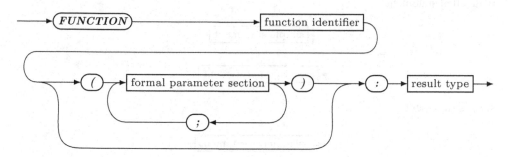

function identifier

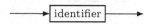

result type

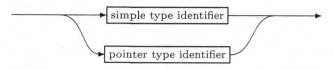

simple type identifier

pointer type identifier

statement part

compound statement

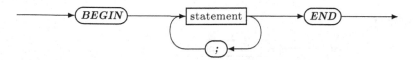

statement

unlabelled statement

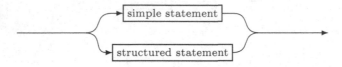

simple statement

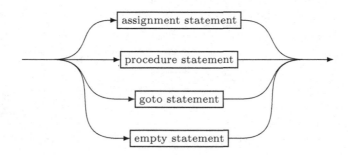

assignment statement

variable

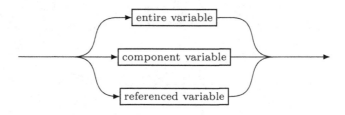

entire variable

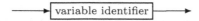

component variable

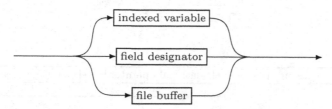

indexed variable

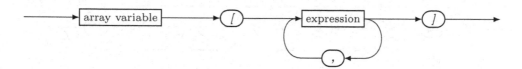

array variable

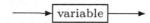

field designator

record variable

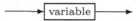

file buffer

file variable

referenced variable

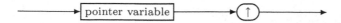

pointer variable

expression

relational operator

simple expression

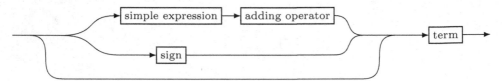

adding operator

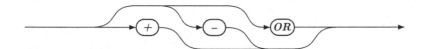

term

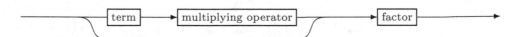

multiplying operator

factor

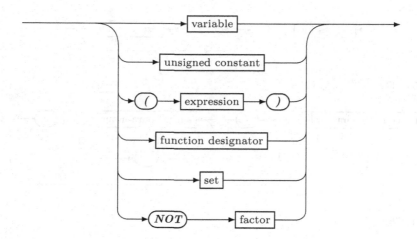

unsigned constant

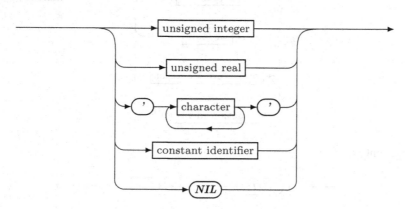

function designator

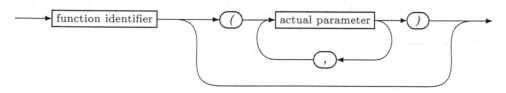

set

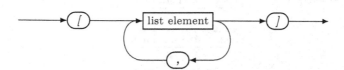

list element

procedure statement

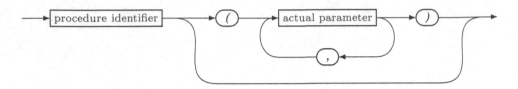

actual parameter

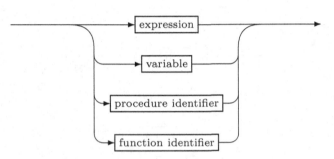

goto statement

empty statement

structured statement

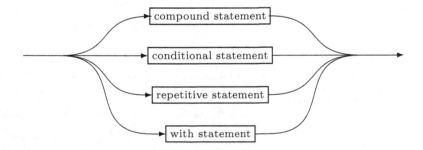

conditional statement

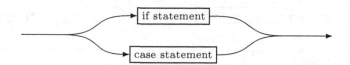

if-statement

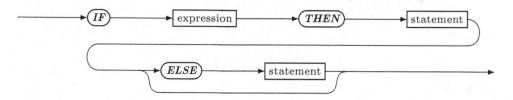

case-statement

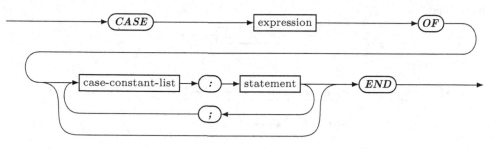

repetitive statement

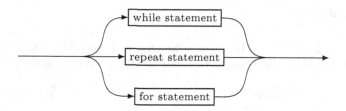

while-statement

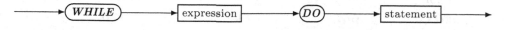

repeat-statement

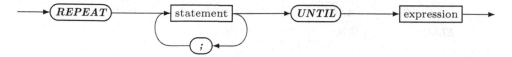

for-statement

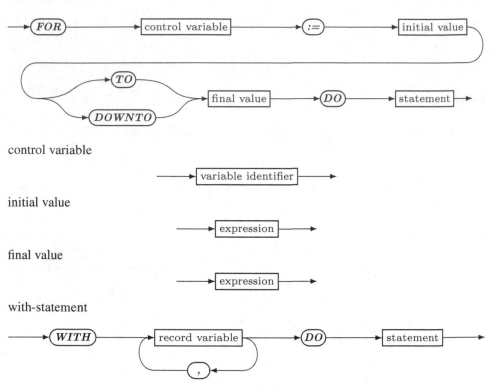

control variable

initial value

final value

with-statement

9.2   Schlüsselworte

Im Folgenden sind alle Schlüsselworte in alphabetischer Reihenfolge angegeben. Referenzen auf das Auftreten von Schlüsselworten sind im Stichwortverzeichnis zu finden.

AND	END	NIL	SET
ARRAY	*FILE*	*NOT*	*THEN*
BEGIN	*FOR*	*OF*	*TO*
CASE	*FUNCTION*	*OR*	*TYPE*
CONST	*GOTO*	*PACKED*	*UNTIL*
DIV	*IF*	*PROCEDURE*	*VAR*
DO	*IN*	*PROGRAM*	*WHILE*
DOWNTO	*LABEL*	*RECORD*	*WITH*
ELSE	*MOD*	*REPEAT*	

9.3 Standardnamen

Im Folgenden sind die in Standard-Pascal vorgesehenen Standardnamen aufgezählt. Referenzen auf das Auftreten von Standardnamen sind im Stichwortverzeichnis zu finden.

Konstanten:	Funktionen:	Prozeduren:
false	*abs*	*read*
true	*arctan*	*readln*
maxint	*cos*	*write*
	exp	*writeln*
Typen:	*ln*	*page*
integer	*sin*	*reset*
real	*sqr*	*get*
boolean	*sqrt*	*rewrite*
char	*round*	*put*
text	*trunc*	*new*
	odd	*dispose*
Variable:	*ord*	*pack*
input	*chr*	*unpack*
output	*pred*	
	succ	**Direktiven:**
	eoln	*forward*
	eof	

9.4 Sonderzeichen

Der verfügbare Zeichensatz liegt implementationsabhängig fest. Es wird angenommen, dass mindestens alle Buchstaben und Ziffern und die üblichen Sonderzeichen zum Zeichensatz gehören. Wir geben im Folgenden diejenigen Zeichen an, für die eine gleichwertige alternative Repräsentation nach Standard-Pascal existiert. Weitere alternative Darstellungen von Zeichen sind implementationsabhängig definiert.

Zeichen	alternative Darstellung
↑	@ oder –> oder ^
{	(*
}	*)
[	(.
]	.)

Literatur

[1]   Addyman, A.M.: A draft proposal for Pascal. ACM SIGPLAN Notices **15**(4), 1–69 (1980)
[2]   Ammann, U.: The Method of Structured Programming Applied to the Development of a Compiler, International Computing Symposium 1973, A. Günther et al. (Hrsg.), Amsterdam, S. 93–99 (1974)
[3]   Haberman, A.N.: Critical comments on the programming language Pascal. Acta Inform. **3**, 47–57 (1973)
[4]   Hoare, C.A.R., Wirth, N.: An axiomatic definition of the programming language Pascal. Acta Inform. **2**, 335–355 (1973)
[5]   International Organization for Standardization: Specification for Computer Programming Language Pascal, ISO 7185, Geneva (1982)
[6]   Jensen, K., Wirth, N.: Pascal User Manual and Report, 3. Aufl. Springer, New York (1985)
[7]   Kernighan, B.W. Plauger, P.J: Software Tools in Pascal, Reading. Addison Wesley, Massachusetts (1981)
[8]   Lecarme, O., Desjardins, P.: More comments on the programming language Pascal. Acta Inform. **4**, 231–243 (1975)
[9]   Ledgard, H.F., Nagin, P.A., Hueras, J.F.: Pascal with Style: Programming Proverbs. Rochelle Park, New Jersey (1979)
[10] Ravenel, B.W.: Toward a Pascal Standard. IEEE Computer. **12**(4), 68–82 (1979)
[11] Schneider, G.M.: Pascal: An Overview. IEEE Computer. **12**(4), 61–66 (1979)
[12] Wirth, N.: The programming language Pascal. Acta Inform. **1**, 35–63 (1971)
[13] Wirth, N.: Systematisches Programmieren, 3. Aufl. B.G. Teubner, Stuttgart (1978)
[14] Wirth, N.: Algorithmen und Datenstrukturen, 2. Aufl. Teubner, Stuttgart (1979)
[15] Wirth, N.: Compilerbau. Teubner, Stuttgart (1977)
[16] Wirth, N.: Program development by stepwise refinement. Commun ACM. **14**, 221–227 (1971)
[17] Wirth, N.: Pascal and Its successors, In: M. Broy, E. Denert (Hrsg.) Software Pioneers. Springer, Berlin (2002)

© Springer Fachmedien Wiesbaden GmbH, ein Teil von Springer Nature 2018
T. Ottmann, P. Widmayer, *Programmierung mit PASCAL*,
https://doi.org/10.1007/978-3-658-18121-5

Stichwortverzeichnis

{, 17
}, 17
=, 25
(*, 17
*), 17
:=, 30
<, 25
<>, 25
< =, 25
>, 25
> =, 25

A

Abbruch, 48, 213
Abfallsammeln, 207
Ableitungsfunktion, 145
abs, 22, 24
Abschneiden von Stellen, 22
Absolutbetrag, 22, 24
Ackermann-Funktion, 119
Addition, 21, 24, 226
Adressrechnung, 149
Aktion, 29
aktueller Parameter, 67, 97, 129, 132, 146, 151, 228
ALGOL, 1, 11
Algorithmus, 1, 97
Alternative, 42
Ammann, 11
AND, 25
Anfangswert, 62
Ansschnittstyp, 70
Anweisung, 2, 15, 30, 41, 99, 128, 211
Anzahl, 129
Apostroph, 18

arctan, 24
Arcustangens, 24
Argument, 95, 97, 119
arithmetische Ausdrücke, 32
array, 76, 84, 150, 154, 219, 225
ASCII, 28
assignment statement, 30, 224
assoziierter Typ, 73
Aufruf, 99, 106, 110, 132, 135, 146, 151
Aufzählungstyp, 70, 153
Ausdruck, 31, 156
Ausführung, 2, 109
Ausgabe, 3, 32
Ausschnittstyp, 73, 153
Auswahl, 74
Auswertung, 99
automatische Typkonversion, 31, 180

B

base type, 154, 221
Basistyp, 154
bedingte Anweisung, 41
Bedingung, 41, 48, 50
Befehl, 29
BEGIN, 29, 47
Berechnung, 112, 121
Bereichsüberschreitung, 73
Bewegung des Fensters, 172
Bezugstyp, 188
Bezugsvariable, 189
Bibliotheksprozedur, 150
bin, 117
Binomialkoeffizient, 117
blank, 17, 26
Block, 15, 99, 104, 129, 131

© Springer Fachmedien Wiesbaden GmbH, ein Teil von Springer Nature 2018
T. Ottmann, P. Widmayer, *Programmierung mit PASCAL*,
https://doi.org/10.1007/978-3-658-18121-5

Printed in the United States
By Bookmasters